食品安全治理协同创新中心
Center for Coordination and Innovation of Food Safety Governance

中国人民大学食品安全治理协同创新博士文库

U0781798

论食品安全的刑法保护

岳蓓玲 ◎ 著

LUN SHIPIN ANQUAN DE
XINGFA BAOHU

知识产权出版社

全国百佳图书出版单位

图书在版编目（CIP）数据

论食品安全的刑法保护／岳蓓玲著 . —北京：知识产权出版社，2018.7

（中国人民大学食品安全治理协同创新博士文库）

ISBN 978 - 7 - 5130 - 5667 - 0

Ⅰ. ①论… Ⅱ. ①岳… Ⅲ. ①食品安全—刑法—研究—中国 Ⅳ. ①D924.364

中国版本图书馆 CIP 数据核字（2018）第 148992 号

责任编辑：齐梓伊　　　　　　　　　责任校对：王　岩

封面设计：SUN 工作室　韩建文　　　责任印制：刘译文

执行编辑：雷春丽　叶　雪

论食品安全的刑法保护

岳蓓玲　著

出版发行：**知识产权生版社**有限责任公司	网　　址：http：//www.ipph.cn
社　　址：北京市海淀区气象路 50 号院	邮　　编：100081
责编电话：010 - 82000860 转 8004	责编邮箱：leichunli@cnipr.com
发行电话：010 - 82000860 转 8101/8102	发行传真：010 - 82000893/82005070/82000270
印　　刷：北京虎彩文化传播有限公司	经　　销：各大网上书店、新华书店及相关专业书店
开　　本：720mm×1000mm　1/16	印　　张：13
版　　次：2018 年 7 月第 1 版	印　　次：2018 年 7 月第 1 次印刷
字　　数：202 千字	定　　价：50.00 元

ISBN 978 - 7 - 5130 - 5667 - 0

Contents
目　录

导　论

安全是人生存的基本条件。公众对于安全的担忧会随着社会的发展而不断变化，在互联网兴起之前无人能预料会出现"网络安全"这样的问题。这种伴随新事物的出现而产生的新的安全问题只是硬币的一面，过去被认为安全的事物也在社会的变迁中产生了超出公众预想的危险，食品安全问题无疑是最具代表性的问题之一。在计划经济时代，食品种类较少，其生产和销售基本上由国营单位控制，没有明确的食品卫生标准，食品安全问题完全没有进入立法者的视界。1982 年，全国人大常委会通过了《中华人民共和国食品卫生法（试行）》，并且，在 1979 年刑法典中没有直接规制危害食品安全犯罪的罪名。随着我国社会主义市场经济体制的建立和完善，食品的种类和数量大大增加，普通人在享受丰富多样食品的同时，与之而来的食品安全问题也成为公众心中挥之不去的阴影。在 2000 年之前，关于食品安全问题的报道还只是零星出现，进入新的千年之后，关于问题食品的报道开始升温，毒豇豆、染色馒头、三聚氰胺奶、瘦肉精猪肉、皮鞋果冻、地沟油等各种问题食品层出不穷。搜索"掷出窗外"网站，可以轻易查找到 2004 年以来有关问题食品的报道 3497 篇,① 仿佛中国食品都被贴上了"不安全"的标签,一种广泛的不安在国人心中荡开。

与此同时,世界上其他国家和地区也不时传来有关食品安全问题的报道,近来最引人关注的事件莫过于台湾的塑化剂问题,受塑化剂污染的台湾食品超过 500 项,② 在台湾民众中引起的震惊和愤怒前所未有。即使是现在食品安全系数很高的众多发达国家,在其发展历程中也或长或短地受到过食品安全问题的困扰。这充分说明,食品安全问题不是偶发的、单一的,它是伴随着各国进入工业社会、生产生活方式急剧改变而出现的。治理食品安全问题,要在社会发展变化的大图景中去思考,从本质上而言,是改变政府治理的方式方法,以应对新的社会阶段带来的挑战。法律能够在这种改变中扮演什么角色,值得法律学人深思。作为最强有力的部门法——刑法,应将其惩罚之手伸到多远更是一个应该认真讨论的话题,因为在面对危害食品安全犯罪时,公众毫不犹豫地要求采用最严厉的手段对相关人进行制裁,但与民众的期望相比,刑法在食品安全问题上究竟能够发挥多大的作用、其加重惩罚的正当性何在,都需要进一步论证。因此,本书在考察食品安全刑法保护历史沿革的基础上,着重结合司法案例及有关规范性文件分析食品安全刑法保护的现状,论证进一步强化食品安全刑法保护应当选择的路径,分析当前食品安全刑法保护存在的问题,进而提出完善食品安全刑法保护的建议。

一、研究背景

(一) 现有研究概况

随着食品安全问题的升温,关于食品安全刑法保护的研究也越来越多。

---

① "掷出窗外——面对食品安全危机,你应有的态度",http://www.zccw.info/index/page/61,2015 年 11 月 4 日访问。该网站是一个食品安全问题新闻资料库,由复旦大学研究生吴恒创建。2011 年,他联合 33 名网络志愿者,共查阅 17268 篇有关问题食品的报道,约 1000 万字,筛选出有明确来源、有受害者的 2107 篇,制作 2849 条问题食品记录并持续更新,完成了一份《易粪相食:中国食品安全状况调查 (2004~2011)》的调查报告,提供中国食品安全新闻报道在线查询。该网站于 2011 年 6 月上线,在 2012 年 5 月蹿红网络,引起极大反响。

② "台湾受塑化剂污染产品超 500 项,至少 12 县市'沦陷'",载中国新闻网,http://news.163.com/11/0531/08/75CD530T00014JB6.html,2015 年 11 月 5 日访问。

通过中国期刊全文数据库进行搜索，可以比较全面地了解这方面的研究现状。经过对比发现以"食品安全犯罪"为主题词，比以"食品安全的刑法保护""危害食品安全犯罪"为主题词或篇名检索到的文献数量更多、更准确。另外，为保证搜索到的文献的学术性，尽量剔除关于食品安全犯罪的新闻报道等即时性消息，只选取了其中的四个数据库进行搜索。① 因此，截至 2016 年 12 月 31 日，在以上四个数据库中以"食品安全犯罪"为主题词，② 共搜索到 712 篇论文，其中学术期刊 538 篇，博士学位论文 5 篇，③ 硕士学位论文 165 篇，中国学术辑刊 4 篇。④ 根据研究学科对搜索到的论文进行分类，刑法 522 篇，行政法及地方法制 208 篇，公安 55 篇，宏观经济管理与可持续发展 53 篇，法理、法史 26 篇，诉讼法与司法制度 25 篇，其他学科都在 12 篇以下。从发表论文的年度来看，关于食品安全犯罪的研究热度从 2008 年开始不断上升，在 2013 年达到顶峰，近两年稍有回落，具体数据如图 1 所示。⑤

　　关于食品安全刑法保护的专著，截至目前共搜集到 4 本，均是在 2012 年和 2013 年出版，分别是冉睾的《食品安全刑事规制研究》，张亚军的《风险社会下我国食品安全监管及刑法规制》，杜菊、刘红的《食品安全刑事保护研究》，黄星的《中国食品安全刑事概论》。另外，还搜集到 1 本舒洪水主编的《食品安全犯罪的罪与罚》论文集。

---

　　① 这四个数据库是中国学术期刊网络出版总库、中国博士学位论文全文数据库、中国优秀硕士学位论文全文数据库、中国学术辑刊全文数据库。

　　② 经过对比，使用"主题"搜索较之"篇名""关键词""摘要"等其他检索条件检索出的文献更为全面。需要说明的是，采用的搜索条件的字词匹配度为"精确"，因为采用"模糊"检索会搜索出许多关于食品安全但并非食品安全犯罪的论文，与本书的研究重点不相吻合。

　　③ 这 5 篇博士学位论文分别是陈晓华：《食品安全的刑法保护》，武汉大学 2012 年博士学位论文；黄宇：《关系刑法视角下的食品安全犯罪刑事立法研究》，吉林大学 2014 年博士学位论文；蔡若夫：《生产、销售伪劣商品罪研究》，华南理工大学 2015 年博士学位论文；王晓滨：《符号互动理论视野下的犯罪原因研究》，吉林大学 2015 年博士学位论文；全其宪：《我国危害食品安全犯罪体系完善研究》，安徽大学 2016 年博士学位论文。另外，在万方数据库还搜索到 1 篇博士学位论文，李莎莎：《食品安全刑法保护研究》，北京师范大学 2012 年博士学位论文。

　　④ 其中 3 篇论文来源于《刑法论丛》，1 篇论文来源于《法治论坛》。

　　⑤ 另外，2016 年 1 月和 2 月关于"食品安全犯罪"问题发表论文数为 19 篇。

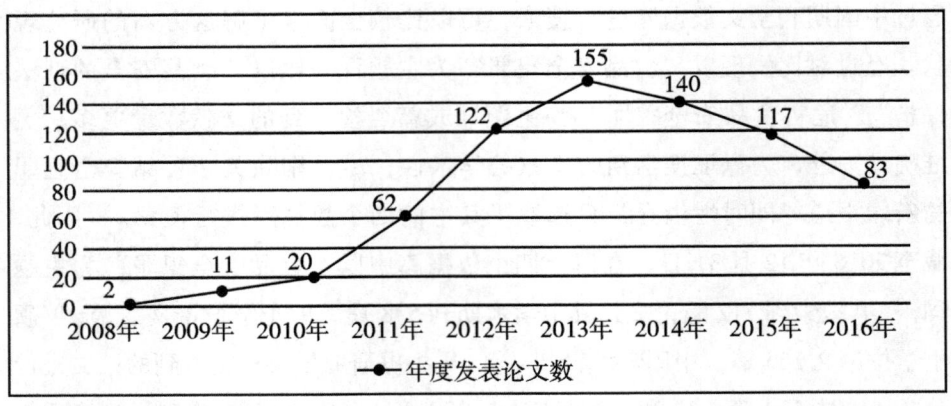

图1　2008～2016 年关于"食品安全犯罪"发表论文数

　　除此之外，理论界和实务界围绕食品安全的刑法保护也开展了许多研讨活动。2010 年 8 月，中国法学会食品安全法治研究中心正式成立，开通建设中国食品安全法治网，编辑出版《食品安全法治（内刊）》，组织开展食品安全法治理论和实践问题的课题研究，多次举办学术研讨会，开展学术交流。2012 年全国刑法学术年会以食品安全的刑法治理为主题，就食品安全犯罪的司法适用和立法完善进行了重点研讨。[①] 各高校围绕食品安全的刑法保护举办的学术讲座数量众多，不胜枚举。公安部于 2014 年、2015 年连续举办食品药品安全刑事保护论坛，邀请专家学者、食品安全监管部门和司法机关相关负责人、公安机关一线办案人员共同研讨食品安全犯罪的刑事规制。

　　关于国外的研究，笔者搜集到的资料不多。由于发达国家发生的食品安全事件大部分是缘于此前没有出现的新物质、没有经验的新技术或者限于当时的科技水平而无法发现和预防等原因造成的，例如，最早发现于英国的"疯牛病"、日本的"森永奶粉砷中毒事件"、德国的"康特根"案，与我国当前食品安全犯罪的情况有所不同，直接借鉴并不能有效解决我国面临的问题。德日等大陆法系国家主要是在产品犯罪中一并探讨食品安全犯罪，翻译为中文的著作有日本刑法学者藤木英雄的《公害犯罪》一书，另有一些论文

---

① 袁彬、孙道萃："食品安全犯罪的刑法治理"，载《人民法院报》2012 年 10 月 17 日，第 6 版。

涉及这方面的内容①，主要探讨因果关系和过失犯罪问题。关于英美法国家食品安全犯罪的资料，主要搜集到的是有关食品欺诈问题的研究，包括食品掺杂掺假和误导包装，② 还有从普通法角度探讨对食品犯罪的刑事起诉，③ 以及食品安全相关立法的历史。④

（二）主要研究内容

通过对上述研究资料的梳理，可以发现关于食品安全刑法保护的研究主要围绕食品安全的刑事立法、刑事政策、刑事司法等方面展开，主要内容包括以下几个方面：

1. 关于食品安全的刑事立法研究

从刑事立法的角度对危害食品安全犯罪的研究最为丰富，数量也最多。主要以刑法关于危害食品安全犯罪的规定为基础，从以下几个角度进行研究：危害食品安全犯罪的刑事立法历史演进、食品安全犯罪的刑事立法缺陷、修改刑事立法的相关建议。有的学者在梳理我国食品安全刑事立法沿革的基础上，提出我国食品安全刑事立法的完善应注意法益保护与人权保障的平衡，促进刑罚结构从"厉而不严"走向"严而不厉"，加强对立法技术的反思，实行真正的附属刑法与刑法典相结合的立法模式。⑤ 有的学者以我国《刑法》与《食品安全法》的对接为视角，分析了二者在保护对象和规制环节上存在不一致的地方，食品安全行政违法行为和犯罪行为的界限不明确，建议扩充食品安全犯罪调整对象、增加食品安全犯罪规制环节、严禁以罚代刑、严惩

---

① 代表性的论文有，毛乃纯：《缺陷产品的刑法规制问题研究》，中国人民大学 2012 年博士学位论文，着重探讨了德国和日本关于缺陷产品的刑事立法和司法判例。

② Maree Gallagher& Ian Thomas, "Food Fraud: The deliberate Adulteration and Misdescription of Foodstuffs", in 6 European *Food and Feed Law Review* (2010), pp. 347 – 353.

③ Peter Barton Hutt, Criminal Prosecution for of Food at Common, 15 Food Drug Cosmetic Law Journal (1960), pp. 382 – 398.

④ Peter Barton Hutt & Peter Barton Hutt Ⅱ, A History of Government Regulation of Adulteration and Misbranding of Food, 39 Food Drug Cosmetic Law Journal (1984), pp. 2 – 73. Jillian London, Tragedy, Transformation, and Triumph: Comparing the Factors and Forces that Led to the Adoption of the 1860 Adulteration Act in England and the 1906 Pure Food and Drug Act in the United States, 69 Food And Drug Law Journal (2014), pp. 315 – 342.

⑤ 刘仁文："中国食品安全的刑法规制"，载《吉林大学社会科学学报》2012 年第 4 期，第109 ~ 第116 页。

食品安全渎职，实现《刑法》与《食品安全法》有效对接。① 有的学者认为，在当前食品安全的严峻形势下，刑法应当进一步强化对食品安全的保护，以发挥最后一道防线的作用，指出现行刑法在保护食品安全方面存在诸如罪名归属错误、主观罪过范围过窄、犯罪行为规定不全面、罚金刑规定过于原则等问题，并在此基础上提出一系列修改建议，以实现对食品安全的周全保护。② 另外，还有学者从比较法的角度对我国食品安全刑事立法提出了相关完善建议。③

　　不少学者以风险社会理论为视角对危害食品安全犯罪进行研究，强调进一步加强食品安全刑法保护。有的学者指出，刑法应当加强秩序维护机能以回应风险社会的安全诉求，主张从传统的罪责刑法向风险社会的安全刑法转向，具体的做法是刑事干涉普遍化和刑事处罚提前化，建议以抽象危险犯来改造生产、销售不符合安全标准的食品罪，增加持有型危害食品安全犯罪，严密刑事法网，将"生产、销售"修改为"生产、经营"，从而与《食品安全法》的规定相协调。④ 有的认为，自进入风险社会以来，人类便生活在风险不确定的阴影之下，食品安全事故屡屡以民众意想不到的方式发生。鉴于传统刑法调整手段的滞后性以及食品安全犯罪关涉重大的法益，传统刑法必须应势而变，建议引入"超新过失论"规定过失犯，设立抽象危险犯，以实现食品安全犯罪的全面规制。⑤ 有的学者指出，在风险社会公众对安全有迫切需求，出于保护社会安全的需要，风险刑法具有正当性，并在此基础上提出将法益保护前置化作为刑法对食品安全保护的路径，建议对食品安全犯罪

　　① 舒洪水、李亚梅："食品安全犯罪的刑事立法问题——以我国《刑法》与《食品安全法》的对接为视角"，载《法学杂志》2014 年第 5 期，第 84～98 页。
　　② 吴喆、任文松："论食品安全的刑法保护——以食品安全犯罪本罪的立法完善为视角"，载《中国刑事法杂志》2011 年第 10 期，第 55～59 页。
　　③ 左袖阳："中美食品安全刑事立法特征比较分析"，载《中国刑事法杂志》2012 年第 1 期，第 41～46 页。梅传强、秦宗川："海峡两岸危害食品安全犯罪刑法规制比较研究"，载《海峡法学》2014 年第 2 期，第 3～15 页。
　　④ 刘伟："风险社会语境下我国危害食品安全犯罪刑事立法的转型"，载《中国刑事法杂志》2011 年第 11 期，第 29～35 页。
　　⑤ 李涛："风险社会视阈下食品安全犯罪的刑法规制"，见赵秉志主编：《刑法论丛》（2012 年第 1 卷），法律出版社 2012 年版，第 203～219 页。

领域的帮助行为正犯化。① 有的认为，中国食品安全风险混合了"第一现代性"和"第二现代性"的风险，具有特殊性。虽然经过《刑法修正案（八）》的修改，加强了对食品安全犯罪的规制力度，但是仍不能完全应对食品安全风险。由于单纯的刑事规制具有自己的局限性，应当从体系性思考入手，在刑法体系、法律体系、社会制度体系三个维度进行反思与重构，进而提出进一步完善食品安全犯罪罪刑体系，明确其他部门法与刑法的衔接和界限，促进经济、科技、管理制度的变革以解决超出刑法规制范围的食品安全风险等建议。②

　　针对学界主张进一步严密刑事法网、刑事处罚提前化的声音，也有学者提出了不同的看法。有的学者认为，应当从整个法律体系甚至是整个社会架构的角度来开展研究，更多关注食品监管方面的问题，加强食品安全的防范疏导；不能仅从刑法规范学的逻辑出发，过于强调严刑峻法；强调法治毕竟不同于政治，更有别于民意，应遵循"秉承谦抑、坚守原则、兼顾例外、行政延伸"的食品安全刑法保护进路。③ 有的学者针对扩张犯罪圈的具体立法建议一一分析，提出不同看法，反对增设新的罪名去规制危害食品安全犯罪，其理由概括起来就是应当坚持行政违法和刑事不法的区分，强调刑法的补充性，充分发挥前置的行政处罚的作用。④ 有的学者从经济成本出发，指出由于一般意义上的食品安全违法行为非常普遍，涉及的行为主体和危害对象非常多，其中的绝大部分案件交给行政机关查处，刑事司法部门重点打击严重的食品安全违法行为更符合经济原则。⑤

　2. 关于食品安全的刑事政策研究

　　针对食品安全的刑事司法政策和刑事立法政策，学界都进行了反思和研

---

① 姜敏："法益保护前置：刑法对食品安全保护的路径选择"，载《北京师范大学学报（社会科学版）》2013 年第 5 期，第 87～90 页。
② 徐久生、曹震南："风险社会下食品安全的体系刑法观——以修正案（八）对食品安全犯罪的修改为线索"，载《东南大学学报（哲学社会科学版）》2013 年第 5 期，第 81～86 页。
③ 李海良："风险社会下的刑法沉思——兼评食品安全刑法保护的严刑峻法"，载《重庆理工大学学报（社会科学）》2013 年第 12 期，第 61～66 页。
④ 李森、陈烨："食品安全领域泛犯罪化思考"，载《政治与法律》2013 年第 7 期，第 51～59 页。
⑤ 王利宾："食品安全犯罪刑法规制的问题及对策——以刑法经济学为分析视角"，载《学术交流》2014 年第 9 期，第 87～91 页。

究。有的学者认为，当前我国食品安全犯罪刑事政策"厉而不严"，具有单一化的特征，过分夸大了刑罚严苛对治理食品安全犯罪的效果，同时食品安全刑事法网不够严密，规制的范围过于狭窄，应当转向复合化的刑事政策，坚持宽严相济，严厉打击食品安全犯罪与食品安全犯罪的综合治理对策相结合，严厉打击食品安全犯罪与保障食品产业发展相协调。① 有的学者对我国食品安全犯罪的刑事立法政策和刑事司法政策都进行了探讨，认为在短期内应该维持立法上的重刑政策，但是从长远来看应当在逐步扩大食品安全犯罪圈的同时适当降低此类犯罪的法定刑，司法上不能一概强调"严"的一面，而应当体现以宽济严。② 有的学者认为，在当下司法实践中，食品安全犯罪案件的审理存在着"以危害手段的恶劣程度和社会危害性的大小来判断罪名"的倾向，追求重罪重刑，偏离了宽严相济的基本刑事政策。审理食品安全犯罪案件不能一味从严，同样要贯彻宽严相济，综合把握刑法规范中宽与严的要素，避免重打击犯罪而轻人权保障。③ 有的学者对当前食品安全刑事立法政策进行了反思，指出当前我国食品安全刑事立法政策表现出相对缓和的犯罪化和刑罚的重刑化的特征，导致这一特征的原因主要是公害犯罪定位的缺失和犯罪高发态势下公众严惩犯罪的要求。目前的食品安全刑事立法政策既不利于对以单位为主体的危害食品安全犯罪的惩处，也不利于遏制危害性的扩大和整体打击此类犯罪，提出确立专门的危害食品安全刑事立法政策，以有选择的严密法网和降低起刑点作为基本方向。④

3. 关于食品安全的刑事司法研究

有的学者就危害食品安全犯罪的刑法适用理念进行了研究，认为危害食品安全犯罪作为民生犯罪，在司法认定上应当坚持风险刑法理念、行政刑法

---

① 储槐植、李莎莎："论我国食品安全犯罪刑事政策"，载《湖南师范大学社会科学学报》2012年第2期，第81~84页。

② 王志祥、何恒攀："论我国食品安全犯罪的刑事政策"，载《法治研究》2012年第12期，第86~91页。

③ 李兰英、周微："论惩治危害食品安全犯罪的刑事政策"，载《中国刑事法杂志》2013年第3期，第41~47页。

④ 左袖阳："关于当前食品安全刑事立法政策的反思"，载《中国人民公安大学学报（社会科学版）》2015年第3期，第128~134页。

理念、有限刑法理念等三个理念。① 在具体的司法适用上，有的学者从食品的范围、食品安全犯罪的竞合、食品安全犯罪帮助行为的定性等方面细致探讨了食品安全犯罪的定罪问题。② 有的学者专门研究了非法添加类食品安全犯罪刑事规制问题，包括超范围、超量滥用添加剂和违法添加禁用药物等有毒、有害物质两类情况，提出增设生产销售不符合安全标准的食品添加剂罪，对研发、生产、销售非法食品添加物质的可以此罪从重处罚，对生产销售限制流通的添加类物质的可以非法经营罪规制。③ 另外，有的学者就危害食品安全犯罪涉及的个罪分别进行详细研究。④

除以上三个方面之外，还有学者从犯罪学角度，探讨了我国危害食品安全犯罪的现状和成因，分析了当前食品安全犯罪防控存在侦查被动迟滞、"运动式"执法造成重打击轻预防、打击力量单一薄弱尚未形成合力等问题，提出了进一步完善防控体系的建议。⑤

二、研究思路

综观上述研究可以发现，学界关于食品安全刑法保护的讨论主要集中于立法对策、刑事政策理念和规范刑法学等方面，侧重于定性分析和宏观论述，对于危害食品安全犯罪的实证研究较为匮乏，缺少对司法实践运行状况的深入观察。因此，本书在广泛收集实证资料的基础上，结合对司法机关一线办案人员的访谈，深入研究当前危害食品安全犯罪的刑事规制现状，从实践的问题出发探讨食品安全刑事立法、刑事司法、行政执法与刑事司法衔接等方

---

① 何柏松："论危害食品安全犯罪的刑法适用理念"，载《中国刑事法杂志》2012 年第 6 期，第 34 ~ 39 页。

② 郑明玮："食品安全犯罪定罪论"，载《中国刑事法杂志》2013 年第 11 期，第 32 ~ 40 页。

③ 于杨曜："非法添加类食品安全犯罪刑事规制体系及完善——以'两高'《关于办理危害食品安全刑事案件适用法律若干问题的解释》为切入点"，载《政治与法律》2013 年第 10 期，第 54 ~ 63 页。徐少芬、朱梓明："非法添加和滥用食品添加剂刑事案件分析"，载《上海政法学院学报》2014 年第 3 期，第 124 ~ 128 页。

④ 杜菊、刘红：《食品安全刑事保护研究》，法律出版社 2012 年版。冉翚：《食品安全刑事规制研究》，法律出版社 2013 年版。

⑤ 张远煌、徐苗："危害食品安全犯罪防控对策探析"，载《法治研究》2014 年第 2 期，第 31 ~ 37 页。

面的内容，以期对于相关争论问题提供实证论据，避免陷入理念的空谈。本书共有五章，主要内容如下。

第一章是食品安全及其刑法保护。首先，厘清基本概念，从生活术语和法律术语两个层面分析"食品"的概念，在此基础上界定本书的研究对象；梳理"食品安全"概念的演变，考察国际机构、理论界、我国法律对此概念的定义，并与相关概念进行区分，分析指出食品安全具有相对性和历史性的特点。其次，分析当前食品安全的基本状况，从我国官方机构、第三方机构、一般公众三个角度来看，不同主体对我国食品安全总体状况的评价存在较大差异，公众受媒体报道影响形成的对食品安全的认识并不能构成食品安全现状的全貌，但是这种认识深刻地影响了有关食品安全的法律，包括但不限于刑法。简要介绍当前我国食品安全存在的主要问题，既有传统的食品卫生问题，又呈现出新的风险特征。最后，探讨刑法在食品安全保护中的作用即其局限性，界定危害食品安全犯罪的内涵和外延，从而明确本书的论述重点，分析指出危害食品安全犯罪具有二重性、渐进性等特点，正是这些特点影响了危害食品安全犯罪的规制。

第二章是食品安全刑法保护的历史沿革。本章系统梳理了新中国成立以来刑事立法、司法机关在不同时期如何对待食品安全问题，并通过对重大食品安全事故的介绍和评析，揭示司法运作的实际状况，还原食品安全的刑法保护脉络。大致分为四个时期：第一个时期是 1949 年至 1978 年，在计划经济体制下，没有规定危害食品安全犯罪；第二个时期是 1979 年至 1997 年，逐步将危害食品安全的行为入罪，历经了从类推适用其他罪名到附属刑法明确规定行为方式，再到单行刑法明确规定两个专门罪名，最后 1997 年刑法典予以吸纳的过程，确立了食品安全刑法保护的基本面貌。第三个时期是 1998 年至 2008 年，关于危害食品安全犯罪的相关规定进入微调期，主要是根据司法实践的需要颁布了两个司法解释。这一时期发生了几个具有代表性的轰动全国的重大食品安全事件，1998 年的山西假酒中毒案、2001 年的"瘦肉精"猪肉案、2004 年的阜阳劣质奶粉案、2008 年的"三聚氰胺"奶粉案，在对这四个案件进行述评的基础上，分析了这一时期食品安全刑法保护的特点及其与现实需要不相适应的地方。第四个时期是 2009 年至今，对危害食品安全犯罪的规制进入大调整阶段，立法和司法解释有了很多新的变化，司法机关积极作为，出台指导性意见，部署开展全国性的专项活动，投入大量资源规制危害食品安全犯罪。统计分析2008年至2016年几个主要罪名每年的一审结案数和生效判决涉案人数，对中国裁判文书网公开的6308篇生产、销售有毒、有害食品罪的裁判文书进行统计，分析此罪的刑罚适用情况，进而观察这一时期规制危害食品安全犯罪的基本面貌。最后，总结食品安全刑法保护的变化历程，归纳出保护范围扩大、处罚力度增强、立法与司法双管齐下等特点。这种变化的背后是食品安全刑法保护观念从惩罚为主到预防为主的转变。

第三章是食品安全刑法保护中的罪名适用。本章主要结合案例对生产、销售问题食品涉及的三个罪名在司法适用中遇到的主要问题进行分析，主要有以下几个方面：一是关于食品性质的认定，首先阐述了如何理解刑法规定的三类食品性质及其区别，即有毒、有害食品、不符合安全标准的食品、伪劣食品，在这一基础上探讨了实践中认定食品性质存在的困难；二是关于生产、销售问题食品犯罪的因果关系及其认定，探讨了在此类犯罪中适用疫学因果关系的可能性和必要性，并对实践中因果关系的认定被忽视的情况进行了分析，结合三聚氰胺奶粉案对因果关系认定中存在的问题进行了反思。三是关于生产、销售问题食品犯罪的主观罪过及其认定，重点探讨了明知的含义和明知的内容，总结了常见的影响明知认定的事实情节，结合案例分析了推定明知在司法实践中的运用及应当注意的问题。四是关于危害食品安全犯罪的罪名竞合及选择，主要分析了生产、销售问题食品犯罪之间的罪名竞合及选择，和生产、销售问题食品犯罪与其他可选择罪名之间的竞合及选择，对有关争议问题予以回应。除此之外，单独分析了食品监管渎职罪的认定，结合司法实践情况分别从行为方式、结果要素、犯罪主体等方面一一进行了阐释。最后，总结指出司法实践中遇到的诸多难点疑点问题正是反映了食品安全刑法保护观念的转变，刑法如何回应面临着不同的路径选择。

第四章是食品安全刑法保护的反思。首先，在考察风险社会理论和风险刑法理论的基础上，对赞成以风险刑法加强食品安全刑法保护的观点进行了介绍和评述，论证了简单套用风险刑法理论去解释和回应食品安全问题在逻辑上存在疑问，但是风险社会理论可以提供背景性参照，当下食品安全面临的风险具有风险社会理论所探讨的风险的特点，基于此要正确区分行政法和刑法上的风险预防，找到刑法的合理定位。其次，探讨食品安全刑法保护面临进一步扩大犯罪圈抑或坚持刑法谦抑性的路径选择，概要介绍和评析了两种观点，以德国、美国、日本三个国家的危害食品安全犯罪立法概况为参照，着重分析了当前我国食品安全监管领域的问题，论证食品安全问题频发与刑事处罚不足并没有必然的联系，因此应当坚持行政违法与刑事不法的区分，审慎扩大食品安全犯罪圈，将重点放在有效整合现有刑事资源上，才是更为理性的食品安全刑法保护路径。最后，立足于行政和刑事并行的二元处罚模式，从立法、司法、行刑衔接三个方面分析了当前食品安全刑法保护存在的问题。

第五章是食品安全刑法保护的完善。本章主要从三个维度进行论述，在立法方面，既提出了刑法需要修改的地方，又提出了食品安全相关配套法律的完善建议，强调刑事法与其他部门法的衔接协调；在司法方面，就食品证据的认定、空白罪状的司法对策进行了阐述，通过司法适用的精细化来限制刑事政策越界发挥作用；在"行刑衔接"方面，建议整合行政执法与刑事执法力量，设立食品违法犯罪侦查局，统一负责食品安全行政执法与刑事侦查。

本书的创新之处主要体现在以下几方面。

一是广泛收集相关数据和司法判决，努力还原食品安全刑法保护的实际面貌。统计了 2008 年至 2016 年间六个具有代表性的罪名的一审结案数和生效判决涉及人数，结合司法机关历年开展的专项行动，分析了这一时期规制危害食品安全犯罪的变化情况；收集了生产、销售有毒、有害食品罪截至2016 年 1 月在中国裁判文书网公布的所有裁判文书共 6308 篇，[①] 以此为样本全面分析了此罪的刑罚适用状况，发现轻刑适用比例较高，与从严打击危害

---

① 之所以选取生产、销售有毒、有害食品罪的裁判文书作为分析样本，是因为此罪乃危害食品安全犯罪的主体，根据最高人民法院研究室的统计分析，2008～2012 年生产、销售有毒、有害食品犯罪案件占全部食品犯罪案件近八成，参见袁春湘、丁冬、陈冲："我国食品药品安全犯罪的治理——2008～2012 年全国法院审理食药犯罪案件的统计分析"，载《人民司法》2013 年第 19 期，第 48 页。需要说明的是，收集的 6308 篇裁判文书是从中国裁判文书网后台数据库进行检索得到的，较之从网页前台利用全文搜索得到的数据更加全面。

食品安全犯罪的刑事政策的要求形成鲜明对比。

二是系统分析了危害食品安全犯罪的司法适用状况。根据收集的有关危害食品安全犯罪具有代表性的案例 100 余篇，详细探讨了司法实践中的重点难点问题，即食品性质、因果关系和主观罪过的认定，结合"无根豆芽"和"地沟油"等典型案例分析了罪与非罪、此罪彼罪的界限，系统梳理了危害食品安全犯罪的罪名竞合问题，以此观察规制危害食品安全犯罪的罪名体系存在的问题。收集了截至 2016 年 1 月在中国裁判文书网公布的涉及食品监管渎职罪的所有裁判文书共 55 篇，系统了分析了此罪的司法认定情况，发现此罪的入罪标准并非过去认为的门槛太高，突出问题在于司法机关宽泛解释概括性情节导致入罪标准不统一。

三是结合食品安全监管的实证研究，通过具体的数据分析食品安全标准、食品安全监管力量、食品安全监管机制、食品安全检验水平等方面存在的不足，指出食品安全监管本身存在的诸多问题影响了监管的有效性。在这种现状下，希冀通过刑事处罚来补足行政执法的缺失，既不现实也不明智。因此，不盲目扩大食品安全犯罪圈，将重点放在有效整合现有刑事资源上，才是更为理性的食品安全刑法保护路径。

四是在采访多名一线办案人员的基础上，对食品安全行政执法与刑事司法衔接问题进行了分析，提出改变现有的行刑衔接机制，建立食品违法犯罪侦查局，赋予行政执法机关刑事侦查权，从根本上缓解行刑衔接的不畅，将食品安全的日常监管与危害食品安全犯罪的侦查有机结合起来。

第一章
食品安全及其刑法保护

食品安全保护是当下热议的话题，从不同的专业角度出发，可以阐释与建构的内容截然不同但又密切相关。其前置性的话语背景是食品安全的基本内涵和基本状况，如果对前者的内涵缺乏深入理解，对当前食品安全的形势没有整体研判，对食品安全犯罪少了整体关照，进而探讨食品安全的刑法保护就是失焦的。

第一节　食品安全的基本内涵

"概念乃是解决法律问题所必需的和必不可少的工具。没有限定严格的专门概念，我们便不能清楚地和理性地思考法律问题。"① 研究食品安全的刑法保护，首先有必要对食品、食品安全、食品安全犯罪等基础概念进行界定。看似毫无歧义的概念实则有很多流变，这种变化反映出的深层次内容构成研究的重要基础，不容忽视。

---

① ［美］E. 博登海默：《法理学、法律哲学与法律方法》，邓正来译，中国政法大学出版社1999年版，第486页。

一、食品的概念

"食品"是我们每一个人赖以存活的必需品，作为物质实体看似无须界定，个人可以根据生活经验予以判断，但是作为法律管制对象的"食品"，其内涵外延的界定决定了食品安全监管的对象选择和范围厘定，具有重要意义。因此，在探讨这个问题时，要区分语义学或作为生活术语的概念与作为法律术语的概念，这两种意义上的概念在内涵和外延上的不同反映出食品安全法律保护的边界和方式与公众的一般想象并不相同。

（一）语义学和作为生活术语的"食品"概念

"食品"作为白话文运动以后产生的词语，在词源上源自"食"。根据《说文解字》上的解释，"食，亼米也。""按，六谷之饭曰食。"在早期的用法中，如《战国策·西周策》中"籍兵乞食于西周"，"食"主要指粮食，这和当时的社会生活状况是紧密相连的，因为那时主要果腹之物就是粮食，并不像当下社会有如此多的食物选择。后来，"食"逐渐变成食物的通称，泛指各种可以吃的东西。

在当代社会，食品是指用于出售的经过加工制作的食物。与食物不同，食品专指以商品形态进入流通消费领域的食物，是作为产品之一种，非自然产生的食用之物。这也反映了当下的食物供给状况，在商品社会，自产自吃的食物只是部分，大多数人的食用之物都是通过交换购买来的，许多食用之物都经过了加工，只有部分食物无须任何加工。食品这个语词的背后，是生产者、经营者、消费者构成的紧密的食品消费关系，这是食物这个概念所不具备的，按照《现代汉语词典（第6版）》的解释，"食物"是指"可供食用的物质（多指自然生长的）"。

在日常生活中，一般人对于"食品"与"食物"并不作如上细致的区分，经常混同使用，泛泛地指供人食用的东西。值得注意的是，随着社会生产生活的变化，食品的外延也不断变化，过去不能吃的东西现在有可能就可以吃了，食品制作工艺的不断革新也生产出许许多多过去没有的新食品。一般人对食品的定义不敏感，对其外延的变化却有丰富的认知，这种直观的感受构成了人们对食品安全感知的基础。

(二) 作为法律术语的"食品"概念

"食品"作为一个约定俗成的生活性用语，不容易在公众的日常使用中产生分歧和误解，但是作为一个法律术语，它根据不同法律规范调整范围的不同而含义不同。不同国家和地区的法律对于"食品"的定义也各不相同。美国《联邦食品药品及化妆品法》将食品定义为：人或动物食用或饮用的物品及构成以上物品的材料，包括口香糖。加拿大《食品与药品法》将食品定义为：经过加工、销售及直接作为食物和饮料为人类销售的物品，包括口香糖和以任何目的混合在食物中的各种成分及原料。日本《食品安全基本法》第2条规定：本法所称食品指所有食物和饮料，除了药事法规定的药品和准药品。欧盟议会与理事会178/2002法规对食品的定义是：不论是加工、部分加工或者是未加工过的任何用于人类或者可能被人类摄入的物质或产品。

我国现行《食品安全法》第150条第1款规定："食品，指各种供人食用或者饮用的成品和原料以及按照传统既是食品又是中药材的物品，但是不包括以治疗为目的的物品。"《食品安全法》第2条第2款还将供食用的源于农业的初级产品（以下简称食用农产品）的质量安全标准纳入《食品安全法》调整的范围。可见，作为《食品安全法》调整对象的食品既包括经过加工的食品，也包括食用农产品。这也符合我国《食品工业基本术语》中对食品的定义，即"可供人类食用或饮用的物质，包括加工食品，半成品和未加工食品，不包括烟草或只作药品用的物质。"另外，《食品安全法》中详细规定了食品、食品添加剂、食品包装材料和容器等概念，对于影响食品安全的众多介质和物品作了严格要求。

在我国《刑法》中，"食品"一词是作为概括性的生活性语言直接出现在罪名和罪状中，并无法定解释。最初，《刑法》中的"食品"含义更偏向于加工食品，因为未经加工就难以定义"生产"。随着食品安全问题的凸显，针对司法实践中遇到的问题，最高人民法院和最高人民检察院于2013年5月联合发布了《最高人民法院、最高人民检察院关于办理危害食品安全刑事案件适用法律若干问题的解释》（法释〔2013〕12号），明确了对食用农产品的保护立场，表明《刑法》中的"食品"包含食用农产品。

概观以上关于"食品"的各种定义，主要在以下几个方面存在不同：第一，关于食用主体，是仅指人还是包括动物。除了美国，其他国家和地区法律都将"食品"定义为人类食用或饮用的物品。第二，是否包括准药品。例如，日本不包括准药品，我国包括具备食品和药品双重属性的物品，不包括典型药品。第三，是否包括未加工的食品或原料。我国对此未明确规定，其他国家一般都包括。第四，是否包括混合在食物中的各种物质。这主要关系着食品添加剂等食品原料是否属于食品。美国、加拿大、欧盟都规定包括在内，日本和我国未明确规定。

综上所述，本书将"食品"定义为经过加工或者未加工的用于人类食用或饮用的物品，包括以任何目的混合在食物中的各种成分及原料。具体而言，该定义有以下几层含义：第一，食用主体仅指人类，不包括动物，这是与我国经济社会发展状况相适应的。第二，不包括以治疗为目的的物品，传统上既是食品又是药品的物品可以被认为是"食品"。第三，包括未加工的食品或原料，尤其是食用农产品。第四，包括混合在食物中的各种物质，即《食品安全法》中规定的食品添加剂也应包括在"食品"的含义之内。

二、食品安全的概念

当下，食品安全已成为一个广为公众熟知的概念，而其作为一个正式的官方用语是在 2006 年被正式写入《国家重大食品安全事故应急预案》。在此之前，食品卫生的概念在更广的范围被使用。概念的变化是社会发展的产物，不仅体现在概念的更替，而且同一概念的内涵和外延也是随着社会发展和观念更新而不断变化。食品安全这个概念尤其如此，对其基本内涵的定义体现了科学的发展、观念的更迭、食品行业的变化，下文将从国际机构、理论界、我国法律对此概念的定义入手，以时间为线索——进行梳理。

（一）国际机构对"食品安全"的界定

1974 年，联合国粮食及农业组织（Food and Agriculture Organization，简称 FAO）最早提出"食品安全"的概念，在《世界粮食安全国际约定》中将食品安全定义为"保证任何人在任何时候都能得到为了生存和健康所需要的足够食品"。这时的食品安全主要指在数量上满足人们的基本需要。

1984 年，世界卫生组织（World Health Organization，简称 WHO）在《食

品安全在卫生和发展中的作用》中将食品安全定义为："生产、加工、储存、分配和制作食品过程中确保食品安全可靠，有益于健康并且适合人消费的种种必要条件和措施"，将"食品安全"与"食品卫生"作为同义语，没有对二者作真正的区分。

1996 年，世界卫生组织在《加强国家级食品安全性计划指南》中将"食品安全"和"食品卫生"当作两个不同的概念加以区分。其中，食品安全被定义为"对食品按其原定用途进行制作和食用时不会使消费者受害的一种担保"。这是目前人们普遍接受的对食品安全的较权威的定义，把"食品安全"与"食品卫生"区分开来。

世界卫生组织和联合国粮食及农业组织合作设立的国际食品法典委员会（Codex Alimentarius Commission，简称 CAC）是国家之间进行磋商与制定国际食品安全标准的权威性机构，其把食品安全定义为"当根据食品预期用途对其制作和（或）食用时，确保食品不会对消费者造成伤害国"。[①] 而在 ISO22000：2005 的《食品安全管理体系——对食品链中各类组织的要求》中，对食品安全的定义为"对食品按照预期用途进行制备和（或）食用时不会伤害消费者的保证"，并在注释中特别强调：食品安全与食品安全危害的发生有关，但不包括其他与人类健康相关的方面，如营养不良。[②]

通过以上机构对"食品安全"的定义，不难看出，食品安全的概念越来越完善，对何谓"安全"的认识越来越深刻，强调食品无论就预期用途还是就食用后果而言，均应严格保证食用者的身体健康，不能造成急性或慢性的危害。

（二）理论上对"食品安全"的界定

关于食品安全，理论上有狭义和广义之分。狭义的食品安全，指 1996 年世界卫生组织关于"食品安全"的定义，主要是指在食品的生产和消费过程中，没有加入达到致害程度的一定数量的具有毒害性的物质或因素，按照正

---

① FAO/WHO, Codex Alimentarius Recommended International Code of Practice General Principles of Food Hygiene（CAC/RCP 1 – 1969, Rev. 3 – 1997）, FAO/WHO, Rome, 2001.

② 裴山：《食品安全管理体系建立与实施指南》，中国标准出版社 2006 年版，第 47 页。

常剂量、正确方式摄入该食品，人体不会受到急性或慢性的危害，即不会对摄入者自身及其后代造成不良影响。① 广义的食品安全，除了前述含义以外，还包括要确保不能出现由于摄入食品缺乏必要的营养成分或者营养成分比例失调而造成人体健康损伤。②

另外，还有学者将食品的安全性区分为绝对安全和相对安全。食品的绝对安全是指食用某种食品绝对不可能造成危及健康或者造成伤害的情况，食品的相对安全是指在合理方式和正常食量的情况下食用该食品不会导致损害健康的后果。③ 这种区分实际上表明，在人类现有的认知能力和科技条件下，食品的绝对安全很难保证，甚至不可能实现，只能作为一种无限追求、无限接近的目标去努力。在实际生活中，就可操作的层面而言，竭尽全力保障的是食品的相对安全。④

（三）我国法律关于"食品安全"的规定

我国官方文件第一次正式定义"食品安全"是在 2006 年施行的《国家重大食品安全事故应急预案》中，文件规定，"食品安全：是指食品中不应包含有可能损害或威胁人体健康的有毒、有害物质或不安全因素，不可导致消费者急性、慢性中毒或感染疾病，不能产生危及消费者及其后代健康的隐患。食品安全的范围：包括食品数量安全、食品质量安全、食品卫生安全。本预案涉及的食品安全主要是指食品质量卫生安全"。⑤

随着我国食品安全形势的变化，食品安全问题受到了日益广泛的关注，2009 年 2 月全国人大常委会审议通过了《食品安全法》，并于 2015 年 4 月予

---

① 刘录、侯军歧、景为："食品安全概念的理论分析"，载《西安电子科技大学学报》2008 年第 4 期，第 59 页。

② 肖元："对食品安全刑法保护的思考"，载《西南民族大学学报》2006 年第 2 期，第 68 页。

③ 王艳林主编：《食品安全法概论》，中国计量出版社 2005 年版，第 33 页。

④ 美国联邦管理法规的规定可以作为例证，即"（食品）安全和安全性是指科学家认为在使用条件下无害的物质。在现有的科学条件下，还不可能完全保证物质绝对无害。安全与否会随科学进步和安全鉴定的发展来提高"。参见任小铁："科学认识食品安全构建风险分析防范体系"，载《中国质量保证》2008 年 10 月 25 日，http：//www. gdqts. gov. cn/zjxx/xxjl/llyt/200811/t20081124_ 10237. html，2015 年 10 月 11 日访问。

⑤ 《国家重大食品安全事故应急预案》，载中华人民共和国中央人民政府网站，http：//www. gov. cn/yjgl/2006 - 02/27/content_ 21274. htm，2015 年 10 月 11 日访问。

以修订，进一步加强对食品安全的保护。其中，第150条第2款规定："食品安全，指食品无毒、无害，符合应当有的营养要求，对人体健康不造成任何急性、亚急性或者慢性危害。"立法采取了保护"广义的食品安全"和"食品的相对安全"的立场，切中当下食品安全问题的要害，有利于更有效地保护公众，打击危害食品安全的行为。从过去的《食品卫生法》到现在的《食品安全法》，不仅是法律名称的变化，更是监管理念的提升。《食品安全法》超越了原来仅停留在对食品生产、经营阶段发生的食品安全问题规制的格局，扩大范围至"从农田到餐桌"的全过程。《食品安全法》用食品安全标准来统筹食品相关标准，避免了当下食品卫生标准、食品质量标准以及食品营养标准之间交叉、重复甚至冲突的局面。①

从目前的研究情况来看，在食品安全概念的理解上，国际社会已经基本达成共识，即食品的种植、养殖、加工、包装、贮藏、运输、销售、消费等活动符合国家强制标准和要求，不存在可能损害或威胁人体健康的有毒、有害物质致消费者病亡或者危及消费者及其后代的隐患。食品安全分为四个方面：一是成分安全，即食品不应含有危害人体健康的成分；二是功能安全，即食品食用后不能影响人体正常新陈代谢；三是免疫安全，即食品不能带有可能导致人体发病的动物、微生物和病毒；四是遗传安全，即食品不应改变人类基因和遗传功能。②

（四）与相关概念的辨析

1. 食品安全（food safety）与粮食安全（food security）

从中文来看，食品安全与粮食安全相去甚远，但是就英文而言比较相似，有必要予以区分。联合国粮食及农业组织定义的粮食安全指人类在任何时候都可以通过体力、社会交往或经济活动获得充足、安全、有营养的食物以满足其饮食需求以及正常生活的饮食偏好。③ 其强调的是食物供给的数量，④ 反面是食物匮乏。而食品安全侧重的是供给食物的质量，评价指标主要是一些

---

① 信春鹰主编：《中华人民共和国食品安全法解读》，中国法制出版社2009年版，第3页。
② 石扬令、常平凡：《中国食物消费分析与预测》，中国农业出版社2004年版，第30页。
③ 联合国粮食及农业组织官网，http://www.fao.org，2016年10月24日访问。
④ 冉鹥：《食品安全刑事规制研究》，法律出版社2013年版，第4页。

理化指标、生物指标和营养指标。另外，粮食与食品的内涵也不尽相同。粮食是指各类谷物杂粮；而食品不仅包括谷物类，还包括油料和糖料作物类、蔬菜瓜果及禽畜和水产品等。

2. 食品安全（food safety）与食品卫生（food hygiene）

过去，这两个概念相互混同，并未严格区分，但随着认识的不断深化，二者逐渐区别开来。1996 年，世界卫生组织在《加强国家级食品安全性计划指南》中，将食品卫生定义为"为确保食品安全性和适合性在食物链的所有阶段必须采取的一切条件和措施"。在我国《食品工业基本术语》中，"食品卫生"是指为防止食品在生产、收获、加工、运输、贮藏、销售等各个环节被有害物质污染，使食品有益于人体健康所采取的各项措施，与食品安全的定义相区别。总体来讲，食品安全强调过程与结果的统一，既强调过程涉及的各个环节的安全，也包括提供给终端消费者最终产品的结果安全的完整统一，食品卫生则侧重结果安全的监管；食品安全涵盖"从农田到餐桌"的所有环节，食品卫生通常只涉及加工、储存、运输、销售、消费等环节。一般而言，安全的食品也是卫生的，但卫生的食品未必是安全的。

3. 食品安全（food safety）与食品质量（food quality）

食品安全与食品质量有相似之处，都是对食品特性的一种保证。世界卫生组织和联合国粮农组织在《加强国家级食品安全性计划指南》中指出："食品质量是指为食品满足消费者明确的或者隐含的需要的特性。"外，我国《食品工业基本术语》（GB/T 15091 - 1994）第 2.18 款对食品质量进行了解释，指食品满足规定或潜在要求的特征和特性总和，反映食品品质的优劣。由此可见，食品质量重在满足人们的某种需要或要求，其内涵窄于食品安全所要求的无毒害性、符合营养要求。

4. 食品安全（food safety）与食品欺诈（food fraud）

食品安全与食品欺诈有所区别但又密切联系。关于食品欺诈的法定定义，国家食品药品监督管理总局在 2017 年 2 月 13 日公布的《食品安全欺诈行为查处办法》（征求意见稿）的第 3 条中规定，食品欺诈是指"行为人在食品生产、贮存、运输、销售、餐饮服务等活动中故意提供虚假情况，或者故意隐瞒真实情况的行为"。具体包括产品欺诈、食品生产经营行为欺诈、标签说明书欺诈、食品宣传欺诈、信息欺诈、食品检验认证欺诈、许可申请欺诈、备案信息欺诈、报告信息欺诈、提交虚假监管信息等十种行为方式。其中，该办法规定的产品欺诈行为指："用非食品原料、超过保质期的食品原料、回收食品作为原料生产食品；在食品中添加食品添加剂以外的化学物质和其他可能危害人体健康物质；使用病死、毒死或者死因不明及其他非食用用途的禽、畜、兽、水产动物肉类加工食品；生产营养成分不符合食品安全标准的专供婴幼儿和其他特定人群的主辅食品；其他生产经营掺假掺杂、以假充真、以次充好的食品以及以不合格食品冒充合格食品。"① 显而易见，这些产品欺诈行为也涉及食品安全问题，如在奶粉中添加"三聚氰胺"就既属于食品欺诈行为，也属于食品安全问题。另外，有的食品欺诈行为只涉及食品的真实性，而不存在安全问题，如 2013 年爱尔兰食品安全局（Food Safety Authority of Ireland，简称 FSAI）发现的"马肉掺假"事件，即在 100% 牛肉产品中检出含有马肉，几乎涉及欧洲的所有国家，但同时 FSAI 也指出，掺入的马肉是安全的。因此，食品欺诈与食品安全既有重合的部分，也有相异的部分。值得注意的是，随着对食品安全问题治理的深入，以恶意添加的方式造成人身伤亡的恶性食品安全事故已大大减少，但是以次充好、以假乱真的食品欺诈事件比比皆是。在讨论食品安全问题时，有必要将两种行为予以区分，因为对食品欺诈问题的治理更多地要遵循市场经济条件下规制伪劣假冒商品问题的规律，而不应该与食品安全问题混为一谈。

三、食品安全的特征

在公众的一般观念中，食品安全是一个重要得必须被明确回答的问题，但是在实践中食品安全并非如想象般能根据客观标准轻易证成或证否。仔细辨析，食品安全具有相对性和历史性的特点，在具体判断中有可能难以认定食品是否安全。

（一）食品安全的相对性

食品安全的相对性主要体现在三个方面。

---

① 《食品安全欺诈行为查处办法（征求意见稿）》第 7 条。

一是现在安全并不代表以后安全。随着科学技术的发展，关于某一食品或食品原料的安全性的认识甚至有可能出现截然相反的结论。最显著的例子就是"瘦肉精"，瘦肉精最初是作为一种提高猪的生长速度、增加瘦肉率的添加剂而被引进到中国的，是先进饲养技术的产品，殊不知经不起时间的检验，最终被证明是有害物质。

二是现在是否安全没有定论。虽然科学理性已经在现代生活中占有绝对主导地位，但是科学还并不能解释一切。在现有的科学认知水平下，有的物质的安全性并没有定论。这一点在转基因食品方面体现得淋漓尽致，国际国内关于转基因食品究竟有没有危害的争论异常热烈，即使有证据能够证明它没有现实危害，但其是否存在潜在危害尚无法从科学上百分之百证明，正是这一点使得许多公众疑虑重重。著名主持人崔永元自费重金前往美国求证转基因安全与否，吸引了广泛关注，却并未得出令各方信服的答案，最终也是以争论告终。

三是不同国家关于食品安全的质量标准并不相同。判断食品是否安全是以国家的相关质量标准为前提的，具体包括理化指标、微生物指标等相关指标数值。但实际上，每个国家关于同一样食品的质量标准都是有所不同的，如我国最新的生乳标准（GB19301-2010）规定蛋白质含量标准为每100克含2.8克，发达国家的标准为3.0克以上；每毫升牛奶中的菌落总数标准我国规定为200万，美国、欧盟规定为10万。尽管不少专家批评我国某些食品安全标准太低，不利于保护食品安全，但是这也说明食品安全并非一个绝对概念，所谓的安全其实是处于一个相对区间内的安全。各国会根据经济发展状况、科学检测水平、质量监控机制等多种因素制定本国的相关食品安全标准，符合我国食品安全标准的食品在国外的食品安全评价体系下就不一定安全，但是据此推断我国的食品都不安全却并不符合常识，因为并没有大范围地爆发各种食品安全事故。

（二）食品安全的历史性

尽管食品安全问题成为当下社会的焦点，但是它真正作为一个清晰的概念被广泛关注是在近期才发生的事，是随着工业化的发展而产生的。在商品经济并不发达的近代社会，食物的供给很大程度上是自给自足的，并没有现代社会如此发达的食品工业，即使有加工食品也是非常简单天然的，比起今天所采用的复杂的加工技术、加工环节、加工原料都有天壤之别。过去的农业、畜牧业采取的种植、养殖方式也是自然型的，与今天广泛运用各种农药、兽药、饲料不可同日而语。另外，由于商品经济的发展、全球化的到来，食品工业的生产经销网络也远远超出了近代社会的规模，一个食品生产商生产的食品可以在全国销售甚至远销海外，整个食品行业链复杂而又环环相扣，一环出现问题就可能波及整个行业。因此，没有这些人工技术的运用，过去即使存在可以归咎于生产者、销售者的食物中毒事故，它所造成的危害都是很有限的，既不经常也不普遍。而当下的食品安全事故，其成因、危害、影响、频率已经完全不同于过往，成为一个公众无法忽视的问题。强大的食品工业为不断增长的人口提供了基本的温饱，但是也诱发了始料未及的风险。这就是风险社会所描述的风险源之一。

实质上，这暗含了食品安全与食品充裕的矛盾。回归自然的有机农业、有机食品安全性高，但是其产量低、耗能高的特点无法满足日益增长的人口对食品的需求。要满足如此庞大人口的食品需求量，完全不运用添加剂、农药、兽药、合成技术等化学方式是很难做到的。"人类走到今天，除了工业化的食品生产加工制造这种方式以外，人类已回不到过去。"[①] 但是，这种食品生产模式本身又蕴含着巨大的风险，一旦造成危害，其严重程度、波及范围都大大超出传统的食品安全事故。食品安全与食品充裕的矛盾在某种程度上不可调和。这也注定了对于食品安全的追求要受到很多制约，并非没有价值上的冲突。因此，历史地看待食品安全问题会更客观、更理性。

第二节　当前食品安全的基本状况

一、我国食品安全的概况

如何评估食品安全形势，取决于评估主体和评估标准。为全面客观地了

---

① 贾敬敦："创新驱动食品产业转型，保障食品安全"，见中国工程院编著：《中国及全球食品安全现状、未来发展趋势及应对策略》，高等教育出版社 2016 年版，第 59 页。

解我国的食品安全概况，有必要从多个渠道进行观察。

（一）我国官方机构的评价

关于官方披露的食品安全总体情况，可以从食品安全监管部门披露的数据中窥得一二。由于近几年我国食品安全监管体制进行了大调整，相关食品安全的基本数据并不完整。国家食品药品监督管理总局成立于 2013 年，在其官方网站上只能查询到 2015 年和 2016 年的全国食品抽样检验数据。国家质量监督检验检疫总局会不定期公布年度中国进口食品质量安全状况。但是就农产品而言，农业部基本每年都会按季度组织 4 次农产品质量安全例行监测，并公开发布相关数据。除此以外，2007 年国务院新闻办授权发布了《中国的食品质量安全状况》白皮书，相关数据比较全面，之后没有搜索到再发布类似的中国食品安全状况白皮书。虽然白皮书中的相关数据距今已显得比较陈旧，但是可以作为一个参考数值，能够更清晰地看到食品安全状况的变化。总结上述文件和数据，具体情况如下。

1. 食品抽样检验情况

从总体情况来看，国家食品药品监督管理总局组织的抽检覆盖加工食品、食用农产品、餐饮食品和食品添加剂等各类食品，抽样品种覆盖的食品种类也在不断扩大，重点加强安全性指标检验、高风险品种检验频次和对市场占有率高企业的抽检。2015 年，国家食品药品监督管理总局在全国范围内组织抽检了 17.2 万批次食品样品，其中检验不合格样品 5541 批次，样品合格率为 96.8%，比 2014 年升高 2.1%。[1] 2016 年，在全国范围内组织抽检了 25.7 万批次食品样品，总体抽检合格率为 96.8%，与 2015 年持平，比 2014 年提高 2.1%。[2]根据《中国的食品质量安全状况》白皮书披露的情况，2006 年全国食品国家监督抽查合格率达到 77.9%，并表示"食品质量安全水平保持稳定，并呈上

---

① 数据来源国家食品药品监督管理总局，http：//www. sfda. gov. cn/WS01/CL1199/143680. html，2017 年 3 月 24 日访问。

② 数据来源国家食品药品监督管理总局，http：//www. sfda. gov. cn/WS01/CL1199/168583. html，2017 年 3 月 24 日访问。

升态势"。① 所以，就数据而言，食品安全状况确实不断提高，如图 2 所示。

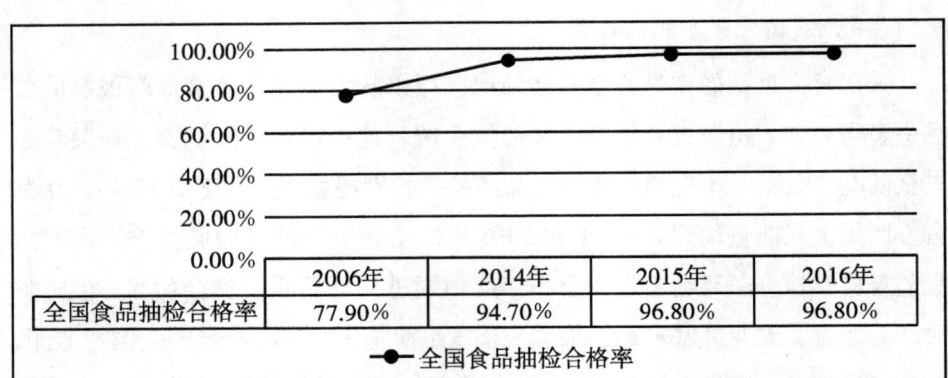

	2006年	2014年	2015年	2016年
全国食品抽检合格率	77.90%	94.70%	96.80%	96.80%

● 全国食品抽检合格率

图 2　全国食品抽检合格率

除此之外，与公众生活密切相关的重点食品或食品企业的抽检合格率均接近或高于平均水平。例如，在 2016 年，一是大宗日常消费品抽检合格率总体保持较高水平，粮食加工品为 98.2%，食用油、油脂及其制品为 97.8%，肉、蛋、蔬、果等食用农产品为 98.0%，乳制品为 99.5%；二是社会关注度较高的婴幼儿配方乳粉共抽检 2532 批次，其中有 0.9% 的样品不符合食品安全国家标准，0.4% 的样品符合国家标准但不符合产品包装标签明示值；三是1299 家大型生产企业的 18030 批次样品和 19 家大型经营企业集团 2949 个门店的 30599 批次样品的合格率分别为 99.0% 和 98.1%，比总体合格率分别高出 2.2 个和 1.3 个百分点。②

2. 农产品质量监测情况

根据检索情况，农业部公布了从 2013 年至 2016 年的全年农产品质量安全例行监测信息，③ 具体数据如图 3 所示。④

---

① 国务院新闻办公室："中国的食品质量安全状况"，载人民网，http：//politics. people. com. cn/GB/1026/6129593. html，2017 年 3 月 24 日访问。
② 数据来源国家食品药品监督管理总局，http：//www. sfda. gov. cn/WS01/CL1199/168583. html，2017 年 3 月 24 日访问。
③ 2013 年之前，农业部的统计口径是分别公布蔬菜、禽畜产品、水产品、水果、茶叶等分类抽检合格率，没有公布农产品总体抽检合格率。
④ 数据来源于农业部或者国务院等官方网站。

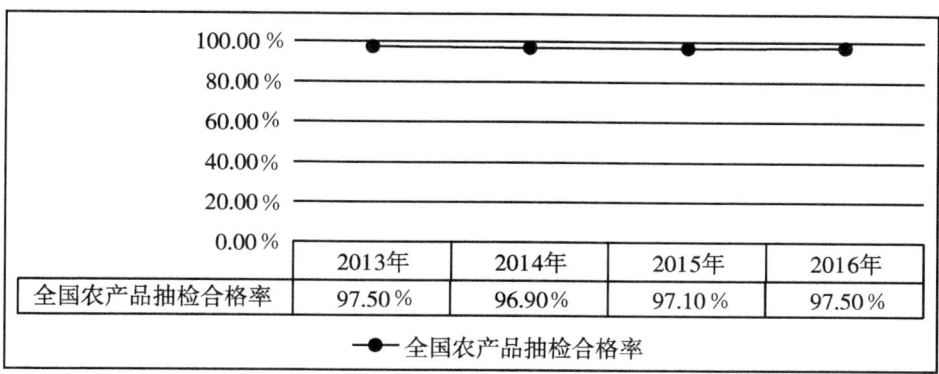

图3　全国农产品抽检合格率

农业部同时公布的信息还包括监测城市数量、监测指标参数、抽检样品数，以及蔬菜、禽畜产品、水产品、水果、茶叶等分类抽检合格率。总的来看，监测城市数量变化不大，基本保持在150个大中城市左右；监测指标参数有了较大提升，从2008年30项增加到了2016年的94项；抽检样品数也增加较多，2009年抽检样品为31991个，2016年为45081个；蔬菜、禽畜产品、水产品、水果、茶叶等分类抽检合格率变化也不明显，都保持较高的数值，整体向好。另外，有的年份还会特别公布某些农产品重点指标抽检合格率，如2016年公布了禽畜产品瘦肉精抽检合格率为99.9%。[①]

综上，从以上这些数据来看，我国食品安全状况并不像从媒体报道中感知的那么差。根据《中国的食品质量安全状况》白皮书的介绍，"中国食品质量总体水平稳步提高，食品安全状况不断改善，食品生产经营秩序显著好转"。[②]

（二）第三方机构的评价

2015年7月，英国经济学人智库（Economist Intelligence Unit）发布了《全球食品安全指数报告》（Global Food Security Index），中国食品安全水平

① "农业部公布2009年农产品质量安全例行监测信息"，载中央人民共和国中央人民政府官网，http：//www.gov.cn/gzdt/2010-01/18/content_1513704.htm，2017年3月24日访问。

② 国务院新闻办公室："中国的食品质量安全状况"，载人民网，http：//politics.people.com.cn/GB/1026/6129593.html，2017年3月24日访问。

在 107 个国家的排名中位列第 42 位，属于良好表现（good performance）一档。① 该指数有 27 个定性和定量指标，主要指向食品安全价格承受力、食品供应能力、质量安全保障能力三方面 27 个定性和定量指标，报告依据世界卫生组织、联合国粮农组织、世界银行等权威机构的官方数据，通过动态基准模型综合评估 107 个国家的食品安全现状，并给出总排名和分类排名。其中，中国的质量安全保障能力的分类排名为第 43 位，报告还将质量安全保障能力归为中国得分较高的 7 个指标之一予以特别提示，作为同样发展中国家的人口大国印度总排名为 70 位，远落后于中国。而且，与人均 GDP 排名第 52 位相比，中国是食品安全水平大幅超过社会富裕程度的少数国家之一。

（三）一般公众的评价

近年来，《小康》杂志会同有关专家及机构，在全国范围内开展年度"中国平安小康指数"调查，得到了国家统计局统计科学研究所的支持，具有较强的可信度。根据近年来的调查结果，自 2009～2010 年度以来，"食品安全不能让人放心"已成为影响国人安全感最大因素，② 且连续 5 年位居"最让人担忧的十大安全问题"榜首。在 2014～2015 年度的调查中，有高达 85.2% 受访者表示了对"食品安全"的担忧。此调查结果也可以和个人的亲身感受相印证，当下很难有普通公众对于食品安全的状况不表示些许的担忧，不同的只是每个人的担心程度。在经历了阜阳大头娃娃事件、"三聚氰胺"奶粉事件、"地沟油"事件等全国性的重大食品安全事故以后，公众对于食品安全的认知被彻底颠覆，呈现一种惊弓之鸟的症候，尤其在媒体集中报道各种食品安全事故的推波助澜之下，公众充分感受到各种食品的安全隐患，甚至对整个中国的食品行业都丧失了信心。

显而易见，一般公众对于食品安全的感受与我国官方和第三方机构的评价差异较大。这种认知偏差可以一分为二地看。

---

① 该报告依据世界卫生组织、联合国粮农组织、世界银行等权威机构的官方数据，通过动态基准模型综合评估 107 个国家的食品安全现状，并给出总排名和分类排名。

② 2008～2009 年，"腐败问题"（78.1%）居最令人担忧的社会安全问题之首，"食品药品"（75.5%）紧随其后。参见"去年中国平安小康指数 66.9，最平安城市北京胜出"，载中国网，http://www.china.com.cn/aboutchina/txt/2009-05/04/content_17716148.htm，2016 年 10 月 23 日访问。

一是基于抽检监测数据的食品安全状况评价在一定程度上缺乏全面性和科学性。最显著的例子就是 2007 年 8 月发布的《中国的食品质量安全状况》白皮书对我国食品安全状况作出了积极评价，但是 2008 年就爆发了震惊全国的"三聚氰胺"奶粉事件。一方面，抽检的范围和数量都有限，不能涵盖全国情况；另一方面，"当前我国食品安全事件以非法添加非食用物质、使用非食用原料、非法使用违禁药物等违法生产经营行为为主，而非法添加物、非食用物质、掺杂使假成分、部分违禁药物等未纳入我国食品安全监测体系内"。[①] 所以，食品抽验监测数据的高合格率，与公众对食品安全的实际感受形成巨大反差。这正是以最终产品为核心的食品安全风险监测体系的内在缺陷。

二是要区分食品的安全性和安全感。食品的安全性是客观的，需要根据国家出台的相关标准以科学手段进行检验，体现出来就是食品抽检监测数据等。食品安全感是主观的，是一种个人心理的体现，与个人的食品安全知识、接受的食品安全信息、人生观价值观等多种因素相关。由于当下食品安全事件频发，信息传播媒介发达在一定程度上具有放大效应，缺乏相关权威的声音能有效澄清有关食品安全的误传误信等原因，公众关于食品安全的安全感跌落谷底。基于这种区分，需要认识到我国的食品安全状况确实不容乐观，但是也要警惕对此过度敏感，认为中国的所有食品都不安全，对食品添加剂等食品工业的必需品形成没有科学依据的偏见。有的消费者认为"三聚氰胺""苏丹红"是食品添加剂，所以认为只要添加了食品添加剂的食品都是不安全的。事实上，这两种物质都不是食品添加剂，是有害物质，属于非法添加物。食品添加剂是经过权威机构批准认可、符合《食品添加剂使用标准》（GB2760－2014）的食品添加物，其安全性具有法律效力，两者根本不是一回事。食品工业的发展离不开食品添加剂，对添加剂不要过分排斥同时不掉以轻心，才是理性的态度。如此有了科学的认识才能科学施策。

---

① 臧明伍、王守伟、李丹、张凯华、张哲奇："基于重大事件的食品安全特征分析与对策研究"，见中国工程院编著：《中国及全球食品安全现状、未来发展趋势及应对策略》，高等教育出版社 2016 年版，第 130 页。

二、我国食品安全存在的主要问题

当前，我国食品安全事件频发，食品安全风险突出，原因是多方面的。我国正处于工业化和城镇化快速发展时期，环境和资源的矛盾越来越显著，环境污染问题对食品安全的影响凸显；市场经济秩序尚不完善，食品掺杂掺假问题比较严重；食品安全监管存在薄弱环节，不能有效遏制相关违法犯罪行为；食品行业多、散、小的产业现状难以在短时间内改变，食品加工技术参差不齐，生产消费环节存在诸多隐患；网络消费时代的兴起为食品安全管理带来了新挑战；新的食品科技的运用产生的新风险。这些因素决定了我国的食品安全问题具有自身的特点，区别于国外以微生物污染为主的食品安全事件。① 根据新闻报道、调查报告、专业论文反映的情况，当前我国食品安全存在的问题主要表现在以下几个方面。

（1）水源、土壤、空气等农业产地环境污染造成的食品安全问题。由于发展工业、滥用农药化肥等对水源、土壤、空气造成了大范围的污染，影响农作物、水产品的生长，进而影响食品原料的安全。典型例子是湖南镉大米事件，之后农业部于 2012 年初开始了农产品产地重金属污染防治工作，计划在 5 年时间内对全国农产品产地的土壤污染状况进行调查。根据 2016 年 11 月的报道，农业部相关工作负责人表示，"结合多部门判断，我国重金属污染耕地面积大约 1.8 亿亩，大概是全国耕地面积的 10% ~ 15%，主要集中在南方地区。污染区域主要是工厂企业周边农区、污水灌区、大中城市郊区。除此以外，交通要道两岸，包括一些设施农业基地周边也存在污染"。②

（2）种植和养殖过程中滥用化肥、农药、激素等化学品造成的有害物质残留。饲养业在饲料中添加抗生素、激素等的现象比较普遍，再加上养殖户不遵守休药期，禽、畜、水产品中的药物残留问题比较严重，如"多宝鱼"事件。

---

① 任筑山（Joseph J. Jen）："守护食品安全的共同责任"，见中国工程院编著：《中国及全球食品安全现状、未来发展趋势及应对策略》，高等教育出版社 2016 年版，第 54 页。

② "农业部用 5 年调查农产品产地土壤状况，这些地方污染严重"，载新浪网，http://news.sina.com.cn/o/2016 - 11 - 25/doc - ifxyasmv1851815.shtml，2017 年 3 月 27 日访问。

（3）违规使用食品添加剂和添加非食用物质。在食品生产加工过程中，超剂量、超范围使用食品添加剂甚至直接添加非食用物质的现象频发，最突出的就是"三聚氰胺"奶粉事件。

（4）使用劣质原料制造食品。此种问题在食品加工行业非常普遍，新闻报道不绝于耳，如使用病死猪、病死鸡等问题肉制造熟肉制品，使用"地沟油"加工油炸食品。

（5）假冒伪劣食品普遍。假冒伪劣食品主要包括以次充好、冒充名牌食品、假冒有机食品等类型，有的假冒伪劣食品并不存在食品安全问题，其本质是食品欺诈。假冒伪劣食品在某些地区尤其是比较贫困的农村泛滥横行，极大地扰乱了食品安全秩序，例如，用工业酒精勾兑烈酒，用低档酒假冒名牌酒；用化学合成物掺兑食醋；用香精、色素制造饮料。

（6）病原微生物引起的食源性疾病。由于食品的储存条件、消毒措施、制作工艺等方面不符合要求，食品中含有病原微生物进而引起食物中毒等食源性疾病，如常见的致病性大肠杆菌、金黄色葡萄球菌、沙门氏菌。2006年广受关注的"福寿螺"事件（由管圆线虫引起）就是典型例子。

（7）腐败变质食品依然在市场上销售。不少腐败变质的食品没有及时被销毁，重新包装甚至不包装就进入流通环节。市场出现了不少变质的鲜奶、鲜肉和超过保质期的糕点、饮料，如上海福喜事件。

上述描述反映出，食品安全问题存在隐蔽性、不确定性、广泛性等诸多风险特征。当下中国的食品安全问题不仅包括传统意义上的食品卫生、质量等问题，还包含制度性风险所引发的食品安全问题，以及后工业时代所带来的化学添加剂及转基因食品等与科技相关联的食品安全问题。可见，我国的食品安全状况错综复杂，各种问题交织在一起。

第三节　刑法在食品安全保护中的地位和作用

如上所述，食品安全问题层出不穷，各种问题食品被广泛曝光，反映出现行食品安全治理方式已经不足以有效保障食品安全，极大地动摇了社会公众对食品安全行政管理部门的信心。在此背景下，要求更广泛、更严厉运用刑法保护食品安全的声音不绝于耳。对于刑法在食品安全保护中究竟应该扮演何种角色，值得深入思考，理性的定位是进一步探讨食品安全刑法保护现状、问题与完善的必要前提。

一、刑法在食品安全保护中的作用及其局限性

（一）刑法在食品安全保护中的重要作用

食品安全保护是一项庞大的系统工程，涉及各个层面和多个环节，涵盖了企业自治、行业自律、政府监管、法律规制、舆论监督等多方面的内容。显而易见，要切实筑牢保护食品安全的防线，需要充分发挥各方作用，单独倚重哪一方面都容易顾此失彼。刑法作为法律规制手段的一种，其独特功能决定了刑法在食品安全保护中的重要作用，主要体现在以下几个方面。

一是有效惩处严重危害食品安全的行为。刑法对于犯罪人财产、自由甚至生命的剥夺，使其作为最具威慑力的制裁手段，能够有效打击不法行为，预防社会风险，被誉为经济发展中"最有效的降低干扰的工具"。① 而民法、行政法等其他法律规范，其制裁手段和制裁程度的有限性决定了其更多的是对轻微的食品安全违法行为进行调整、规制。在当下，严重危害食品安全的犯罪行为屡禁不止，需要通过有针对性地运用刑罚，提高犯罪成本，减少严重危害食品安全的行为发生，更好地保护公众身体健康。这是刑法最重要也是最受关注的作用方面。

二是规范引导食品从业者依法行事。刑法规范作为禁止性规则，也是一种行为规范，即通过处罚犯罪行为来引导具有自由意志之人合法行事，达到一般预防的效果。由于刑罚的严厉性，刑法规范对行为的规范引导作用较其他部门法律更为显著，这也是"乱世用重典"具有一定合理性的原因。从社会的发展历程看，在经济社会问题严重时，往往会格外倚重刑法，采取加重处罚或者扩大犯罪圈等方式，对突出的犯罪行为重点打击，以求尽快地遏制

---

① Kindhauser：Personalitat，Schuld and Vergeltung：Golt - dammer's Archiv für Strafrecht. 1989，S. 493. 转引自姜涛："风险社会之下经济刑法的基本转型"，载《现代法学》2010 年第 4 期。

犯罪态势，恢复良好秩序，有效保护法益。现在，危害食品安全的犯罪行为层出不穷，且有"劣币驱逐良币"之势，令人担忧。有效合理地运用刑罚，强化刑罚规范的行为指导作用，使守法者得利，违法者得惩，有利于扭转食品行业的不良秩序，促进食品行业健康发展。

三是保障前置法律规范的贯彻实施。民事、行政等其他部门法规范所确立、保护的重要权利和利益，在受到严重破坏或危害的时候，就会进入刑法规范的调整范围，通过施加刑罚来对其给予更有力的保护，弥补其他部门法规范失效的后果。因此，刑法作为后盾法，常常被比喻为"第二道防线"，对于保障前置法规的贯彻实施具有不可取代的作用。在食品安全领域，当相关的民法、行政法规范不足以有效规制食品从业者诚实守信经营时，就需要刑法的介入，以保障整个法律机制的有效运行。以北京市朝阳区人民法院审理的食品类买卖合同消费维权案件为例，就能看出普通消费者通过民事维权的难度。根据统计，以 2015 年新修订的《食品安全法》的实施为时间节点，朝阳法院自 2015 年 10 月 1 日至 2016 年 10 月 1 日共计受理涉食品类买卖合同消费维权案件 246 件，其中问题食品的发现者多为知假买假人，共 51 人，占案件总数的 99%，普通消费者仅 1 人。在这 246 起案件中，涉及食品标签问题的有 46 件，占 18.7%；涉及食品虚假宣传问题的有 56 件，占 22.8%；涉及食品质量问题的有 144 件，占 58.5%。① 由此可知，食品类案件维权需要大量的专业知识，普通消费者难以胜任，很难向问题食品的生产经营者及时有效追责。所以，在当下食品行业失范严重时，刑法被寄予厚望发挥更大更广泛的作用。

（二）刑法在食品安全保护中的局限性

尽管刑法在食品安全保护中具有不容忽视的重要作用，但是刑法远非万能，自有其效用边界，如果越界滥用，反而会变得弊大于利。尤其在当前食品安全问题频发，公众冀望能在短期内扭转食品安全状况的情形下，权力部门更有冲动频繁动用刑法来打击危害食品安全犯罪，以求尽快治理好食品行

---

① 北京市朝阳区人民法院民二庭课题组："北京市朝阳区人民法院关于新食品安全法施行一年后食品类买卖合同消费维权案件的统计分析"，载《法律适用·司法案例》2017 年第 2 期，第 98~99 页。

业，恢复公众信心。在这样的背景下，我们更要理性认识刑法在食品安全保护中的局限性，在充分运用刑法保护食品安全的同时谨守边界底线，不因情势所迫和民意所望陷入盲动。刑法在食品安全保护中的局限性，是刑法自身的性质和特点所致，并非刑法的不完善和缺位，主要体现在以下两个方面。

一是刑法在食品安全常规管理中难以发挥有效作用。刑法虽然严厉，但是作为一种事后救济的手段，并不能取代事前的管理手段。对于食品安全的保护而言，更为重要的恰恰是良好有序的日常管理，即通过完备有效的制度机制来约束食品从业者将食品质量放在第一位，使其不敢也以牺牲食品质量来获取经济利润。在食品行业的各个环节，确立系统的具有操作性的制度和规则以确保食品安全，明确相应的义务和责任，并有效管控和处罚违反制度规则的行为，才是治本之策。通过刑罚的严厉打击，会在一定时期内压制危害食品安全犯罪之势，但是无法从根本上扭转食品安全的状况。因为对于广泛存在的轻微危害食品安全的行为，无论是从价值考量还是功利计算来看，都很难倚重刑法去规制。从价值层面而言，"在一个自认自由而开放的社会中，由于刑事制裁的施加是一种名誉污损和自由丧失的独特组合体，因此人们应该只是在极少情况下才诉求于他"。① 刑法的施用必须合乎正义，坚持谦抑性，无原则地滥用刑罚会走向保障人权的对立面。从功利层面而言，刑法的施用具有极高的成本，在有其他替代性治理方式的情况下，并不是经济的选择。"只有当前置性的法律无法惩治和阻挡一般违法性行为时，才需要刑法闪亮登场。不然刑法的补充修改效果就会大打折扣。"② "高明的执政者应当尽可能制定比较完善的行政法体系，把依法行政作为法治建设的中心环节，切忌用刑法取代行政法或将刑法当作社会管理的马前卒使用。"③ 当下，过度依赖刑法甚至认为刑法万能的观点仍然存在。而且，直接动用刑法规制犯罪，较之通过改革经济模式、整合行政管理来减少、预防犯罪而言，成本更低、

① ［美］哈伯特·L 帕克：《刑事制裁的界限》，梁根林等译，法律出版社2008年版，第246页。
② 杨兴培："公器乃当公论，神器更当持重——刑法修正方式的慎思与评价"，载《法学》2011年第4期，第5页。
③ 曾粤兴："尊重与保障：刑法如何介入行政法领域——从打击'地沟油'犯罪切入"，载《北方法学》2013年第6期，第62页。

风险更小，甚至在短时期内收效明显。这些都促使刑法的触角伸得越来越长，导致那些本来可以通过民事、行政等手段解决的问题却进入刑事规制的范畴。所以，在强调充分发挥刑法在食品安全保护中的作用的同时，要警惕这种刑法万能论，避免把刑法的触角伸得过长，造成消极后果。

二是刑法的有效适用依赖前置行政规范的规定。人们通常形象地比喻刑法是"第二道防线"，即是其他部门法的后盾和保障。诚如杨兴培先生所言，"刑法作为第二次违法规范形式的产物，它的完善还有赖于首先制定和完善一些前置性的法律为刑法的制定提供基础。刑法的有效执行，还有赖于前置性法律的有效执行"。[①] 尤其对于行政犯而言，刑法对于违法性的判断以相应的行政规范为前提。危害食品安全的犯罪虽然具有自然犯的某些特点，但是在本质上其行政犯的属性更为浓厚，如最为典型的生产、销售不符合安全标准食品罪和生产、销售有毒、有害食品罪，首先都是违反食品安全法的行政违法行为。因此，在具体犯罪行为的认定上，必须依赖前置行政规范的规定。例如，如何认定"不符合安全标准""有毒有害"，都要根据相应的行政法规才能判断，仅根据字面含义无法决定是否适用刑法。而且，要发挥刑法在打击危害食品安全的行为中的作用，需要完善的前置行政规范，使得刑法能够精准地规制违法行为，避免因为前置行政规范缺位或不完善而放纵危害食品安全的行为。所以，在探讨食品安全的刑法保护时，不能孤立地使目光只注视于刑法本身，要在刑法与前置行政规范的交互作用下认识问题、探究原因、解决问题。仅有刑法自身的完善，有时并不足以保护食品安全法益，需要刑法与前置行政规范的有效衔接才能充分发挥刑法效用。

因此，在食品安全形势严峻的当下，进一步完善食品安全的刑法保护大有裨益，但同时也需时刻谨记刑法的边界，理性看待刑法，避免过度迷信刑法的作用而造成不自觉的滥用。

二、危害食品安全犯罪概述

食品安全刑法保护无疑是通过打击危害食品安全犯罪来实现的。如何加

---

① 杨兴培："公器乃当公论，神器更当持重——刑法修正方式的慎思与评价"，载《法学》2011年第4期，第5页。

强食品安全的刑法保护，就是如何有效地规制危害食品安全犯罪。危害食品安全犯罪①只是一个常用理论术语，并非刑法概念。如何界定其内涵和外延主要取决于研究的目的。随着食品安全问题的热度提升，研究危害食品安全犯罪的论文越来越多，对此概念的界定也宽窄不一，而且有的直接进行了定义，有的未进行定义只是泛泛地使用此术语，其真正所指须根据文章内容自行判断。为了明晰讨论的范围，有必要在此对危害食品安全犯罪的内涵和外延予以界定。

（一）危害食品安全犯罪的内涵和外延

从字面上看，危害食品安全犯罪就是刑法规定的与保护食品安全相关的犯罪的统称。在具体定义上，有的学者认为食品安全犯罪是与食品安全性相关、具有社会危害性，依据刑法应受处罚的行为。② 有的学者认为食品安全犯罪是有关食品生产与销售的一系列犯罪行为的总称。③ 有的学者认为，食品安全犯罪是指故意或者过失实施的，违反食品安全法规，危及不特定多数人的生命、健康或重大公私财产安全的行为。④ 综合上述种种观点，可以看出危害食品安全犯罪是指违反食品安全法规，侵害我国食品安全监督管理秩序和不特定多数人的生命财产安全的犯罪的总称，一般的与食品相关但是没有侵害上述犯罪客体的犯罪不属于此类罪。

在外延上，具体哪些罪名可以归属于这个类罪意见并不统一。综合其他学者的论述，主要有狭义的危害食品安全犯罪和广义的危害食品安全犯罪之分。狭义的食品安全犯罪主要指《刑法》第 143 条和第 144 条这两个罪名。广义的食品安全犯罪是指除了两个核心罪名以外，其他的与保护食品安全相关的罪名，不同的研究者根据个人研究的重点列举的具体罪名又略有不同。根据犯罪的对象及其侵害的犯罪客体，大致可以分为三类：一是直接规制生

---

① 最高人民法院、最高人民检察院等司法机关在出台司法解释、规范性意见时都采取"危害食品安全犯罪"的正式表述，在论文、新闻报道中常常简称为"食品安全犯罪"，两种表述没有区别，本书亦在同等的意义上使用此术语。

② 田禾："论中国刑事法中的食品安全犯罪及其制裁"，载《江海学刊》2009 年第 6 期，第 139 页。

③ 杜菊、刘红：《食品安全刑事保护研究》，法律出版社 2012 年版，第 12 页。

④ 高铭暄、马克昌主编：《刑法学（第七版）》，北京大学出版社、高等教育出版社 2016 年版，第 421 页。

产、销售问题食品的两个核心罪名；二是间接保护食品安全的相关罪名，主要包括的罪名有生产、销售伪劣产品罪、非法经营罪、生产、销售伪劣农药罪、生产、销售伪劣兽药罪；三是规制食品安全监督管理失职行为的罪名，主要包括食品监管渎职罪、放纵制售伪劣商品犯罪行为罪、徇私舞弊不移交刑事案件罪。这三类犯罪基本涵盖了食品的种植、养殖、生产经营以及监督管理各个环节，本书亦采这样的界定进行论述，有利于更全面地探讨食品安全的刑法保护。除此之外，由于想象竞合犯或牵连犯，危害食品安全的行为还有可能触犯假冒注册商标罪、虚假广告罪、伪造、变造、买卖国家机关公文、证件、印章罪、提供虚假证明文件罪等罪名。

另外，危害食品安全犯罪与单纯的食品欺诈犯罪还有必要加以区别。食品欺诈，主要指的是在食品生产、加工、销售中以次充好、以假充真或者以不合格产品冒充合格产品的行为。在很多情况下，假冒食品等欺诈行为并不必然危害人体健康。尽管食品欺诈行为的对象也是食品，但其破坏的主要是公平竞争的市场秩序。当然，有的食品欺诈行为也存在安全隐患，与食品安全问题有所交叉，但是严格从是否安全的角度界定，两者是有明显区别的。本书探讨的对象主要是危害食品安全犯罪，而非食品欺诈犯罪。

（二）危害食品安全犯罪的特点

基于食品安全的特点，危害食品安全犯罪也呈现出不同于一般类罪的特点，之前的相关学术论文在论述这些特点时多是从犯罪学的角度提出的，如危害食品安全犯罪呈蔓延趋势、网络成为目前危害食品安全犯罪的重要手段等。这个意义上的犯罪特点固然重要，但鉴于本书侧重探讨规范论的内容，因此主要从影响规范适用的角度来剖析危害食品安全犯罪的特点。与其他犯罪相比较，在规范意义上危害食品安全犯罪呈现以下特点。

1. 二重性

危害食品安全犯罪是一般人既熟悉又陌生的犯罪，熟悉是源于其犯罪对象食品是我们每天都离不开的必需品，陌生是在于其认定需要相当专业的知识，超出了一般人的认知范围。这充分反映出危害食品安全犯罪既是法定犯又是自然犯的二重性。如何认定食品是否具有毒害性，对于危害食品安全犯罪的认定具有决定性意义，而如何认定则离不开前置行政法规、部门规章的具体规定，即使在常识上认为某一种食品存在安全隐患，但缺乏相关国家标准仍然很难予以认定。如实践中不少利用泔水、废弃油脂提炼出的地沟油的现象，完全符合国家《食品安全国家标准 食用动物油脂》（GB10146－2015）所规定的 9 项安全性指标，但是其安全性仍然令人怀疑，因为以其他未明确规定的指标去衡量，地沟油就未必能够合格。由此造成的认定困难在其自然犯属性的衬托下，会使一般公众对鉴定和处理结果难以接受，容易造成公众更深的怀疑和信心的丧失。纯粹的行政犯，由于其专业隔膜，一般公众难以判断，会更倾向于认同专业机构和司法机关的结论。但是，危害食品安全犯罪与其不同，在发生中毒事故造成严重人身伤害时，又具有典型的自然犯特征，而且对于食品本身是否安全的判断，公众又具有一定程度的常识和关注，所以公众对于危害食品安全犯罪的认识具有缺乏专业知识的前见。这种认知结构对于如何认定危害食品安全犯罪具有潜移默化的影响，更重要的是对食品安全的刑事立法有重大影响。

2. 渐进性

当我们把食品安全作为一个整体谈论时，它重要得无与伦比，但当我们谈论每一个有瑕疵的具体食品是否安全时，它又显得危害不是那么大，甚至可以本着"不干不净吃了没病"的原则不予理会。这反映出了人们对于食品安全看法的另一面。尤其在没有频繁发生广受关注的食品安全事故之前，一般公众对于食品安全并没有那么当回事。为什么？其中一个重要原因就是问题食品造成的危害具有渐进性。正常人每天摄入的食品量并不多，其中即使含有农药、激素、重金属、不安全的食品添加剂、潜在致癌物、残留抗生素等危害人体健康的成分，由于其量小再加之人体自身具有一定的免疫力，短期内可能看不出有什么负面影响。但是，这些危害人体健康的物质日积月累，很难不对人体造成严重危害，而且随着时间的推移，其危害会越来越明显。在公众不重视食品安全时，这种渐进性会使得食品安全问题被遗忘；而在公众重视食品安全时，这种渐进性会成为规制危害食品安全犯罪的重要障碍，即对于没有造成严重后果的危害食品安全行为，如何处理才能实现秩序与自由的平衡。

第二章
食品安全刑法保护的历史沿革

如上文所述，食品安全问题并不是从来就有，过去即使不乏对食品中毒事件的关注，但是其面貌和含义与当下我们谈论的食品安全问题还是有本质区别。食品安全问题是随着社会经济生活情况的不断发展而产生的，食品安全的刑法保护也根据实践情况的变化呈现出明显的分野，从没有把危害食品安全的行为规定为犯罪到逐渐入罪，从确立专属罪名再到不断调整完善，刑事立法和司法不断回应社会需求，每个阶段也都呈现出不同特点。因此，下文将按照时间顺序，梳理新中国成立以来刑事立法、司法机关在不同时期如何对待食品安全问题，并穿插对重大食品安全事故的介绍和评析，以求更深入地了解司法运作的实际，还原食品安全的刑法保护脉络。

第一节　没有规定危害食品安全犯罪时期
（1949 年至 1978 年）

中华人民共和国成立后，我国对经济的方方面面都实行强有力的行政管控，食品的生产、销售亦然。因此，食品安全的监管，主要是采用行政规制的手段，没有规定任何刑事处罚措施。此外，因法律在治国理政中的作用得不到重视，这一时期不仅没有出台刑法，连行政立法也寥若晨星。而且，当时尚没有食品安全这个概念，对于生产、加工食品的要求仅是卫生而已，具体监督管理食品卫生的规定是 1965 年 8 月，卫生部、商业部、第一轻工业部、中央工商行政管理局、全国供销合作总社联合制定了自中华人民共和国成立以来中央层面的第一部与食品卫生相关的法规，即《食品卫生管理试行条例》。然而，在"文革"时期，因法制受到严重破坏，食品卫生监管全面停滞。

这一时期由于实行计划经济、法律治理在国家管理中缺位等因素，没有法律明文规定有关危害食品安全的犯罪，而是依靠行政手段去解决食品卫生的监督管理。由于食品企业大多公私合营、政企合一，政府主管部门主要采取思想教育、群众运动、质量竞赛和行政处分等监管方式对企业进行监管，并没有刑法一席之地。当时，即使有对犯罪的认定和处理也是依靠政策和指示来判定，而非依据法律。是否能就此推论这一时期的食品安全状况很好呢？并不尽然。因为当时社会物资匮乏，温饱问题尚未能完全解决，根本没有也不可能出现像现在这样的食品安全观念。当时认为只要不发生中毒事故，食品就是安全的，而现在不仅要求不能吃出事故，还要求没有潜在不良影响、不能造成慢性伤害，如现在经常会评价某些食品是否含有致癌物，两种标准差异巨大。所以，在当时的社会条件下，计划经济的基本面确保了没有大范围的严重食物中毒事故，但是也不能就此断定按照现有的标准当时的食品安全状况就很好，毕竟当时的食品安全标准与今天相比还很不健全。例如，1967 年卫生部、化工部、轻工部、商业部联合颁布了《八种食品用化工产品标准和检验方法（试行）》，是我国第一部系统的关于食品检测的标准，其中规定的食品种类相当之少。由此可知，这一时期没有规定危害食品安全的犯罪不仅与当时的社会经济、政治状况有关，还与当时的食品安全观念相关。

第二节　将危害食品安全的行为入罪时期
（1979 年至 1997 年）

随着改革开放的确立，我国经济体制出现巨大变革，计划经济式微，商品经济得到空前发展，食品工业生产经营模式和所有制形式都发生了翻天覆地的变化，受利益驱动进而违法生产经营的行为开始不断出现，生产经营问题食品的现象开始受到立法者的关注，具体的立法过程如下。

1979 年 7 月，我国出台第一部刑法典，其中没有规定有关危害食品安全犯罪的专属罪名。但是，如果发生食物中毒等严重危害食品安全的行为，可根据不同情况以投机倒把罪、以其他方法危害公共安全罪或重大责任事故罪予以处罚。

1979 年，卫生部和全国工商行政管理局联合发布《农村集市贸易食品卫生管理试行办法》，其中第 12 条规定："对情节严重，屡教不改，造成食物中毒者，提请司法部门依法惩处。"由此可见，如果发生食物中毒或重大污染事故，司法部门要介入处理，但是依据什么处理、如何处理尚没有规定。1979 年出台的刑法典没有规定专门针对危害食品安全的犯罪，所以行政法规和行政规章的这种规定含混不清，也算不上是附属刑法，更多的是具有宣示告诫意义。

1982 年，全国人大常委会通过了《食品卫生法（试行）》。按照其规定，因违反食品安全要求，造成食物中毒或其他严重后果的，根据不同情形依照刑法规定的玩忽职守罪、重大责任事故罪和制造、贩卖假药罪追究刑事责任。这是我国第一次以附属刑法的方式明确将危害食品安全的行为宣告为犯罪。

1993 年 7 月，全国人大常委会通过了《关于惩治生产、销售伪劣商品犯罪的决定》，以单行刑法的形式，首次明确规定了生产、销售有毒、有害食品罪和生产、销售不符合卫生标准的食品罪。① 当时，前者是行为犯，后者是结果犯，在法定刑上，前者明显重于后者。由此可以看出，当时立法集中惩罚的是造成严重危害后果的行为，没有前置惩罚具体危险犯。

1997 年 3 月，我国出台了新的刑法典，吸收了前述单行刑法的相关内容，并在此基础上，将第 143 条的结果犯变为了具体危险犯；修改了第 144 条的罪状表述，新增对"销售明知掺入有毒、有害的非食品原料的食品的"行为的处罚；将原来笼统规定的无限额罚金修改为处以销售金额百分之五十以上二倍以下罚金。另外，由于受到刑法分则第三章第一节第 149 条"兜底条款"的影响，还有可能因为法条竞合而以生产、销售伪劣产品罪处罚危害食品安全的行为。

这一时期关于食品安全的刑法保护体现出从无到有的发展过程，从类推适用其他罪名、附属刑法规定、单行刑法规定最后到刑法典规定，立法形式和立法内容都不断完善，最终确立了规制危害食品安全犯罪的两个基础性罪名，确立了食品安全刑法保护的基本面貌。此发展历程也显示出食品安全问题随着市场经济的确立变得越来越棘手，刑法也加入其中承担起保卫任务，而且保卫的范围也在扩大，从处罚结果犯变为处罚具体危险犯。不过，当时对于食品安全的认识仍然停留在食品卫生的层面，主要惩处造成严重食物中毒事故或其他严重食源性疾病的行为，并没有出台更细致的司法解释或者指导性意见指导司法实践。

---

① 具体条文规定为："生产、销售不符合卫生标准的食品，造成严重食物中毒事故或者其他严重食源性疾患，对人体健康造成严重危害的，处七年以下有期徒刑，并处罚金；后果特别严重的，处七年以上有期徒刑或者无期徒刑，并处罚金或者没收财产。在生产、销售的食品中掺入有毒、有害的非食品原料的，处五年以下有期徒刑或者拘役，可以并处或者单处罚金；造成严重食物中毒事故或者其他严重食源性疾病，对人体健康造成严重危害的，处五年以上十年以下有期徒刑，并处罚金；致人死亡或者对人体健康造成其他特别严重危害的，处十年以上有期徒刑、无期徒刑或者死刑，并处罚金或者没收财产。"

第三节　规制危害食品安全犯罪微调时期
（1998 年至 2008 年）

一、司法解释的变化

自 1997 年刑法典出台以后至 2008 年期间，关于危害食品安全犯罪的相关规定进入微调期，没有通过刑法修正案的形式进行过立法修改，只是根据司法实践的需要，颁布了一些司法解释，主要有以下两个：

2001 年，《最高人民法院、最高人民检察院关于办理生产、销售伪劣商品刑事案件具体应用法律若干问题的解释》（法释〔2001〕10 号）出台，对刑法分则第三章第一节中的各条罪状作了细致说明，主要规定了生产、销售伪劣产品罪的未遂形态、帮助行为的共犯责任和国家机关工作人员渎职的入罪标准。

2002 年，《最高人民法院、最高人民检察院关于办理非法生产、销售、使用禁止在饲料和动物饮用水中使用的药品等刑事案件具体应用法律若干问题的解释》（法释〔2002〕26 号）出台，将未取得药品生产、经营许可证件和批准文号，从事非法生产、销售或在饲料中添加盐酸克仑特罗等药品，以及销售明知添加该类药品饲料的行为均构成非法经营罪。由此确立了以非法经营罪作为打击食品领域犯罪的另一常用罪名，将刑法调整范围明确推至动物饲养环节，扩大解释了刑法上"生产食品"的含义，将养殖供人食用的动物的行为和屠宰加工饲养物的行为定义为生产食品的行为，明确了刑法保护特定食用农产品的立场。

二、具有代表性的食品安全事故

与此同时，这一时期发生了几个具有代表性的轰动全国的重大食品安全事件，检验着当时的刑法保护是否足够有效，也成为后来食品安全犯罪刑事规制大调整的缘由，因此，有必要在此作一简单梳理。

（一）1998 年的山西假酒中毒案

含甲醇毒酒案是 1997 年刑法实施以来最先爆发的严重危害食品安全的犯罪，造成的后果异常严重。最具有代表性的是山西朔州假酒案。1998 年 1 月 26 日，山西省朔州市发生特大假酒中毒事件，27 人死亡，近 100 人残疾。同年 3 月 9 日，人民法院作出一审判决，以生产、销售有毒食品罪判处王某某等 6 名被告死刑；以生产有毒食品罪，销售有毒食品罪，生产、销售不符合卫生标准的食品罪判处武某某等 4 名被告无期徒刑；其他被告人则被判处 5 至 15 年有期徒刑不等。关于对负有监管职责的官员的处理，1998 年 4 月 16 日，山西吕梁地委召开反对官僚主义大会，对此案涉及的 24 名失职的党员干部分别给予了党纪政纪处分，其中 13 人被撤职和罢免，11 人受到党内警告、严重警告和行政记过、行政记大过处分，其中地级干部 1 人，县处级干部 8 人，但是所有被处罚的行政机关工作人员都没有被追究刑事责任。

1998 年 2 月以来，国家工商行政管理局、国内贸易部、化学工业部、国家经贸委等部门纷纷发布紧急通知，对酒类的生产、流通、销售等各个环节加强检查，开展联合执法。通过有针对性的打击和治理，使用甲醇勾兑毒酒的犯罪基本得到遏制。经过检索，自山西朔州特大含甲醇毒酒案被重判之后，分别以"含甲醇毒酒"和"假酒中毒"为关键词进行搜索，仅搜索到三起严重的含甲醇毒酒案，分别是 2003 年云南省元江县、2004 年广东省广州市、2009 年湖北省五峰县的含甲醇毒酒案。虽然自此以后含甲醇毒酒案这类恶性事件较少发生，但是与此同时，利用低端酒勾兑、伪造高端酒的案件却屡禁不止，呈现高发状态。

（二）2001 年的瘦肉精猪肉案

瘦肉精猪肉案是危害食品安全犯罪中发生早、持续久的典型案件。1998 年 5 月，香港发生了国内第一起"瘦肉精"中毒事件，17 位香港居民因食用内地供应的猪内脏造成中毒。至此，"瘦肉精"污染问题才引起国内各方的关注。早期重大的瘦肉精猪肉案比较集中地发生在 2001 年。8 月，浙江省桐庐县 170 多名消费者中毒，被告人俞某某犯生产、销售有毒、有害食品罪，被判处有期徒刑 3 年，并处罚金人民币 3 万元；同年 8 月，广东省信宜市发生瘦肉精猪肉中毒事件，约 530 人因为不适被送入医院；同年 11 月，广东省河源市发生特大瘦肉精猪肉中毒事件，共造成 484 名食用者中毒，被告广东中洋饲料有限公司以非法经营罪被判处罚金 15 万元，公司法定代表人林某某以非法经营罪被判处有期徒刑 4 年，并处罚金 10 万元。

对比浙江桐庐和广东河源的瘦肉精猪肉案，两案最终的定罪并不相同。广东河源案的犯罪嫌疑人在拘留、起诉、判决各个阶段所涉的罪名也不相同，涉案人员林某某以涉嫌生产、销售有毒、有害食品罪被采取刑事强制措施，而以犯生产、销售伪劣产品罪被人民检察院起诉，最终以非法经营罪被定罪。之所以会出现反复修正罪名的情况，关键在于罪犯林某某的行为是制售含有禁药的饲料，而非人用食品，司法机关对能否追究非法生产、经营和使用"瘦肉精"的单位和个人的刑事责任问题缺乏统一认识。广东河源瘦肉精猪肉案成为一个里程碑式的案件，为以后规制同类行为确定了规则，即将犯罪行为一一对应犯罪链的不同阶段并依据其阶段进行不同的罪名认定。这种做法后来被吸收到司法解释中固定下来。这也正是上文提到的 2002 年的司法解释出台的背景。

尽管 2001 年之后吸取瘦肉精猪肉案频发的教训，在全国大力惩治与"瘦肉精"相关的犯罪行为，并就整顿生猪市场秩序开展了一系列专项活动，但是一阵风刮过之后，"瘦肉精"问题并没有得到根治，其后仍然频发，2011 年就爆发了河南特大"瘦肉精"案。

（三）2004 年的阜阳劣质奶粉案

2004 年 4 月，安徽省阜阳市劣质奶粉事件通过媒体曝光，揭开了自 2003 年以来阜阳市众多婴儿因食用蛋白质含量过低的劣质奶粉而导致严重营养不良甚至死亡的内幕。根据媒体报道，查处的不合格奶粉有 55 种，涉及 10 个省（自治区、直辖市）的 40 家企业，此案共造成 189 名婴儿轻中度营养不良，12 名婴儿因重度营养不良而死亡。[①] 经过普查，全国多地都发现劣质奶粉，由此导致严重致病、夭折的个案也不断涌现，只是由于安徽阜阳作为

---

① "阜阳劣质奶粉事件基本查清，共造成 12 名婴儿死亡"，载人民网，http：//www.people.com.cn/GB/shehui/1062/2500165.html，2016 年 5 月 29 日访问。

劣质奶粉的重灾区和产生严重后果的爆发区，该事件才统称为"阜阳劣质奶粉案"。在案件的处理上，能检索到的最全面的报道截至 2004 年 12 月，阜阳劣质奶粉系列案件已审结 15 件，20 名被告人获刑，2 名被告人被免予刑事处罚。获刑的 20 名被告人中，刑期最长的为 8 年有期徒刑，最短的为6 个月有期徒刑，被判处 5 年以上有期徒刑的 8 人，被判处 4 年以下 6 个月以上有期徒刑的 12 人。对涉嫌渎职的官员，也追究了刑事责任，2004 年 8月 12 日，安徽省阜阳市颍泉区人民法院公开开庭审理了阜阳劣质奶粉事件中的首起渎职犯罪案件，法院当庭作出一审判决，以徇私舞弊不移交刑事案件罪，分别判处被告人白某某和李甲有期徒刑两年零六个月和两年；2005 年 8 月 2 日，阜阳市工商局公平交易局原局长杨某某玩忽职守、介绍贿赂案一审宣判，被告人杨某某两罪并罚，被阜阳市中级人民法院判处有期徒刑 6 年。

在对此案涉案人员定罪量刑的过程中遇到了从前未有的新困难，最有可能适用的生产、销售不符合卫生标准食品罪的罪状描述与案件情形不十分吻合，食用劣质奶粉造成婴儿营养不良、死亡的情形按常理无法解释为"食物中毒事故或者其他严重食源性疾患"，而适用生产、销售伪劣产品罪又要求销售金额达到 5 万元以上，有的涉案人员并不符合，如首个被追究刑事责任的个体工商户李乙。针对该案争议焦点，阜阳市中级人民法院印发了《关于生产、销售劣质奶粉案件定罪、适用法律及相关问题的意见》，认为"法律对《刑法》第一百四十三条中'食源性疾患'的范围未作界定""但考虑到对生产、销售劣质奶粉行为立法上不够明确的因素及当前形势下打击此类犯罪的需要，可以，也应当对食源性疾患作广义的理解，即凡与摄食有关的一切疾病（包括传染性和非传染性疾病），均属食源性疾患。据此，生产、销售不符合营养标准的劣质奶粉导致婴幼儿营养不良及其他严重损害的，应当认为是严重食源性疾患。"在当时的舆论环境下，在从严打击危害食品安全犯罪的刑事政策指引下，阜阳中院通过扩大解释的方式解决了个案中的难题，最终以"销售不符合卫生标准食品罪"判处李新道有期徒刑 8 年，并处罚金1000 元。

阜阳劣质奶粉系列案件通过扩大解释得到了较为妥善的处理，没有引起刑法条文的修改，也没有出台司法解释系统性地解决法律适用的困难，依然恪守行政前置法设定的"卫生标准"。这意味着当时对于食品安全问题的重视程度还未达到峰值，仅是把阜阳劣质奶粉案当作个案来处理，按照过去处理假酒中毒案、瘦肉精猪肉案的做法开展专项活动，集中整治。其效果如何，看看后来波及范围更广、危害程度更甚的三聚氰胺奶粉案便知。

（四）2008 年的三聚氰胺奶粉案

2008 年 9 月，举国震惊的三聚氰胺奶粉案被揭开。据卫生部通报，截至 2008 年 12 月底，全国累计报告因食用三鹿牌奶粉和其他个别问题奶粉导致泌尿系统出现异常的患儿共 29.6 万人，其中 6 人死亡。紧接着，国家质检总局对国内乳制品厂家生产的婴幼儿奶粉进行排查，在伊利、蒙牛、光明等 22 家企业 69 批次产品中都检出了三聚氰胺，至此发现在乳制品中添加三聚氰胺早已成为行业潜规则，由此引发的公众对食品安全的担忧也久久无法消解。上述种种事实引发了我国乳制品行业前所未有的危机，使社会公众对食品安全的信心降到历史低点，也严重影响中国制造商品信誉，多个国家和地区禁止了中国乳制品及相关产品（糖果、咖啡和巧克力等）进口。

对于这样的食品安全恶性事件，司法机关首次动用了"以危险方法危害公共安全罪"来打击危害食品安全犯罪，以该罪名判处 1 人死刑，1 人死刑缓期执行，2 人无期徒刑，2 人有期徒刑，并处没收财产或罚金；对于将含有三聚氰胺"蛋白粉"添加到原奶中再卖给三鹿集团的中间商，以生产、销售有毒、有害食品罪追究其刑事责任，如奶源基地负责人耿甲、耿乙分别以该罪名被判处死刑，并处没收个人全部财产和有期徒刑 8 年，并处罚金 50 万元；对于生产、销售奶粉的三鹿公司及其相关负责人则是以生产、销售伪劣产品罪被追究刑事责任，其中石家庄三鹿集团股份有限公司被判处罚金 4937 万余元，原三鹿集团董事长田某某被判处无期徒刑，剥夺政治权利终身，并处罚金 2469 万余元，原三鹿集团高管王某某、杭某某、吴某某，分别被判处有期徒刑 15 年、有期徒刑 8 年和有期徒刑 5 年。对于涉案人员区分三个环节，分别适用不同罪名予以处罚，其实是按照官方认定的"问题奶粉是不法分子在原奶收购过程中添加了三聚氰胺所致"的思路确定刑法的重点打击对象，从严顶格处罚涉案人员和肇事企业，处罚不可谓不重，尤其是对肇事企业判处巨额罚金在全国尚属首例。

关于此案的定罪判刑有很多值得探讨的地方，例如，罪名选择、主观罪过、量刑轻重等，这些具体问题待下文再进行深入辨析。从宏观层面看，此案暴露出的最突出的问题就是过去规制危害食品安全犯罪的传统做法面临了前所未有的考验，过去主要惩治造成严重食品安全事故的行为在客观上放纵了危害食品安全犯罪的"做大"，即"不吃出问题"刑法则悬而不用。然而，由于食品行业的发展壮大，食品的生产、销售链范围广环节多，其中一个环节出现问题，会引起超出想象的连锁反应，正如三聚氰胺奶粉案一样造成了整个奶制品行业的灾难。这种巨大的风险是社会不能承受之重，而作为最后一道防线的刑法自然无法坐视这种风险造成严重危害之后再进行干预。三聚氰胺奶粉案的惨痛教训既是这一时期刑法对食品安全保护不足的结果，也开启了下一时期刑法在保护食品安全方面的大调整。

总的来看，这一时期的突出特点是将食品安全的刑法保护混同于伪劣商品的刑事规制，没有基于食品安全的特殊性将其单列出来。除了为解决瘦肉精带来的新问题，"两高"出台了专门的司法解释之外，没有特地就危害食品安全犯罪出台司法解释或指导性意见，只是在规制生产、销售伪劣商品行为时一并提及。然而，与稀松的立法活动相对的是，恶性食品安全事故不断升级。上文梳理的几个有代表性的重大案件反映出食品安全事故的重大变化，如表1所示。

表1 食品安全事故的重大变化

变化项	变化的特点
发生的原因	个别不法分子直接造假→生产链环节出问题波及整个行业
问题食品的特征	不卫生→不安全
危害潜伏期	短时间内爆发→长时间累积
造成的危害	直接伤亡数大但波及范围有限→直接伤亡数大且波及范围广

由此可见，将食品安全问题混同于伪劣商品问题，主要惩处造成严重后果的生产、销售问题食品的行为，显得过于滞后。当下危害食品安全的犯罪

行为隐蔽性强、涉及的环节多，已经不同于含甲醇毒酒案等早期的重大食品安全事故，其行为与犯罪结果之间存在一定程度的间隔，甚至一般公众意识到问题所在都颇费功夫。[①] 所以，过去以造成严重人身伤亡后果为风向标的规制思路已经不能适应食品安全问题的发展变化，应当将刑法关注的重点放在对于早期还未造成严重危害但实质上不安全的食品的规制上，因此便开启了对食品安全犯罪规制的大调整时期。

第四节　规制危害食品安全犯罪大调整时期
（2009 年至今）

自三聚氰胺奶粉事件以后，食品安全问题成为全民关注的热点，引起中央政府的高度关注，并采取了一系列举措加以治理。刑事立法作出回应，司法机关也投入前所未有的力量进行规制，最高法、最高检、公安部都通过公布典型案例的方式，强化对惩处危害食品安全犯罪的指导和督促，对危害食品安全犯罪的打击进入大调整时期，呈现出全新的面貌。

一、立法和司法解释的变化

这一时期立法和司法解释的变化从量上来看并不多，但是从内容上来看却很丰富。

2011 年，《刑法修正案（八）》对保护食品安全的两个核心罪名作了修改，新增"食品监管渎职罪"，体现出扩大保护范围、加重处罚力度的修法倾向。主要内容是将 143 条的"生产、销售不符合卫生标准的食品罪"修改为"生产、销售不符合安全标准的食品罪"，与 2009 年 2 月出台的《食品安全法》相衔接，实际上扩大了保护范围，要求食品不仅卫生还要安全，并删除此罪原有"单处罚金"的规定；取消两个核心罪名的罚金数额上限，加大

---

① 长期饮用三聚氰胺奶粉的患儿，最初父母都没有发现异样，后来随着越来越多的婴儿被确诊患有肾结石甚至出现死亡，事件真相才一步一步浮出水面，而且一开始三鹿公司矢口否认，坚决不承认其生产的奶粉是致病致死原因，后来才改变说法，承认奶粉受到污染，将全部责任推给不法奶农。

经济处罚力度；在两个罪名的罪状表述中增加概括的"其他严重情节"和"其他特别严重情节"，涵摄多样化的危害结果，不再局限于传统的"对人体健康造成严重危害"。

2013 年 5 月，最高人民法院、最高人民检察院联合发布了《最高人民法院、最高人民检察院关于办理危害食品安全刑事案件适用法律若干问题的解释》，对司法实践中的诸多疑难问题进行了回应，成为迄今为止首个相对全面、系统、专门针对危害食品安全犯罪的司法解释。其明确了生产、销售问题食品及其衍生行为的罪名适用和量刑档次，通过解释尽量使刑法适用与食品安全法相衔接，将过去司法解释和司法实践中的个别经验推而广之，强化了食品安全的刑法保护。这个司法解释的主要内容包括：对《刑法》第 143条、144 条的各个量刑情节进行细化解释；明确刑法保护食用农产品的立场和罪名适用；明确使用非食品原料、国家禁用物质的行为定性；吸收过往经验，对危害食品安全犯罪的某些衍生行为依照非法经营罪定罪处罚；进一步强调对帮助行为的打击；明确食品监管渎职罪与其他渎职犯罪竞合时从一重罪定罪处罚；确立了罚金刑的一般比例；从刑事政策上针对所有危害食品安全的犯罪分子明确要求严格控制适用缓刑和免予刑事处罚。

二、司法机关的积极作为

这一时期对于危害食品安全犯罪的打击呈现出前所未有的活跃状态，主要得益于司法机关的积极作为，投入大量的司法资源，从政策方向、人力、物力等各方面都予以倾斜。最高司法机关一方面不断出台指导性意见，要求把打击危害食品安全犯罪作为当下工作的重点，加大力量投入，并适时释疑解惑指导下级部门解决执法中遇到的疑难问题，另一方面直接部署开展全国性的专项活动，用集中整治的方式去解决食品安全领域的突出性问题。

（一）最高司法机关出台的指导性意见

2010 年 9 月，最高人民法院、最高人民检察院、公安部、司法部联合发布《关于依法严惩危害食品安全犯罪活动的通知》，明确确立了对于规制危害食品安全犯罪的基本态度，形成了危害食品安全犯罪刑事政策的基本内容。

2011 年 3 月，最高人民检察院下发《关于依法严惩危害食品安全犯罪和相关职务犯罪活动的通知》，要求各级检察机关立即排查一批危害食品安全犯罪案件和相关职务犯罪案件的线索，立案侦查一批与食品安全有关的贪污贿赂、失职渎职的职务犯罪案件，把打击危害食品安全犯罪摆在突出位置，始终保持对危害食品安全犯罪活动的高压态势。

2012 年 3 月，最高人民法院、最高人民检察院、公安部联合发布了《关于依法严惩"地沟油"犯罪活动的通知》，专门就办理"地沟油"案件作出一系列规定，进一步表明了从严打击危害食品安全犯罪的立场。主要明确了以生产、销售有毒、有害食品罪来处罚利用"地沟油"生产食用油的行为，重申了相关帮助行为按照共同犯罪的规定论处，明确阐释了宽严相济的刑事政策在"地沟油"犯罪中的适用。

2012 年 7 月，最高人民检察院印发了《关于进一步依法严厉打击食品安全犯罪行为的通知》，要求加大打击食品安全犯罪力度，监督公安机关依法立案侦查，"对有罪判无罪或者量刑明显不当的食品安全犯罪案件，要依法及时提出抗诉"，并对侦办涉及食品安全的职务犯罪进一步提出要求，强调"侦查监督、公诉部门在办理危害食品安全犯罪案件时，要注意发现其背后的行政监管、执法部门以及司法机关工作人员收受贿赂、徇私舞弊、玩忽职守等职务犯罪线索，并及时移送职务犯罪侦查部门"。同时，最高人民检察院渎职侵权检察厅下发了《关于依法严惩食品安全领域渎职犯罪的通知》，要求各级检察机关反渎职侵权部门着力查办五类食品安全领域渎职犯罪案件。

2015 年 12 月，食品药品监督总局、公安部、"两高"和国务院食品安全办联合出台了《食品药品行政执法与刑事司法衔接工作办法》，详细规定了食品违法案件的移送与法律监督、涉案物品的检验与认定以及几个部门之间的协作配合和信息共享，着力完善食品安全犯罪行刑衔接机制。

（二）开展的全国性专项工作

1. 公安部部署的专项行动

2011 年 8 月至 2012 年 8 月，公安部部署全国公安机关集中开展"打四黑①除四害"专项行动，共查破刑事案件18.5万起，捣毁"四黑"场所14.7万个。专项活动期间，公安部统一部署指挥17个省市区公安机关开展"瘦肉精"破案会战，破获案件120余起，抓获涉案人员989人；组织全国公安机关开展打击"地沟油"犯罪破案会战，立案侦办刑事案件233起，抓获涉案人员740名，捣毁使用地沟油炼制食用油的"黑工厂""黑窝点"165个，查实涉案油品6万吨；组织全国公安机关开展两轮打击"病死猪"犯罪集中统一行动，侦破案件170余起，抓获涉案人员700余名，捣毁"病死猪"犯罪"黑工厂""黑窝点""黑作坊"1100余个。

2013年1月，公安部部署开展"打击食品犯罪保卫餐桌安全"专项行动，活动开展5个月来共侦破食品安全犯罪案件4500余起，抓获犯罪嫌疑人8200余名。活动期间，公安部部署开展打击肉制品犯罪破案会战，共侦破各类大要案件300余起，抓获犯罪嫌疑人900余名，查扣各类假劣肉制品2万余吨。

值得注意的是，2015年年初，主管打击危害食品安全犯罪的公安部治安管理局在通报2014年治安总体情况时，对危害食品安全犯罪的总体态势作出了"两少两多"的判断，即"过去危害人体健康的毒奶粉、地沟油等有毒有害的食品案件在减少，而以次充好、以假充真、不符合安全标准的案件在增多；具有合法资质的大规模企业从事违法犯罪的案件大幅减少，相反一些小企业、小作坊、黑窝点的犯罪案件在增多"，② 认为危害食品安全犯罪得到了有效遏制，不管是危害的严重程度还是涉及的食品范围都得到了一定控制。基于这种认识，2015年和2016年，公安部都组织开展了食药打假"利剑"行动，重点打击食品制假售假行为，强调把此项工作作为长期性、常态化工作来抓，显示打击危害食品安全犯罪转入常规阶段，不同于前几年突击整治的专项行动。

2. 最高人民检察院部署的专项工作

2011年1月至2012年12月，最高人民检察院开展了严肃查办危害民生

---

① 即严厉打击整治制售假劣食品药品的"黑作坊"、制售假劣生产生活资料的"黑工厂"、收赃销赃的"黑市场"和涉黄涉赌涉毒的"黑窝点"。

② 张璁："公安部'利剑行动'监管春节安全"，载《人民日报》2015年2月7日，第4版。

民利渎职侵权犯罪专项工作，其中查办食品安全领域渎职犯罪 311 件 465 人。[①]

2013 年，最高人民检察院把严肃查办与危害食品药品安全犯罪相关的职务犯罪作为专项工作，统一部署，全国检察机关共立案查办危害食品药品安全领域的渎职犯罪 362 件，涉案人数 531 人。[②]

2014 年，最高人民检察院部署开展为期 8 个月的"破坏环境资源和危害食品药品安全犯罪专项立案监督活动"，重点依法监督行政执法机关移送、监督公安机关立案侦查一批涉嫌危害食品药品安全犯罪的案件，增强对此类犯罪打击力度。

2015 年 3 月至 2016 年 12 月，最高人民检察院部署开展为期两年的"危害食品药品安全犯罪专项立案监督活动"。

另外，基于司法的被动性，法院不可能像公安机关和检察机关一样开展有关食品安全的专项行动，但是最高人民法院结合审判工作的特点，先后多次发布危害食品安全犯罪典型案例，以此表明从严惩处危害食品安全犯罪的态度。

这些指导性意见和全国性专项工作对于激活危害食品安全犯罪处罚起到了至关重要的作用。尽管修法扩大了危害食品安全犯罪的处罚范围，尤其是强调处罚没有造成严重食物中毒事故或严重食源性疾病的危害食品安全犯罪，但是由于这些犯罪具有较强的隐蔽性，缺乏直接具体的受害人，公安机关和检察机关的主动作为在很大程度上决定了这些犯罪能否真正进入司法程序得到处罚。换言之，仅有立法和司法解释对于有效规制犯罪是远远不够的，我们在探讨这一类问题时往往不自觉地忽视司法实践中立法以外的其他环节，而恰恰是这些环节对于某类犯罪的规制发挥着关键性作用。所以，一强调加强对某类安全的保护，就本能反应般地提出立法修改建议，忽视修改法律落实到司法实践中的过程，容易造成偏颇。加强食品

---

① 戴佳："从严惩治危害食品安全犯罪及其背后的职务犯罪——最高人民检察院有关负责人答记者问"，载《检察日报》2014 年 2 月 22 日，第 3 版。

② 同上。

安全的保护也是如此，仅仅关注立法层面的问题犹如管中窥豹，司法中的其他环节亦应进入研究视野。由此可能会发现，有些问题并不能归因于立法，也不是单靠修法就能解决的。

三、这一时期规制危害食品安全犯罪的基本面貌

在立法和司法的积极作为下，对于危害食品安全犯罪的打击呈现出很大的变化。根据第一章关于危害食品安全犯罪外延的界定，本书选取三类罪名中具有代表性的个罪，统计了各个罪名自 2008 年至 2016 年每年的一审结案数和生效判决人数，数据来源于最高人民法院。另外，通过对中国裁判文书网公开的 6308 篇生产、销售有毒、有害食品罪的裁判文书进行统计，分析此罪的刑罚适用情况，由此一窥危害食品安全犯罪的量刑情况。之所以选取此罪名为例，是因为此罪名在规制危害食品安全犯罪中适用较多，具有较强的代表性，具体数据如下。

（一）两个核心罪名的统计数据

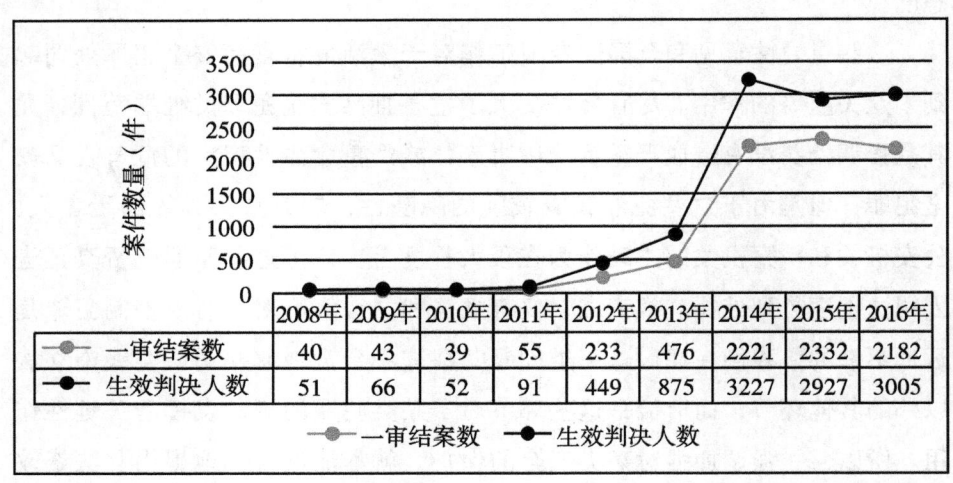

	2008年	2009年	2010年	2011年	2012年	2013年	2014年	2015年	2016年
一审结案数	40	43	39	55	233	476	2221	2332	2182
生效判决人数	51	66	52	91	449	875	3227	2927	3005

图 4　生产、销售不符合安全标准的食品罪

注：2011 年以前此罪名为生产、销售不符合卫生标准的食品罪，按照同一罪名进行统计。

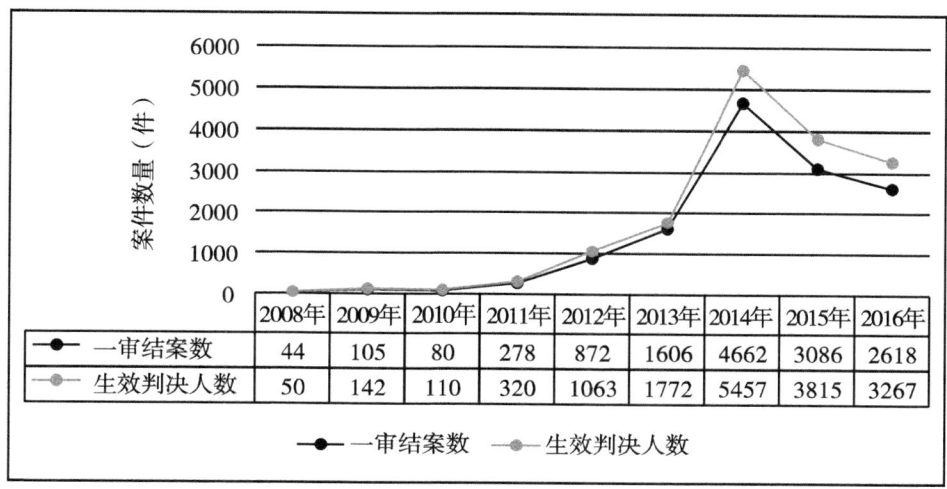

	2008年	2009年	2010年	2011年	2012年	2013年	2014年	2015年	2016年
一审结案数	44	105	80	278	872	1606	4662	3086	2618
生效判决人数	50	142	110	320	1063	1772	5457	3815	3267

图 5　生产、销售有毒、有害食品罪

从图 4、图 5 可知，两个罪名的统计数据都以 2011 年为明显的分界点，2011 年之前（包括 2011 年）一审结案数和生效判决人数都相对少得多。从 2012 年开始，两个数据出现大幅增长，再到了 2014 年又出现爆发性增长，两个数据基本翻了一番还多。对照之前关于立法和司法变化的梳理，不难发现，这种大幅增长与司法机关开展专项活动的时间相吻合。尽管立法的修改为适用两个核心罪名解决了不少困惑，但是公安部门主导的专项行动是数据大幅增长不可或缺的重要因素。如果没有公安机关巨大的人力、物力资源的投入，那些尚未造成人身伤亡结果的危害食品安全犯罪往往隐而不发，难以被发现。在警力资源原本就紧张的情况下，如果没有行政命令的刺激和业绩考核指标的压力，各地公安机关很难重新分配有限的资源去侦查那些没有直接受害人的食品安全案件，给自己找"麻烦"。而且，公安机关过去也没有专门的队伍负责侦查食品安全案件，有的地方是由治安管理部门负责相关案件，有的地方是由经济犯罪侦查部门负责，而这两个部门原本都担负着很重的工作任务，并无富余的人手去侦查一直被忽视的食品安全案件。随着食品安全问题的凸显，公安机关也在人力资源上进行了调配，据公安部治安管理局相关负责人介绍，截至 2015 年 9 月，已有 21 个省市区公安机关在内部建立了打击食品药品犯罪的专门机构，在加大对危害食品安全犯罪打击力度方面起到了重要作用。①

（二）间接保护食品安全的罪名的统计数据

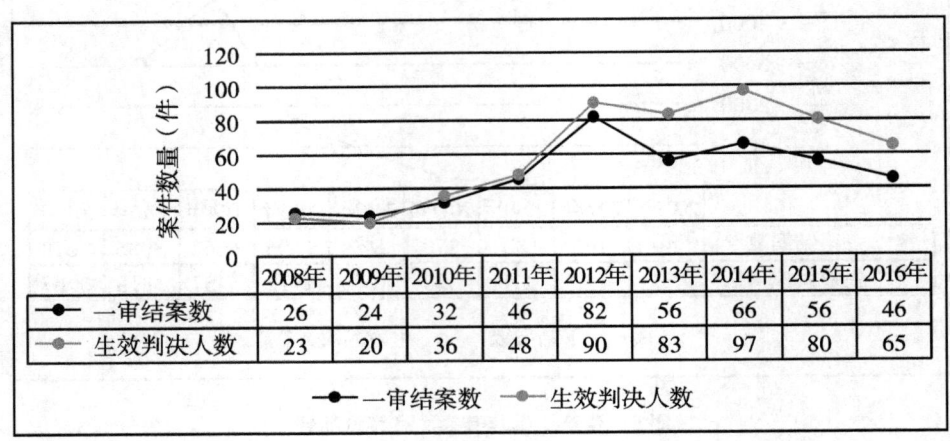

	2008年	2009年	2010年	2011年	2012年	2013年	2014年	2015年	2016年
一审结案数	26	24	32	46	82	56	66	56	46
生效判决人数	23	20	36	48	90	83	97	80	65

图 6　生产、销售伪劣农药、兽药、化肥、种子罪

这个罪名主要在于间接保护初级农产品的安全，对于农作物、家禽、水产品的安全性有直接影响。由图 6 可知，生产、销售伪劣农药、兽药、化肥、种子的行为，很少被入罪追究。在当前我国种植、养殖行业中，生产、销售的农药、兽药、化肥、种子经常被报道存在质量问题，掺杂掺假问题比较严重，甚至添加了有毒有害物质，但是真正被发现进而被刑事追究的却很少，每一年的数值都在百位数以下，数值有一定起伏却没有截然不同的变化，说明这个领域的犯罪还没有得到应有的重视，未成为打击的重点。

另外，对于间接保护食品安全起到重要作用的两个罪名，生产、销售伪劣产品罪和非法经营罪，由于没有单独统计与食品相关的一审结案数和生效判决人数，所以无法得知具体适用罪名情况。而且，由于年份久远，中国裁判文书网上也没有收录早期的裁判文书，只能略去关于这两个罪名的统计分析。

---

① "全国侦破危害食药安全刑案 8700 起"，载《人民公安报》2015 年 9 月 23 日，http：//www. mps. gov. cn/n2255079/n2256131/n2256133/c5100978/content. html 。

（三）规制食品安全监督管理失职行为的罪名的统计数据

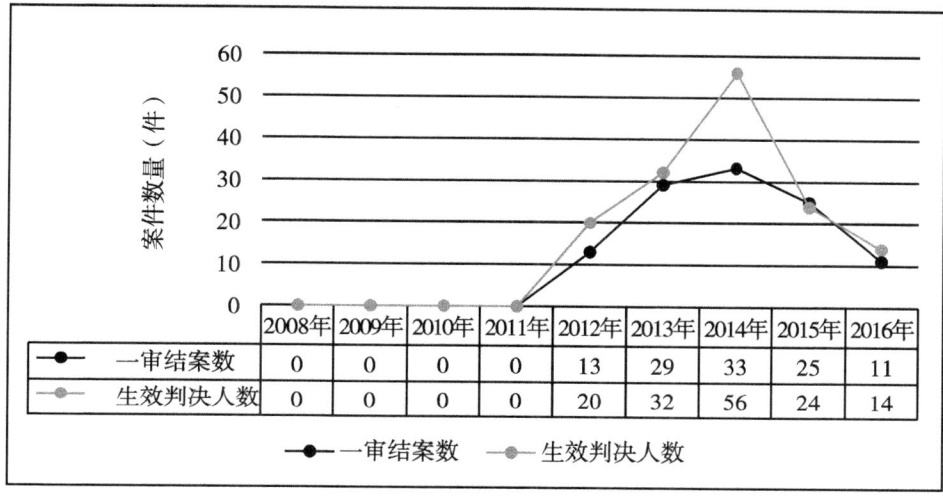

	2008年	2009年	2010年	2011年	2012年	2013年	2014年	2015年	2016年
一审结案数	0	0	0	0	13	29	33	25	11
生效判决人数	0	0	0	0	20	32	56	24	14

图7　食品监管渎职罪

注：此罪是 2011 年 5 月 1 日起施行的《刑法修正案（八）》新增的罪名。

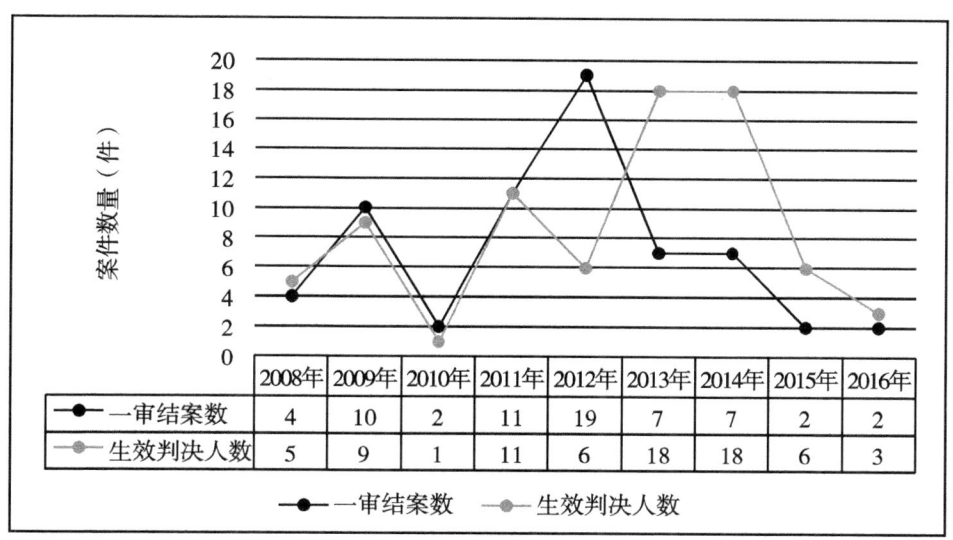

	2008年	2009年	2010年	2011年	2012年	2013年	2014年	2015年	2016年
一审结案数	4	10	2	11	19	7	7	2	2
生效判决人数	5	9	1	11	6	18	18	6	3

图8　放纵制售伪劣商品犯罪行为罪

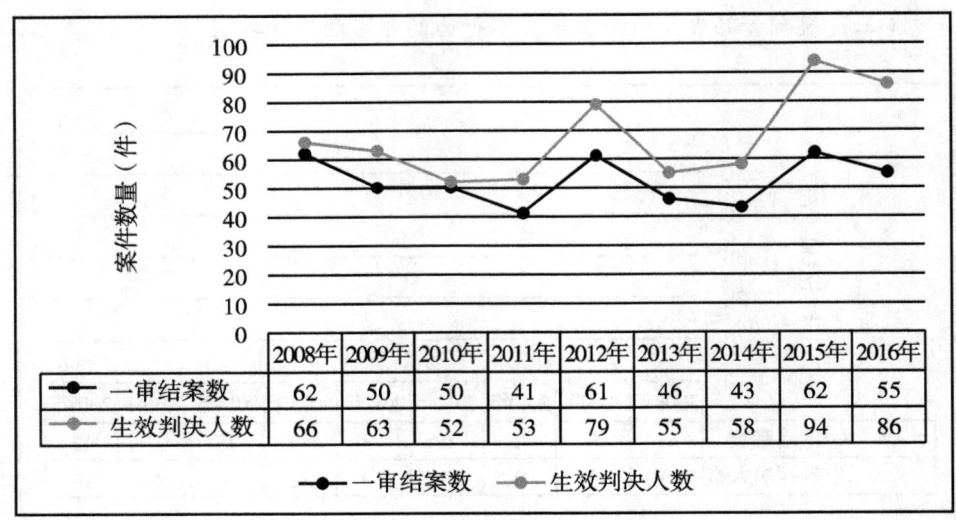

图 9　徇私舞弊不移交刑事案件罪

食品监管渎职罪、放纵制售伪劣商品犯罪行为罪、徇私舞弊不移交刑事案件罪是规制食品安全监督管理渎职行为的三个主要罪名，但是要说明的是，后两个罪名并不专门针对食品安全监督管理，还包括行政管理部门其他的监管渎职行为，因此相关统计数据不完全是食品安全监管管理渎职行为的案件数和涉案人数，仅具有参考价值。由图可知，三个罪名每年的结案数和生效判决人数都不多，均在百位数以下，而且数值绝对起伏不大，年度数值差异远远小于两个核心罪名。作为《刑法修正案（八）》新增的专门用于规制食品监管领域渎职行为的食品监管渎职罪，其适用效果也并不理想。此罪名于2011 年 5 月 1 日开始施行，当年的结案数竟然是零，从 2012 年至 2016 年每年的结案数也很少，这还是在最高人民检察院从 2011 年到 2013 年部署开展食品安全领域渎职犯罪专项工作的情况下。另外，从 2014 年以来该罪的适用还呈现明显的下降趋势。原本"量身定做"的食品监管渎职罪在实践中却鲜少适用，个中原因值得深思，下一章将结合案例进行分析。

（四）生产、销售有毒、有害食品罪的刑罚适用情况

考察生产、销售有毒、有害食品罪的刑罚适用情况，旨在更全面深入地了解危害食品安全犯罪的规制面貌。定罪和量刑作为研究的两个维度不可偏

废，刑罚的畸轻畸重同样会影响食品安全刑法保护作用的发挥。通过中国裁判文书网搜集到的生产、销售有毒、有害食品罪的裁判文书共 6308 篇，① 再以被告人为维度进行拆分，共得到 7054 条记录。对这些记录的被告人刑罚适用情况进行统计，可以基本了解生产、销售有毒、有害食品罪的量刑分布。

1. 关于刑罚适用的总体情况

经统计，在 7054 名犯生产、销售有毒、有害食品罪的罪犯中，被判处死刑缓期二年执行的 2 人，被判处无期徒刑的 5 人，被判处有期徒刑实刑的 3776 人，被判处有期徒刑缓刑的 3113 人，被判处拘役实刑的 57 人，被判处拘役缓刑的 22 人，被判处单处罚金的 42 人，被免予刑事处罚的 37 人，如图 10 所示。

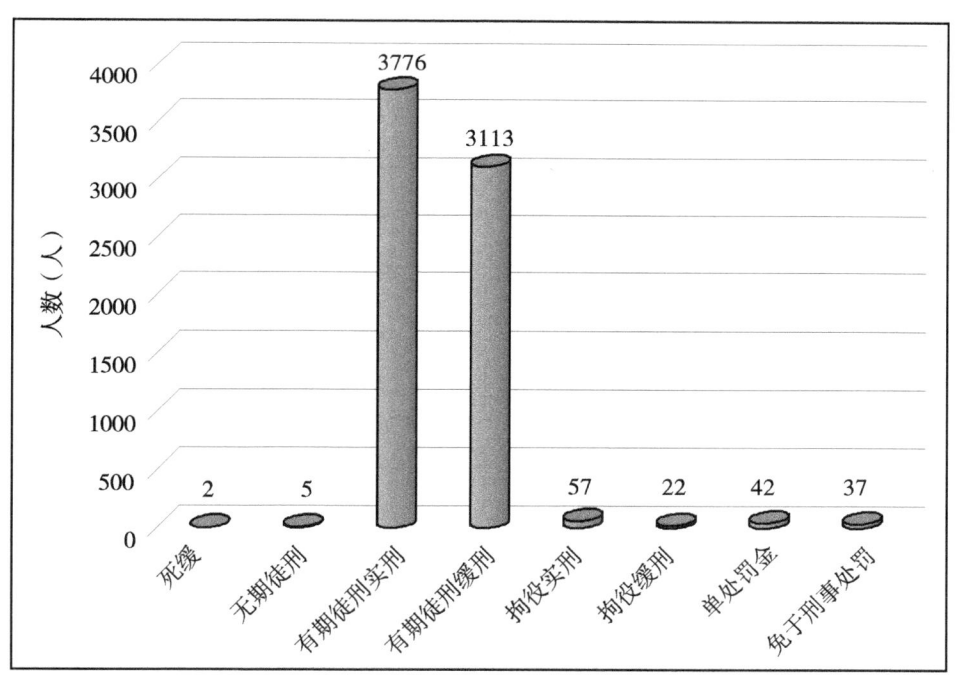

图 10　生产、销售有毒、有害食品罪刑罚适用情况

由图 10 可知，在这 7054 名罪犯中没有被判处死刑立即执行的。虽然"三聚氰胺奶粉"案中有罪犯被判处死刑立即执行，但是因为案发时间早于中国裁判文书网成立时间，相关裁判文书未在该网站公开，故没有检索到。这依然意

① 数据统计的时间截至 2016 年 1 月，将在这个时间点之前的裁判文书全部收录、统计。

味着犯生产、销售有毒、有害食品罪被判处死刑立即执行的人数，极其之少。该罪刑罚适用情况仍然以有期徒刑为主，其中有期徒刑实刑占53.5%，有期徒刑缓刑占44.1%。如果算上被判处拘役缓刑的人数，被判处缓刑的总人数占到44.4%，对比最高司法机关关于"从严把握对危害食品安全的犯罪分子及相关职务犯罪分子适用缓免刑的条件"的要求，① 这个数字还是相当可观的。

2. 关于有期徒刑实刑的轻重分布情况

根据生产、销售有毒、有害食品罪的法定刑规定，该罪的有期徒刑包括5年以下、5年以上10年以下、10年以上三档。按照这三档进行统计，3776名犯生产、销售有毒、有害食品罪被判处有期徒刑实刑的罪犯的量刑分布情况如图11所示。

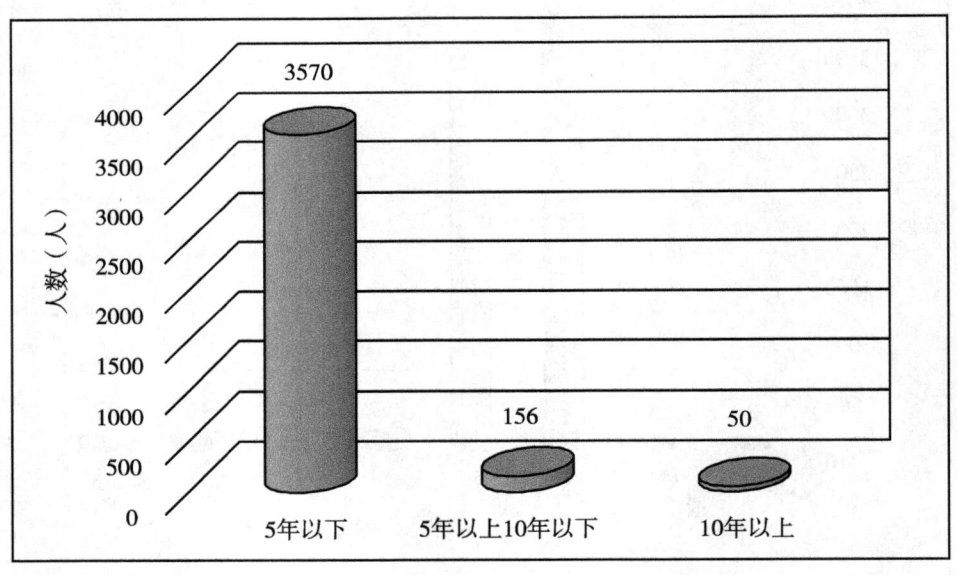

图11 犯生产、销售有毒、有害食品罪被判处有期徒刑实刑的量刑分布情况

在被判处有期徒刑实刑的3776人中，其中最短的刑期为半年，最长的刑期为15年，平均值为482天（约1年4个月），中间值为9个月。有94.5%的人被判处的刑期都在法定刑的第一档，具有加重情节、被判处5年以上有

---

① 《最高人民法院关于进一步加大力度依法严惩危害食品安全及相关职务犯罪的通知》。

期徒刑的有206人，仅占5.5%。在总的7054人中，加上被判处无期徒刑和死刑缓期2年执行的7人，被判处5年以上有期徒刑的人数也只有213人，占总人数的3%。由此可知，犯生产、销售有毒、有害食品罪被判处有期徒刑实刑的，其刑期绝大部分较短。为进一步了解被判处5年以下有期徒刑的量刑分布情况，按照年为标准进行统计，具体情况如图12所示。

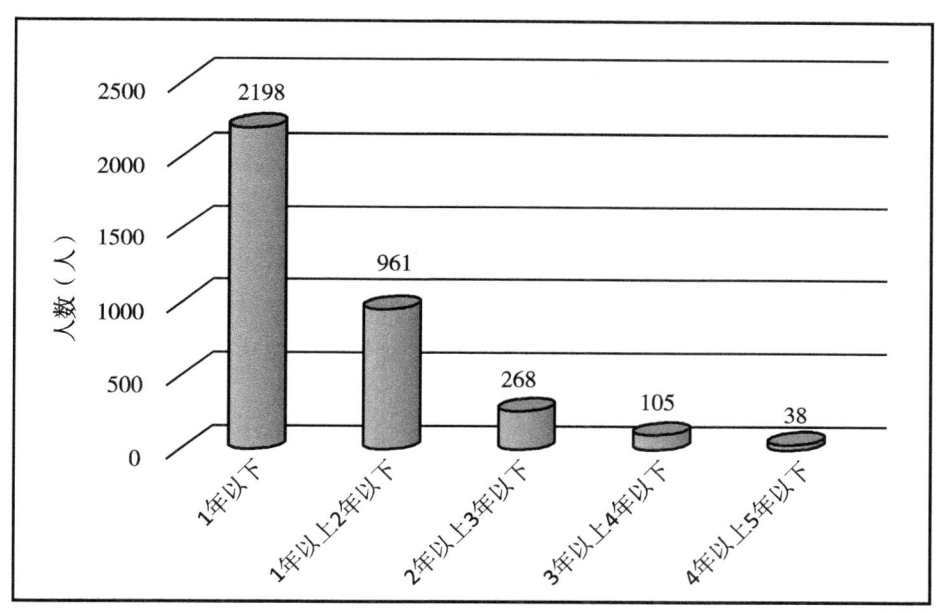

图12 犯生产、销售有毒、有害食品罪被判处有期徒刑5年以下的量刑分布情况

生产、销售有毒、有害食品罪与生产、销售不符合安全标准的食品罪相比，一般认为前者处罚的行为性质更为恶劣，因此其法定刑第一档也重于后者的3年以下有期徒刑或者拘役，并处罚金。但是，考察以上统计数字，发现在犯生产、销售有毒、有害食品罪被判处5年以下有期徒刑的3570人中，被判处3年以下有期徒刑的共有3427人，占96%，被判处3年以上5年以下有期徒刑的人数占比相当小，没有显示出该罪第一档法定刑更重的刑罚适用偏好。这两个近似罪名在第一档法定刑的适用上并没有体现出特别显著的差异。概言之，犯生产、销售有毒、有害食品罪被判处有期徒刑实刑的，绝大部分罪犯的刑期都在第一档法定刑5年以下，其中被判处1年以下有期徒刑的占到了一半以上，总体量刑偏向轻缓。就整体处刑情况看，这种特点同样显著。在7054名罪犯中，被判处5年以下有期徒刑（包括实刑和缓刑）的有6841人，占总数的97%；被判处3年以下有期徒刑（包括实刑和缓刑）的有6698人，占总数的95%。

3. 关于罚金刑的适用情况

根据统计数据，在7054名犯生产、销售有毒、有害食品罪的罪犯中，有6951人在被判处主刑的同时并处罚金，有42人被单处罚金。被判单处和并处罚金的人数占总人数的99.1%。判处罚金数额的总值超过18亿元，平均值为26.9万元，中间值为1万元，最大值为2亿元，最小值为500元。其中，75%的人被判处罚金数额在2万元以下，90%的人被判处罚金数额在6万元以下。由于该罪的罚金刑没有规定法定幅度，难以按照量刑区间完整统计所有罚金数额情况，但是为了更直观地观察该罪罚金刑数额分布特点，选取了适用频率较高的罚金数额进行统计，即被判罚人数超过100人的罚金数额，具体情况如图13所示。

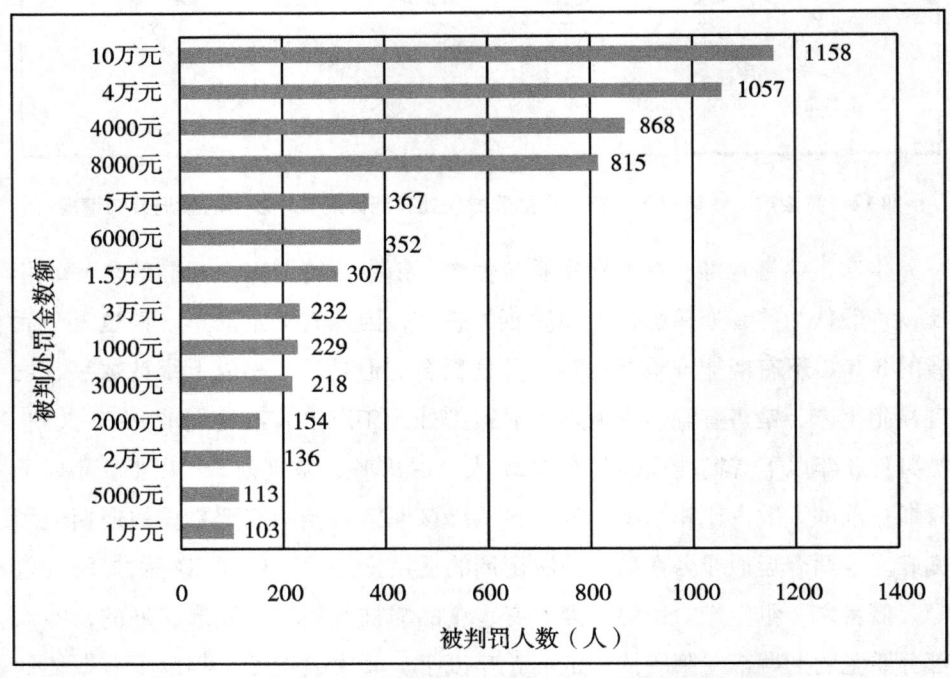

图13　生产、销售有毒、有害食品罪适用频率较高的罚金数额

　　如图 13 所示，被判罚人数超过 100 的罚金数额共有 14 个，按被判罚人数多少排列从 1 万元到 10 万元不等。适用频率最高的罚金数额是 1 万元，共有 1158 人被判罚，占被判处罚金总人数的 16.6%。适用频率排名前十的罚金数额全部在 5 万元以下，金额并不高，共有 5603 人被判罚，占被判处罚金总人数的 80.1%。由此可知，大部分生产、销售有毒、有害食品罪案件判处的罚金数额都较少，即使最高司法机关出台指导性意见，要求"加大财产刑的判处力度，用足、用好罚金、没收财产等刑罚手段，剥夺犯罪分子再次犯罪的能力"，[①] 在实践中也并非会判处动辄上十万、百万令人咋舌的巨额数字。

　　总的来看，生产、销售有毒、有害食品罪无论是判处缓刑的人数、判处有期徒刑实刑的刑期，还是判处罚金的数额，处罚都较为轻缓。表面看来，这与从严打击危害食品安全犯罪的刑事政策要求并不相符，至少显得处罚力度不够。但是仔细对照处刑较轻的裁判文书，可以发现涉案犯罪行为普遍比较轻微、涉案食品数量较少、涉案金额较小，且没有造成实质性的危害结果，对其判处轻刑符合罪责刑相适应原则。强调从严打击危害食品安全犯罪，首要的是不放过任何危害食品安全的犯罪行为，而不是一味强调从重处罚，在个案中要区分具体犯罪情节合理判处刑罚，以确保个案公正。同时，这也提出一个问题，对大量轻微危害食品安全的违法行为科处刑罚，是否符合比例原则且最经济。在下一章，结合司法实践中具体案件的处理，可以更深入地看到这个问题体现的困境。

结语：食品安全刑法保护观念的变化

　　通过对新中国成立以来至今关于食品安全的刑事立法和刑事司法历程的梳理，我们可以看出四个时期各不相同却又循序发展的脉络，食品安全的刑法保护经历了从无到有、从弱到强的变化。这种变化是社会发展的产物，是

---

① 《最高人民法院关于进一步加大力度依法严惩危害食品安全及相关职务犯罪的通知》。

对社会问题的回应，也是食品安全刑法保护观念变化发展的投影。这个变化过程呈现出以下特点。

第一，食品安全刑法保护的范围越来越广。新中国成立以来很长一段时间内，食品安全问题并未受到关注，没有设置专门的罪名规制危害食品安全犯罪。随着我国实行市场经济，经济生活活跃，食品领域的掺杂掺假问题日趋严重，从类推适用到附属刑法再到单行刑法、刑法典，逐步确立了处罚生产、销售问题食品的两个核心罪名，处罚的犯罪类型也从实害犯演变为危险犯，提前了刑法的介入时间。另外，通过司法解释的规定，明确了对于食用农产品的刑法保护和适用罪名，解决了"生产食品"是否能涵盖种植农产品、养殖家禽的问题；扩大刑法对食品相关的物品的保护范围，甚至保护重要的保障食品安全的生产制度。由此可知，保护的范围经历了不保护→保护加工类食品→保护食用农产品→保护与食品相关的物品→保护重要的保障食品安全的生产制度的扩张，保护范围显著增大。

第二，对危害食品安全犯罪的处罚力度日益增强。主要体现在提高生产、销售不符合安全标准的食品罪等犯罪的起刑点，将单处罚金提高为拘役并处罚金或有期徒刑并处罚金。同时，取消生产、销售问题食品的两个基础罪的罚金限额。此外，全面收紧危害食品安全犯罪的司法适用尺度，多次出台指导性文件，确立了从严打击危害食品安全犯罪的刑事政策。

第三，立法与司法的双管齐下。为加大对危害食品安全犯罪的打击力度，不仅立法机关积极修法，最高司法机关出台司法解释，充分动用立法资源，[①]而且公安部和最高人民检察院通过行政的方式在全国范围内部署开展有针对性的专项行动，再次分配有限的司法资源，提升危害食品安全犯罪入罪率。尽管这种专项行动仍不免带有运动式执法的特点，但是它在客观上起到了激活法条的作用。危害食品安全犯罪具有隐蔽性强、专业性高的特点，如果司法机关没有投入大量人力、物力去侦查，修改的法条也可能在现实中沉睡，成为具文。从长远来看，如何把这种专项行动积累的经验变为常规的机制，

---

① 虽然从理论上讲司法解释不属于立法，但实际上，司法解释对于刑法规定的情节的列举式解释起到了类似立法的作用。

会影响食品安全的刑法保护能不能真的走上平顺运行的轨道，发挥良好的效用。

　　上述特点的背后实质上是食品安全刑法保护观念从惩罚到预防的变化。过去，对于食品安全的刑法保护主要停留在事后罚阶段，只有发生了严重的食品安全事故才会动用刑法予以规制，侧重的是对危害食品安全犯罪的惩罚，是报应刑的集中体现。在这种观念的主导下，刑法坚持其克制的角色，在没有发生严重食品安全事故的情形下"待命即可"，无须主动作为。所以，在很长一段时间内，规制食品安全犯罪的立法不需要大的调整就能满足司法实践的要求。随着社会经济状况的发展，各种问题食品层出不穷，波及范围广、危害程度大的食品安全事故一再突破公众的底线，食品安全问题一跃成为首要的民生问题之一。这暴露出过去那种集中力量打击发生严重人身伤害后果的食品安全事件的做法，在应对更多隐性食品安全问题时显得捉襟见肘。对于那些没有集中爆发严重后果，问题发生有一定延迟性或者行业性潜规则所掩盖的隐性问题，不提前予以规制，就会放纵犯罪致使其危害像滚雪球一样越滚越大。反思过去，只有树立以预防为主的食品安全刑法保护观，加大对于生产、销售不符合安全标准的食品但是尚未造成严重食品安全事故的犯罪行为的规制，才能遏制问题食品的蔓延。从惩罚到预防的转变，刑事立法和司法机关都做了大量的工作，也取得了不俗的成绩，但是还未达到顺畅运行的境界。这场转变不是已经完成，而是正在发生，且面临着不少难题。预防的边界划在哪里适当？如何区分轻微的危害食品安全违法行为和犯罪行为？如何区分食品性质？如何认定什么食品足以造成严重食物中毒事故或者其他严重食物性疾患？在下一章中，近距离观察司法实践中遇到的难题，是找到如何促成这种转变顺利完成的钥匙的必经之路。

第三章
食品安全刑法保护中的罪名适用

分析食品安全的刑法保护重点在于考察司法实践中危害食品安全犯罪的罪名适用情况。关于食品安全的刑法保护主要涉及的罪名，如前所述主要有三类，包括直接规制生产、销售问题食品的两个核心罪名，间接保护食品安全的相关罪名和规制食品安全监督管理失职行为的罪名。在实践中，最主要适用的是生产、销售有毒、有害食品罪，生产、销售不符合安全标准的食品罪，生产、销售伪劣产品罪和食品监管渎职罪。前三个生产、销售类罪名是规制生产、销售问题食品犯罪行为适用的重点罪名，在犯罪构成上有许多共通之处，为方便行文、避免重复可以一并讨论，重点针对实践中关于食品性质、因果关系和主观罪过认定的难点疑点问题进行分析。关于食品监管渎职罪的认定，主要在于行为方式、结果要素和犯罪主体的认定。

第一节　食品性质的认定

生产、销售问题食品犯罪行为的认定关键在于确定食品的性质，即判断生产、销售的食品究竟是有毒有害，还是不符合食品安全标准，抑或只是伪劣食品，这是区分罪与非罪、此罪与彼罪的关键。下文将在厘清三个罪名关于食品性质的规定的基础上，分析司法实践中认定食品性质存在的困难。

一、如何理解食品性质

生产、销售问题食品犯罪涉及的三个罪名对食品性质的描述分别是有毒、有害食品、不符合安全标准的食品和伪劣食品。在辨析这三类食品性质的具体特征之前，有必要厘清这三者之间的关系。结合《刑法》《食品安全法》和《产品质量法》，不难发现三者存在种属关系，如图 14 所示：

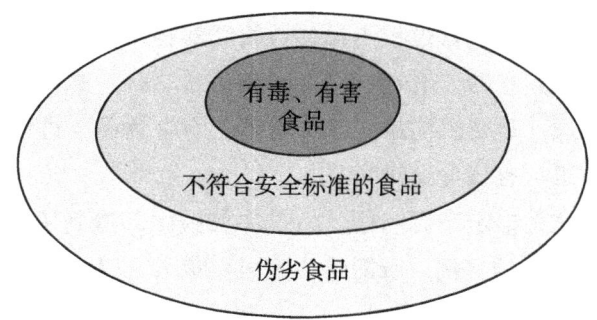

图 14　生产、销售问题食品犯罪三个罪名的种属关系示意图

由图 14 可知，这三者的外延呈层层递进的关系，伪劣食品包含不符合安全标准的食品，不符合安全标准的食品又包含有毒、有害食品。所以，在探讨这三类食品性质时，着重探讨它们的不同之处，对于重叠的部分不再论述。另外，还要说明的是，探讨三类食品性质的目的在于正确适用三个罪名，所以刑法上的规定和需要是第一位的，行政法上的界定虽然是基础但最终要回归到刑法上的立场。

（一）如何理解有毒、有害食品

根据我国刑法第 144 条的规定以及《最高人民法院、最高人民检察院关于办理危害食品安全刑事案件适用法律若干问题的解释》第 9 条的规定，刑法意义上的有毒、有害食品是指掺入或使用有毒、有害的非食品原料。刑法和司法解释都没有对"有毒、有害"作进一步的定义，实践中主要依靠专业的鉴定机构对涉案食品进行鉴定以判断其是否"有毒、有害"。为了与不符合安全标准的食品相区别，关于"有害"的含义显然应当作狭义解释，即达到"有毒"程度的"有害"，而非一般性的"有害"，否则将等同于"不符合食品安全标准"，造成生产、销售有毒、有害食品罪与生产、销售不符合安全标准的食品罪难以区分。

根据上述司法解释的规定，以下三类物质均属于"有毒、有害的非食品原料"：第一类物质是法律、法规明确禁止在食品生产经营中添加、使用的物质；第二类物质是明确列举在《食品中可能违法添加的非食用物质名单》和《保健食品中可能非法添加的物质名单》上的物质；第三类物质是国务院有关部门公告禁止使用的有毒、有害物质。从性质上看，这三类物质属于行政法上禁止在食品生产经营过程中添加、使用的物质，但是能不能将其径直认定为属于刑法上禁止的"有毒、有害的非食品原料"呢？即在涉案食品中检测出这三类物质，是否就能推定其为有毒、有害食品，进而认定其行为构成生产、销售有毒、有害食品罪呢？

表面看来，这种推定毫无问题，但是在实践中却遇到了争议，"无根豆芽"就是最具代表性的案例。所谓的"无根豆芽"，又称"毒豆芽"，指在生产过程中添加了4－氯苯氧乙酸钠、6－苄基腺嘌呤等生长调节剂的豆芽。关于这两种物质，国家质量监督检验检疫总局《关于食品添加剂对羟基苯甲酸丙酯等33种产品监管工作的公告》（2011年第156号公告）明确规定，自公告发布之日起食品生产企业禁止使用4－氯苯氧乙酸钠、6－苄基腺嘌呤。之所以禁止的理由来自于卫生部办公厅《关于〈食品添加剂使用标准〉（GB2760－2011）有关问题的复函》（卫办监督函〔2011〕919号），其中指出"4－氯苯氧乙酸钠、6－苄基腺嘌呤等23种物质缺乏食品添加剂工艺必要性，不得作为食品用加工助剂生产经营和使用。如拟将以上物质作为食品添加剂或食品用加工助剂的，应当依法提出食品添加剂新品种行政许可申请。"由此可知，之所以禁止这两种物质在食品生产中使用，并非是其具有毒害性，因为复函中指出如需添加可以提出食品添加剂新品种行政许可申请，而且在同一复函中禁止羟基苯甲酸丙酯、对羟基苯甲酸丙酯钠盐、噻苯咪唑等3种物质作为食品添加剂生产经营和使用，明确指出是"经组织食品安全风险评估，不符合食品添加剂安全性要求"，与禁止使用4－氯苯氧乙酸钠、6－苄基腺嘌呤的理由并不相同。

因此，关于"无根豆芽"性质的争议焦点在于国家质量监督检验检疫总局公告禁止使用的4－氯苯氧乙酸钠、6－苄基腺嘌呤能否认定为有毒、有害的非食品原料。对此，意见分歧巨大。肯定论者以上述司法解释第20条为依据，认为可以认定为添加了有毒、有害的非食品原料，而不需要在个案中具体判断添加的非食品原料是否具有确实的毒害作用。反对论者认为，在豆芽生产过程中广泛使用的助长剂中所包含的化学物质的危害性实际上并不清楚，不能将有关部门公告禁止使用的物质和"有毒、有害的非食品原料"简单等同起来，① 不能据此认为行为人构成生产、销售有毒、有害食品罪。

随着"无根豆芽"的性质引起越来越大的争议，2015年5月5日，国家食品药品监督管理总局、农业部（现为中华人民共和国农业农村部）、国家卫生和计划生育委员会（现为国家卫生健康委员会）联合发布《关于豆芽生产过程中禁止使用6－苄基腺嘌呤等物质的公告》（2015年第11号），该公告称"6－苄基腺嘌呤、4－氯苯氧乙酸钠、赤霉素等物质作为低毒农药登记管理并限定了使用范围，豆芽生产不在可使用范围之列，且目前豆芽生产过程中使用上述物质的安全性尚无结论。为确保豆芽食用安全，现重申：生产者不得在豆芽生产过程中使用6－苄基腺嘌呤、4－氯苯氧乙酸钠、赤霉素等物质，豆芽经营者不得经营含有6－苄基腺嘌呤、4－氯苯氧乙酸钠、赤霉素等物质的豆芽。"

由此可知，食品安全监管部门都未明确证实禁止使用的6－苄基腺嘌呤、4－氯苯氧乙酸钠、赤霉素属于有毒、有害物质，只是出于更全面地保护食品安全的考虑出发才禁止这类物质在食品生产中使用。因此，将其认定为有毒、有害的非食品原料，与实际不相符。行政法上的禁止性规定不能完全等同于刑法上的判断，要区分行政法的标准和刑法的标准。行政法规范侧重保护秩序，而刑法规范要始终坚持危害性原则，不能不考虑实际危害性就处罚违反行政禁止性规范的行为，二者的功能作用、遵循的基本原则都有显著差异，行政违法与刑事不法不能等同。

---

① 2015年5月9日，最高人民法院刑事审判第二庭的相关负责人在安徽省高级人民法院举办的刑事审判业务培训班上就"无根豆芽"案表达过此意见。

综上，判断是否构成刑法意义上的有毒、有害食品，除了可以参照上述司法解释第 20 条的规定外，还要坚持实质危害性的判断标准，对于相关食品监管部门公告禁止使用的物质不能一概而论。当缺乏证据证明添加、使用的物质有毒、有害时，要坚持疑罪从无和罪刑法定原则，判定行为人不构成生产、销售有毒、有害食品罪。如此判定并非放纵犯罪，食品中添加了国务院有关部门公告禁止使用的物质，还可以认定为"不符合安全标准的食品"，从而构成生产、销售不符合安全标准的食品罪。另外，这种行为违反了相应的行政法规范，可以对其进行行政处罚。

（二）如何理解不符合安全标准的食品

刑法关于不符合安全标准的食品界定采取了"定性＋定量"的方式，要求其程度要达到"足以造成严重食物中毒事故或者其他严重食源性疾病"的程度。相反，在《食品安全法》中关于不符合安全标准的食品的界定只强调定性，不强调定量。因此，判断不符合安全标准的食品时，也需要区分行政违法与刑事不法。

《最高人民法院、最高人民检察院关于办理危害食品安全刑事案件适用法律若干问题的解释》明确规定了 4 种危害情形，① 可以被认定为是"足以造成严重食物中毒事故或者其他严重食源性疾病"的情形。对比《食品安全法》第 34 条，其明确规定了 12 种禁止生产经营的食品，② 即这 12 种食品都

---

① 这 4 种情形分别是：（一）含有严重超出标准限量的致病性微生物、农药残留、兽药残留、重金属、污染物质以及其他危害人体健康的物质的；（二）属于病死、死因不明或者检验检疫不合格的畜、禽、兽、水产动物及其肉类、肉类制品的；（三）属于国家为防控疾病等特殊需要明令禁止生产、销售的；（四）婴幼儿食品中生长发育所需营养成分严重不符合食品安全标准的。

② 这 12 种禁止生产经营的食品是：（一）用非食品原料生产的食品或者添加食品添加剂以外的化学物质和其他可能危害人体健康物质的食品，或者用回收食品作为原料生产的食品；（二）致病性微生物，农药残留、兽药残留、生物毒素、重金属等污染物质以及其他危害人体健康的物质含量超过食品安全标准限量的食品；（三）用超过保质期的食品原料、食品添加剂生产的食品；（四）超范围、超限量使用食品添加剂的食品；（五）营养成分不符合食品安全标准的专供婴幼儿和其他特定人群的主辅食品；（六）腐败变质、油脂酸败、霉变生虫、污秽不洁、混有异物、掺假掺杂或者感官性状异常的食品；（七）病死、毒死或者死因不明的禽、畜、兽、水产动物肉类及其制品；（八）未按规定进行检疫或者检疫不合格的肉类，或者未经检验或者检验不合格的肉类制品；（九）被包装材料、容器、运输工具等污染的食品；（十）标注虚假生产日期、保质期或者超过保质期的食品；（十一）无标签的预包装食品；（十二）国家为防病等特殊需要明令禁止生产经营的食品。

是不符合安全标准的食品，而司法解释仅就其中的 4 种情形作出了规定。仔细对比，司法解释对食品的适用范围以及数量和程度都作出了限制，加上了"严重超出标准限量营养成分""严重不符合食品安全标准"等限制词语，从而区别于《食品安全法》的规定，避免可能出现打击面过宽的问题。① 显然，司法解释为了加强司法实践中的可操作性，对高度危险性的情形予以类型化。但是这种列举式规定本质上是对"足以造成严重食物中毒事故或者其他严重食源性疾病"的情形进行阐释，在司法适用中不能片面形式地理解这种列举式规定，仍需考虑涉案食品的具体危害程度。

因此，不能认为凡是符合《最高人民法院、最高人民检察院关于办理危害食品安全刑事案件适用法律若干问题的解释》第 1 条规定的 4 种情形之一的就能一律入罪，对违反食品安全标准的程度和涉案食品数量要综合考虑，应该鉴定的必须要鉴定，不能片面理解司法解释的规定而任意扩大入罪范围。

（三）如何理解伪劣食品

伪劣食品属于伪劣产品的一类，判断哪些食品是伪劣食品从而能以生产、销售伪劣产品罪定罪处罚，需要先辨明刑法意义上伪劣产品的内涵和外延。

根据我国刑法第 140 条的规定，伪劣产品是指"在产品中掺杂、掺假，以假充真，以次充好或者以不合格产品冒充合格产品"。② 可知，刑法意义上的伪劣产品虽然总结实践经验类型化为这 4 种情形，但是本质上都是不符合质量标准规定的产品。此标准既包括国家法律、法规明确规定的也包括产品自身明示的质量标准规定，包括了对产品欺诈行为的处罚。为了与《产品质量法》规定的行政处罚相区分，刑法上处罚的生产、销售伪劣产品行为，还要求销售金额达到 5 万元以上。

---

① 张先明："治乱用重典，通篇都'严厉'——'两高'有关部门负责人答记者问"，载《人民法院报》2013 年 5 月 4 日，第 3 版。

② 根据《最高人民法院、最高人民检察院关于办理生产、销售伪劣商品刑事案件具体应用法律若干问题的解释》第 1 条规定，"在产品中掺杂、掺假"，是指在产品中掺入杂质或者异物，致使产品质量不符合国家法律、法规或者产品明示质量标准规定的质量要求，降低、失去应有使用性能的行为；"以假充真"，是指以不具有某种使用性能的产品冒充具有该种使用性能的产品的行为；"以次充好"，是指以低等级、低档次产品冒充高等级、高档次产品，或者以残次、废旧零配件组合、拼装后冒充正品或者新产品的行为；"不合格产品"，是指不符合《中华人民共和国产品质量法》第 26 条第 2 款规定的质量要求的产品。

那么，伪劣食品作为伪劣产品的一类，当然也不符合产品质量标准。食品作为一种特殊的产品有其专门的安全标准，不符合安全标准自然也就是不符合产品质量标准。通过上述分析可以明确看出，行政法与刑法对"不符合安全标准的食品"的认定并不相同，前者外延广于后者。因而，虽没有达到"足以造成严重食物中毒事故或者其他严重食源性疾病"的程度，但属于行政法上的不符合安全标准的食品，仍可以认为是刑法意义上的伪劣产品，当销售金额达到法定数额便可以生产、销售伪劣产品罪定罪处罚。广受关注的"上海彩色馒头"案就是很有代表性的案例。叶某某、徐某某等人在生产玉米馒头的过程中违规添加"柠檬黄"，① 回收过期和即将过期的馒头作为原料重新生产且未在外包装上如实标注生产日期，均属于《食品安全法》第34条规定的禁止生产经营的食品，因其没有达到"足以造成严重食物中毒事故或者其他严重食源性疾病"的程度，法院最终认定被告触犯生产、销售伪劣产品罪而非生产、销售不符合安全标准的食品罪。② 值得一提的是，食品欺诈行为，如用猪肉假冒牛肉销售，也属于伪劣食品。

综上，刑法意义上的伪劣食品既包括不符合自身明示质量标准规定的食品，还包括不符合安全标准但尚未达到"足以造成严重食物中毒事故或者其他严重食源性疾病"的食品。行为方式上，可以表现为掺杂、掺假，以假充真、以次充好或者以不合格食品冒充合格食品。当然，对生产销售上述产品的行为入罪还需达到刑法要求的法定数额。

二、实践中认定食品性质存在的困难

认定食品的性质，必须依靠专业知识和专业鉴定，并非凭司法工作人员一己之力就能够完成。根据前述司法解释的规定，是否符合"有毒、有害非食品原料"，或是否达到"足以造成严重食物中毒事故或者其他严重食源性

---

① 根据卫生部发布的《食品添加剂使用卫生标准》（GB2760－2007），蒸煮类糕点可以使用的食品添加剂不包括"柠檬黄"。

② 上海市宝山区人民法院（2011）宝刑初字第961号刑事判决书。

疾病"，需要"经省级以上卫生行政部门指定的机构进行鉴定"。① 对于"难以确定的，司法机关可以根据检验报告并结合专家意见等相关材料进行认定。必要时，人民法院可以依法通知有关专家出庭作出说明"。② 对于是否属于不合格产品，"应当委托法律、行政法规规定的产品质量检验机构进行鉴定"。③ 实践中，关于食品性质的鉴定存在不少困难，成为处罚生产、销售问题食品犯罪行为的一大障碍。

（一）鉴定标准不完善，造成无法鉴定或鉴定不能

食品安全标准一般包括感官指标、理化指标和微生物指标，国家制定了具体的数值标准用于衡量食品的安全性。一般而言，经过鉴定，食品的相关数值标准符合国家标准的要求，食品的安全性亦得到证实。然而，随着食品工艺的不断改进，食品行业的不断发展，现有的食品安全标准已经无法满足司法实践的需要。最突出的表现在两个方面：

一是没有相关食品的国家标准，造成无法鉴定。由于食品种类繁多，食品安全国家标准正在不断完善中，并非所有食品都有国家标准可依据。如鲜榨果蔬汁就缺乏国家标准，有的省市有地方标准，有的省市连地方标准也没有，某些鉴定机构以没有果蔬汁国家标准为由表示无法进行鉴定，使得相关案件无法取得应有的证据，无法建立有效的证据链，案件不了了之。

二是依据现有的标准无法鉴定出食品不符合安全标准或者有毒、有害。由于食品检验的复杂性和专业性，实践中不时会遇到看起来有问题的食品却检验不出问题。食品检验是依据食品安全标准规定的检验项目进行检验，而食品检验标准是根据常见的食品问题设定的指标和数值。由于生产食品的工艺不断翻新，无良厂家通过改造食品生产工艺可以规避食品检验的常规项目，满足设定指标的数值，从而使问题食品检验不出不符合安全标准或者有毒、

---

① 《最高人民法院、最高人民检察院关于办理生产、销售伪劣商品刑事案件具体应用法律若干问题的解释》第4条规定。

② 《最高人民法院、最高人民检察院关于办理危害食品安全刑事案件适用法律若干问题的解释》第21条规定。

③ 《最高人民法院、最高人民检察院关于办理生产、销售伪劣商品刑事案件具体应用法律若干问题的解释》第1条第5款规定。

有害。例如，实践中比较常见的用色素、酒精和水等物质勾兑的葡萄酒，按照《中华人民共和国国家标准——葡萄酒》（GB15037－2006）进行检验，结果却是合格的。因为葡萄酒的检验项目包括酒精度、总糖、干浸出物、挥发酸、二氧化碳、总二氧化硫、净含量、微生物指标中的菌落总数等单项指标，较好的造假工艺可以达到这些单项指标全部合格，而葡萄酒是否是勾兑的却无法检验，从而使勾兑的葡萄酒看起来符合食品安全标准。事实上，按照国家标准的规定，葡萄酒是"以鲜葡萄或葡萄汁为原料，经全部或部分发酵酿制而成的，含有一定酒精度的发酵酒"，勾兑的葡萄酒被明令禁止。

为解决"鉴定难"的问题，食品药品监督总局、公安部、最高人民法院、最高人民检察院、国务院食品安全办于 2015 年 12 月 22 日联合出台了《食品药品行政执法与刑事司法衔接工作办法》，其中第 24 条规定，对于尚未建立食品安全标准检验方法的，相关检验检测机构可以采用非食品安全标准等规定的检验项目和检验方法对涉案食品进行检验，检验结果可以作为定罪量刑的参考。另外，根据上述办法仍不能得出明确结论的，地市级以上的食品药品监管部门可以组织专家对涉案食品进行评估认定，该评估认定意见可作为定罪量刑的参考。这有利于解决当下食品鉴定中存在的突出问题，但是有的问题食品在现有的科技水平下很难进行检验，或者成本极高，最为典型的例子就是"地沟油"，将在后文典型案例部分进行详细分析。

（二）多头鉴定，不同鉴定机构鉴定意见不一

关于食品安全的鉴定，有两种方式，一种是监管部门主动进行的抽样检验，另一种是企业或个人主动送交产品的委托检验。一般而言，抽样检验的真实性要高于委托检验的真实性，但是抽样检测的结果合格也并不代表同期产品全部都是合格产品。除去概率的影响，当下检验机构参差不齐的素质、各个检验机构采用的检验技术及标准存在不同、再加上涉案人员主动送交合格产品委托检验混淆视听等因素，造成不同检验机构的检验意见发生冲突，影响违法行为的认定，违法行为着手时间的认定以及货值金额的确定和危害大小的评估。

例如，青海省民和县刘某某生产、销售有毒有害食品案中，被告人销售的奶粉药品，先后经海东地区质检所检验和青海省质监站委托检验均属"合

格"。然而，对该检测报告，犯罪嫌疑人刘某某自己都心存疑虑，又将奶粉样本送往甘肃省产品质量监督检测中心检验，经检测三聚氰胺严重超标，遂案发。在南京查封的该厂产品经南京市质监局检测也查出三聚氰胺含量超标。① 此种南辕北辙的检验结果，在检验机构水平不一的情况下在所难免。此例中，海东地区负责此奶粉检验的工作人员均非专业技术检验人员，检验结果不准确就并非难以想象了。尽管在此案中依据三聚氰胺严重超标的检测报告已对行为人定罪处罚，但是由此带来的许多问题成为司法实践中绕不开的麻烦。当存在此例中产品合格的委托检验报告时，下游进货厂家基于对国家机关检验报告的确信而没有进行自检，并造成危害食品安全事件的，是否能够据此抗辩进而免予刑责？如果可以，容易出现行为人利用委托检验假证清白、逃避制裁的可能。如果一概否认，食品生产、销售下游环节的行为人又会承担过于沉重的负担，否则就面临刑事处罚的风险，同时，行政部门的检验报告的公信力也受到极大损害，并不利于建立良性的食品安全刑事治理秩序。

（三）鉴定得出的结论在司法上无法直接使用

关于鉴定结论的表述，鉴定机构和司法机关有着截然不同的要求。一般而言，鉴定机构根据国家相关标准检验，只负责检验相关项目是否符合国家规定的界限指标，侧重于检验食物的化学、生物成分，即进行事实性判断。比如鉴定机构根据《饮用天然矿泉水标准》（GB8537 - 2008），会检测水中含有的硒、锑、砷、汞等各项理化指标。但是，对于司法机关而言，仅有专业的检验数据并不能径直判断涉案食品性质，是否达到"足以造成严重食物中毒事故或者其他严重食源性疾病"、是否"有毒、有害"都属于科学性判断，司法工作人员囿于食品安全专业知识的不足需要明确的鉴定结论才能进行认定。关于这一问题，鉴定机构常常表示这种科学性判断不属于他们的鉴定内容，他们的职责是检验涉案食品的成分，而判断食品是否具有毒害性属于科学问题，超出他们的专业范围。在实践中，有的鉴定机构在司法机关的强烈要求下，会出具"答复"等意见，虽然不是正式的鉴定报告，但也能在

---

① 青海省民和回族土族自治县人民法院（2010）民刑初字第 56 号刑事判决书。

很大程度上缓解司法认定的困难。对于某些有争议的食品安全问题，有的鉴定机构会拒绝出具类似的报告、答复，使得实际作出的鉴定结论在司法实践中无法直接使用，造成追诉、定罪不能。另外，有的地方采用检验报告和专家论证意见相结合的方式来认定涉案食品性质。这种方式涉及的环节更多，周期较长，比鉴定机构直接出具鉴定意见效率更低。

这个问题已经引起相关部门重视，前文提到的"五部门"联合出台的《食品药品行政执法与刑事司法衔接工作办法》第 25 条对食品药品监管部门出具的鉴定意见规定了明确格式，要求鉴定机构对于符合《最高人民法院、最高人民检察院关于办理危害食品安全刑事案件适用法律若干问题的解释》第 1 条相关情形的，在结论中应明确写出被检测食品不符合食品安全标准，足以造成严重食物中毒事故或者其他严重食源性疾病。此条规定有利于解决实践中鉴定结论难以使用的问题，但是并不能一劳永逸地解决涉案食品的事实性判断和科学性判断之间的矛盾。对于某些并不常见、有争议的食品问题，鉴定机构确实无法进行科学性判断，而且囿于科学认知的局限性，有的食品安全问题甚至连专家也各执一词。这正是食品安全刑事规制的深层次困境，在现有的科学技术条件下，并不能百分之百地判断每一种物质是否安全，但是犯罪的认定需要建立在明确无误的判断之上。

三、典型案例的认定

在司法实践中，关于食品性质的认定最有争议的案例就是"无根豆芽"和"地沟油"，反映出危害食品安全犯罪认定的困难，下文将结合具体的案件进行分析。

（一）关于"无根豆芽"案的认定

"无根豆芽"最初见诸新闻报端的名称是"毒豆芽"，后来随着相关案例的增多，该豆芽是否有毒、生产该豆芽的芽农是否构成生产、销售有毒、有害食品罪引起巨大争议，这一称呼才从"毒豆芽"转变为"无根豆芽"。从称呼的变化就能得知此案的认定面临巨大的分歧。前文探讨"如何理解有毒、有害食品"时已详细分析了"无根豆芽"的性质问题，其关键在于食品安全监管部门出台的关于 6－苄基腺嘌呤、4－氯苯氧乙酸钠等物质性质的公告和如何理解适用《最高人民法院、最高人民检察院关于办理危害食品安全刑事案件适用法律若干问题的解释》第 20 条。基于此，实践中关于"无根豆芽"案的处理，存在以下几种处理方式：

一是以生产、销售有毒、有害食品罪定罪处罚。从中国裁判文书网搜集到的案例来看，这种处理方式比较常见。在判决中，犯罪嫌疑人和辩护人认为该行为不构成犯罪的理由主要有：（1）"豆芽为芽菜类新鲜蔬菜，属于初级农产品，根据《中华人民共和国农业行业标准 NY/T393 - 2013〈绿色食品农药使用规则〉》的规定，允许苄基腺嘌呤可以作为农药使用，因此含有 6 - 苄基腺嘌呤的'无根素'可以用于豆芽生产。卫生部监督函只是将 6 - 苄基腺嘌呤和 4 - 氯苯氧乙酸钠禁止作为食品加工助剂使用、出厂销售及禁止食品生产企业使用，没有禁止作为农药使用"。[①]（2）"豆芽中的无根素即 6 - 苄基腺嘌呤、4 - 氯苯氧乙酸钠是豆芽的生产调节剂，不是食品添加剂，农业部农产品质量安全风险评估实验室（杭州）风险评估报告结论，证明按照最大风险原则进行评估，各类人群的 6 - 苄基腺嘌呤摄入量也远低于每日允许摄入量，风险完全可以接受。所使用的无根素有厂家生产地、有包装、生产时间、说明书，并提示专用于豆芽生产的农药，因此，用含有 6 - 苄基腺嘌呤、4 - 氯苯氧乙酸钠即无根水生产豆芽予以销售不能认定为犯罪"。[②]（3）含有 6 - 苄基腺嘌呤的"AB 粉水"极易挥发，在豆芽生产中添加和使用的用量很少，在提取的豆芽中未检出 6 - 苄基腺嘌呤。[③] 这三种理由立足的角度都不同，第一种理由试图论证 6 - 苄基腺嘌呤和 4 - 氯苯氧乙酸钠作为农药在农业中使用的正当性；第二种理由试图在根本上证明 6 - 苄基腺嘌呤和 4 - 氯苯氧乙酸钠不具有有毒、有害性质；第三种理由着眼点在于刑事证明的不能。

针对这些辩解理由，法院都一一否定，意见如下：关于第一种辩解理由，法院认为"现行国家《食品安全国家标准食品添加剂使用标准 GB2760 - 2011》中规定，6 - 苄基腺嘌呤和 4 - 氯苯氧乙酸钠均不属于食品添加剂，不

① 湖南省株洲市中级人民法院（2014）株中法刑二终字第 125 号刑事判决书。
② 同上。
③ 内蒙古自治区赤峰市中级人民法院（2014）赤刑二终字第 72 号刑事裁定书。

得在食品中添加。且国家对 6 - 苄基腺嘌呤、4 - 氯苯氧乙酸钠用于食用农产品豆芽的生产，也没有专门制定残留量标准。故应认定在食用农产品豆芽的生产中不能使用 6 - 苄基腺嘌呤、4 - 氯苯氧乙酸钠"。① 关于第二种辩解理由，法院认为"国家卫生部办公厅关于《食品添加剂使用标准》有关问题的复函中明令禁止将 6 - 苄基腺嘌呤、4 - 氯苯氧乙酸钠作为食品用加工助剂生产经营和使用。农业部《全国打击食用农产品中违法添加非食用物质和滥用食品添加剂专项整治方案》中明确指出：严厉打击在食用农产品生产中违法添加非食用物质和滥用食品添加剂的行为。"② 因此上诉人与原审被告人从事豆芽生产与销售，应知晓其从事的豆芽生产的禁止性规定，其在豆芽生产中使用有毒有害物质 6 - 苄基腺嘌呤、4 - 氯苯氧乙酸钠，该行为构成生产、销售有毒、有害食品罪。关于第三种辩解理由，法院认为"根据法律规定生产、销售有毒、有害食品罪属于行为犯，即只要行为人实施了在生产、销售的食品中掺入有毒、有害的非食品原料或者销售明知掺有有毒、有害的非食品原料的食品的行为，就构成本罪"，③ 除此之外公安机关还出具了《办案说明》，就涉案扣押的绿豆芽中未检出 6 - 苄基腺嘌呤的原因作出说明："（1）'AB 粉水'（主要成分 6 - 苄基腺嘌呤）是一种添加于植物生长培养基的细胞分裂素，低毒，可作为无根豆芽的生长调节剂使用，被称为'豆芽无根素'，使用了'无根素'的豆芽根短、少须，甚至不长根须，发芽更快，黄豆、绿豆的产出豆芽率提高 50%，生长周期大大缩短；（2）使用'AB 粉水'时，如果是直接喷洒在绿豆或者黄豆上，生长成豆芽期间需要大量水浸泡、冲洗，'AB 粉水'易挥发掉，检出含有 6 - 苄基腺嘌呤成分的可能性极小，甚至不能检出；（3）使用'AB 粉水'时，如果是直接喷洒在豆芽上，并且办案机关及时扣押、送检，检出含有 6 - 苄基腺嘌呤成分的可能性极大。"④

综合来看，法院判案的依据主要是《最高人民法院、最高人民检察院关

---

① 湖南省株洲市中级人民法院（2014）株中法刑二终字第 125 号刑事判决书。
② 同上。
③ 内蒙古自治区赤峰市中级人民法院（2014）赤刑二终字第 72 号刑事裁定书。
④ 同上。

于办理危害食品安全刑事案件适用法律若干问题的解释》第 20 条第 3 项的规定，即直接将"国务院有关部门公告禁止使用的农药、兽药以及其他有毒、有害物质"认定为"有毒、有害的非食品原料"。但是这样的判决理由难以令人完全信服，前文已探讨行政法上的禁止性规定不能完全等同于刑法上的判断，需要区分行政法的标准和刑法的标准。在个案中，针对犯罪嫌疑人和辩护人提出的辩解意见，法院实际上没有提出有力的科学证据证明 6 - 苄基腺嘌呤和 4 - 氯苯氧乙酸钠有毒、有害，而且公安机关出具的《办案说明》证明了 6 - 苄基腺嘌呤低毒且易挥发，更令人对该物质的性质产生怀疑。尤其在 2015 年 5 月 5 日，国家食品药品监督管理总局、农业部、国家卫生和计划生育委员会联合发布了《关于豆芽生产过程中禁止使用 6 - 苄基腺嘌呤等物质的公告》（2015 年第 11 号），称目前豆芽生产过程中使用 6 - 苄基腺嘌呤、4 - 氯苯氧乙酸钠、赤霉素等物质的安全性尚无结论。此公告的内容实际上否定了上述物质具有有毒、有害性质。换言之，上述司法解释的规定在食品性质的科学性判断上不能周延，即并非所有国务院有关部门公告禁止使用的农药、兽药以及其他物质在科学上都能被认定为有毒、有害。因此，以此为依据判决生产、销售"无根豆芽"的犯罪嫌疑人犯生产、销售有毒、有害食品罪理由并不充分。

二是检察院撤回起诉。根据在中国裁判文书网检索的情况来看，① 以检察院撤回起诉的方式处理的"无根豆芽"案共有 7 件，其中有 4 件是二审法院发回一审法院重审以后，检察院申请撤回起诉的。虽然检索到的案件数量并不多，但是这一处理方式比较具有代表性，因为实践中有可能还有不少以此方式结案的同类案件，只是裁判文书没有上传至中国裁判文书网而已。这种推测并非无中生有，从检索数据来看，2014 年"无根豆芽"案有 1132 件，自 2015 年起案件数急剧减少，2015 年为 71 件，2016 年只有 4 件，2017 年一件都没有。这种数据的巨大反差很难说是生产、销售"无根豆芽"的行为突

---

① 检索时间为 2017 年 6 月 28 日，检索条件为"案由：生产、销售有毒、有害食品；案件类型：刑事案件；全文检索：豆芽；审判程序：一审"，之所以如此选择是为了最大限度确保检索到的案件是没有重复的"无根豆芽"案，把同一案件的二审裁判书和刑罚变更裁定书排除在外，尽管案件数不是绝对精确，但是大致数值已足以反映趋势。

然得到了有效遏制，比较合理的解释是司法机关处理这种行为的方式发生了变化。如在 2016 年这 4 起案件中，有 2 起案件法院判决犯罪嫌疑人犯生产、销售有毒、有害食品罪，均适用了缓刑；另外 2 起案件法院都裁定准许检察院撤回起诉。关于撤回起诉的理由，有的检察院是以法律、司法解释发生变化为由决定撤回起诉，① 有的检察院是以法律政策变化为由决定撤回起诉。② 而且，在有的裁定书中法院明确写道："有关在生产豆芽过程中添加4 – 氯苯氧乙酸钠等添加剂构成生产、销售有毒、有害食品罪的法律法规确发生变化，公诉机关申请撤诉理由成立，应予准许。"③ 由此可知，受国家食药监总局等部门联合发布的《关于豆芽生产过程中禁止使用 6 – 苄基腺嘌呤等物质的公告》影响，检察院和法院对 6 – 苄基腺嘌呤、4 – 氯苯氧乙酸钠、赤霉素等物质性质的认识发生了变化，不再将其认定为"有毒、有害的非食品原料"，因而检察院作出了撤回起诉的决定，法院亦同意。从时间上看这一推测也吻合，上述公告出台时间为 2015 年 5 月 5 日，生产、销售"无根豆芽"案数量大幅度减少也是在 2015 年，因此，以检察院撤回起诉的方式处理"无根豆芽"案绝非个案，具有一定的普遍性。这也意味着司法机关不再倾向于把生产、销售"无根豆芽"的行为作为犯罪处理。

三是法院判决无罪。关于"无根豆芽"案的无罪判决，并没有在中国裁判文书网站上检索到判决书，只见诸新闻报道。根据报道，郭林和鲁花（均为化名）分别系辽宁省葫芦岛市某芽苗基地的法定代表人和生产经理。郭、鲁二人在 2013 年 5 月至 11 月期间，在生产绿豆芽过程中使用含有 6 – 苄基腺嘌呤、4 – 氯苯氧乙酸钠等物质的药品。根据 2011 年卫生部出台的《食品添加剂使用标准》（GB2760 – 2011）及国家质检总局发布的 2011 年第 156 号公告，禁止食品生产企业使用 6 – 苄基腺嘌呤、4 – 氯苯氧乙酸钠，2014 年 12 月 11 日，辽宁省葫芦岛市连山区人民法院以生产、销售有毒、有害食品罪分别判处郭林有期徒刑五年零六个月，并处罚金 45 万元；判处鲁花有期徒刑五年，并处罚金 45 万元。后二被告人上诉至葫芦岛市中级人民法院。2015 年 5

<hr />

① 山东省阳谷县人民法院（2015）阳刑初字第 50 号刑事裁定书。
② 重庆市沙坪坝区人民法院（2015）沙法刑初字第 00438 号刑事裁定书。
③ 山东省阳谷县人民法院（2015）阳刑初字第 50 号刑事裁定书。

月 13 日，二审法院认为 6 - 苄基腺嘌呤、4 - 氯苯氧乙酸钠等物质的安全性尚不清楚，对人体能造成何种危害不清，裁定撤销原审判决，发回重审。2015 年 6 月 16 日，原审法院改判二被告人无罪，成为全国首例"无根豆芽"无罪判决。[①] 在当下的司法环境下，法院作出无罪判决面临巨大压力，可以想象大规模判决生产、销售"无根豆芽"案无罪的情形几乎不可能发生，新闻报道的无罪案例属于少数。但是，个案亦释放出强烈的信号，关于"无根豆芽"案罪与非罪之争已经有了偏向性的答案，司法机关倾向于不按犯罪处理"无根豆芽"案，这比检察院撤回起诉的宣示意义更为明确有力。

综上，随着司法实践的不断深入，关于"无根豆芽"案的争议已基本取得共识，即添加 6 - 苄基腺嘌呤、4 - 氯苯氧乙酸钠、赤霉素等物质生产豆芽并销售的不构成犯罪，中国裁判文书网站上 2016 年只有 4 起"无根豆芽"案和 2017 年 1 起都没有就是明证。本书亦赞同这种观点。然而，这类案件反映出的规制危害食品安全犯罪的困境引人深思。由于现代食品行业生产工艺不断更新，食品安全监管工作十分复杂，从行政管理的角度，区分农业和加工食品行业进行管理就存在交叉或者空白的地带，"豆芽"是否属于农产品的争议就是其鲜明写照。为最大限度地避免食品安全风险，行政管理部门倾向于采取严格的管控措施，食品安全监管部门也是基于此出台相关公告和标准，但是行政管制措施与刑事规制手段之间存在的衔接地带成为管理难点。因为以食品性质作为区分标准划线而治，遭遇了科学认知水平的瓶颈，正如"无根豆芽"案的争议焦点，难以判断 6 - 苄基腺嘌呤、4 - 氯苯氧乙酸钠等添加物质的安全性。这种科学性判断的不确定性所体现的食品安全的相对性，才是绑住食品安全刑事规制手脚的深层次缘由。实际上，这也是在划定界限，刑事规制手段只能在那些具有确定性的范围内发挥作用，在应对不明确的风险时，更好的选择是采用行政管制措施。

（二）关于"地沟油"案的认定

俗称的"地沟油"实际是一个涵盖广泛、类型多样的概括性统称。广义

---

① 在中国裁判文书网和无讼案例网都没有搜索到此案裁判文书，只能根据新闻报道总结概述，参见黄芳："'毒豆芽'案首现无罪判决，争议数年已有近千芽农获刑"，载澎湃新闻网，http://www.thepaper.cn/newsDetail_forward_1357530_1，2016 年 2 月 21 日访问。

的"地沟油"泛指各类废弃的劣质食用油，主要指餐厨废油脂，包括三大类：一是泔水油，指从剩饭、剩菜收集后的上层浮油（或称泔水油）；二是煎炸老油；三是指地沟隔油池中捞取的油腻漂浮物（或称阴沟油、狭义"地沟油"），另外还包括一类由劣质动物皮、肉、内脏加工提炼后产出的油。① 在"地沟油"从业者圈内，"地沟油"仅指阴沟油，并不包括泔水油和煎炸老油，三者是分类收集，粗加工方法各异，粗炼后不混合装运，售价也不一致。业内人士称，狭义"地沟油"不会用于提炼食用油返回餐桌，因为其含油率低、杂质多、酸值高、提炼难度大、加工成本高，在技术性和经济性上已不具备返回餐桌的价值，但是的确有极少量经提炼的狭义"地沟油"被以次充好混入泔水油或煎炸老油后回流餐桌，以谋取价差利润。② 因此，"地沟油"常被指为多种废弃食用油脂的混合物，成分非常复杂，内涵也不统一。

由于"地沟油"可能是多种废弃食用油脂的各种比例组合，再加上精炼方式与精炼程度不同，造成"地沟油"性质鉴定难，这成为"地沟油"案认定的最大难题。现有的《食品安全国家标准 食用动物油脂》（GB10146 – 2015）只规定了9种常规理化指标，通过二次精炼的"地沟油"品质大为改善，甚至可以符合各项理化指标，常规的油脂理化指标不能完全区分新鲜合格食用油与二次精炼的"地沟油"。其他的"地沟油"检验方法，如胆固醇含量判定法、薄层色谱检测极性物法、电导率法、脂肪酸相对不饱和度、测真菌毒素法等，都各有技术缺陷，现在还未能找到能适用所有类型"地沟油"的统一检验方法。③ 因为"地沟油"中不存在一种具有高辨析性的、明显区别于其他物质的专有物质，故很难使用检验手段对其精准定性。④ 另外，各地鉴定机构的规模大小、人员结构、技术水平也有很大差异，有些经济比

---

① 曹文明、薛斌、杨波涛、丁丹华、孙禧华："地沟油检测技术的发展与研究"，载《粮食科技与经济》2011 年第 1 期，第 41 页。

② 曹文明、孙禧华等："'地沟油'鉴别技术研究展望"，载《中国油脂》2012 年第 37 卷第 5 期，第 2 页。

③ 曹文明、薛斌、杨波涛、丁丹华、孙禧华："地沟油检测技术的发展与研究"，载《粮食科技与经济》2011 年第 1 期，第 41 ~ 42 页。

④ 曹文明、孙禧华等："'地沟油'鉴别技术研究展望"，载《中国油脂》2012 年第 37 卷第 5 期，第 2 ~ 3 页。

较落后的地区检验条件就更为有限，对于"地沟油"这类对检验技术要求比较高的涉案食品的鉴定，就更显得捉襟见肘。除了有时无法在"地沟油"中检验出有毒、有害物质以外，还存在检验出了多环芳烃类物质（属致癌物质），但是由于国家缺少相关标准难以定性的问题。

对于难以鉴定的"地沟油"如何定性，实践中产生了巨大争议。有的认为，如果经鉴定不能证明其有毒、有害或者不符合安全标准则不构成犯罪，如云南某检察院曾经对当地公安机关立案的"地沟油"案件作出不予起诉的决定，其理由是被查出的"地沟油"按照当时的《食用动物油脂卫生标准》（GB10146-2005）检验合格无恙，较难证明其符合《刑法》第143条所规定的情形，或是属于有毒、有害食品原料。① 另外，据实地访问某市公安机关侦查人员了解到，该市公安机关在办案过程中遇到这类检验合格的"地沟油"，最后也选择了不作为犯罪处理。有的认为，依据《最高人民法院、最高人民检察院、公安部关于依法严惩"地沟油"犯罪活动的通知》，只要查实是利用"地沟油"作为原料生产"食用油"的，或者明知是利用"地沟油"生产的"食用油"而予以销售的，应当以生产、销售有毒、有害食品罪追究刑事责任，卫生行政部门出具的对"有毒、有害的非食品原料"的鉴定检验意见仅是司法机关认定的参考依据之一，不能作为唯一依据。最高人民检察院法律政策研究室甚至直接指出："从涉及'地沟油'案件的侦破和现场监督检查情况来看，'地沟油'都是在脱离行政监管、生产条件简陋、卫生环境恶劣的'黑作坊''黑窝点'中，利用餐厨垃圾、废弃油脂、各类肉及肉制品加工废弃物等原料生产、加工的，其质量和安全没有任何保障，对人体健康的损害是显而易见的，司法机关应当直接将其认定为'有毒、有害的非食品原料'，无须再委托卫生行政部门鉴定检验。"② 经检索浏览中国裁判文书网站上的"地沟油"案，发现依据该《通知》以生产、销售有毒、有害食品罪定罪处罚的案件不在少数，但是有多少案件是由于鉴定问题不作为犯罪处理就无从得知了。该《通知》虽然在"地沟油"案的认定上起到了统

---

① 黄星：《食品安全的刑事规制》，法律出版社2013年版，第88页。
② 陈国庆、韩耀元、吴峤滨："《关于依法严惩'地沟油'犯罪活动的通知》理解与适用"，载《人民检察》2012年第10期，第35~36页。

一认识的重要作用，但是并没有完全解决司法实践中的问题，有以下几个问题值得进一步探讨。

1. 关于"地沟油"的定义

之所以探讨"地沟油"的定义并非出于纯理论的研究，因为根据上述《通知》，一旦查实是利用"地沟油"作为原料生产"食用油"的，就能以生产、销售有毒、有害食品罪定罪处罚，何谓"地沟油"对于认定是否构成犯罪至关重要。

在该《通知》中，"地沟油"是指"用餐厨垃圾、废弃油脂、各类肉及肉制品加工废弃物等非食品原料，生产、加工的'食用油'"。但是，在《国务院办公厅关于进一步加强"地沟油"治理工作的意见》（国办发〔2017〕30 号）中，将"地沟油"定义为"用餐厨废弃物、肉类加工废弃物和检验检疫不合格畜禽产品等非食品原料生产、加工的油脂"。两者定义稍有不同，主要区别在于国务院办公厅的文件明确将"检验检疫不合格畜禽产品"作为生产"地沟油"的原料之一，而没有单独列举"废弃油脂"。在实践中，利用"废弃油脂"生产"地沟油"的比较容易认定，争议不大。容易引起争议的是利用"各类肉及肉制品加工废弃物"生产、加工食用油的情况。因为根据《食品安全国家标准 食用动物油脂》（GB10146－2015）的规定，食用动物油脂是指"以经动物卫生监督机构检疫、检验合格的生猪、牛、羊、鸡、鸭的板油、肉膘、网膜或者附着于内脏器官的纯脂肪组织，炼制成的食用猪油、牛油、羊油、鸡油、鸭油。"那么经检验检疫合格的部分肉类加工剩余物是可以用于生产、加工食用油的，如何区分"各类肉及肉制品加工废弃物"还是正常的肉类加工剩余物是关键。是不是除了国家标准规定的"生猪、牛、羊、鸡、鸭的板油、肉膘、网膜或者附着于内脏器官的纯脂肪组织"之外的肉料都属于"各类肉及肉制品加工废弃物"，并没有明确的规定，在司法实践中也有争议。

在贾某某等生产、销售有毒、有害食品案中，二审法院和再审法院的意见就截然相反。二审法院认为"原审被告人贾某某在市场屠户处收购经检验合格的生猪猪肠、猪肚、网膜等原料，与原审被告人薛某某经过挑筛、清洗后炼制猪油。虽然证人孙某某、折某某、王某某等 11 人证明，贾某某若不收购他们从猪肠、猪肚上撕下来的猪花油、猪胰子、胎肠、软端肉、刀口肥肉等原料，他们便将其烧火、喂狗或者扔了，但其销售的均是经检验合格的生猪及其产品，且现无客观证据证实此节，即烧火、喂狗或者扔了等内容，故对该部分证言不予认定。根据《食用动物油脂卫生标准》的要求，[①] 该标准适用于经兽医检验认可的生猪、牛、羊的板油、肉膘、网膜或者附着于内脏器官的纯脂肪组织，单一或者多种混合炼制成的猪油、羊油、牛油。故贾某某购买炼制猪油的原料符合国家规定的《食用动物油脂卫生标准》的规定。"[②] 因此，二审法院宣告贾某某、薛某某等人无罪。再审法院认为："根据《食用猪油国家标准》的规定，食用猪油是指健康猪经屠宰后，取其新鲜、洁净和完好的脂肪组织炼制而成的油脂，所用的脂肪组织不包含骨、碎皮、头皮、耳朵、尾巴、脏器、甲状腺、肾上腺、淋巴结、气管、粗血管、沉渣、压榨料及其他类似物，应尽可能不含肌肉组织和血管。……本案中，原审被告人贾某某、薛某某在没有任何相关审批手续，生产条件简陋，卫生环境较差，质量和安全没有任何保障的情况下使用含有淋巴结、油核子等猪肉废弃料作为非国家法定标准规定的食用猪油炼制原料，私自炼制食用猪油，符合以'各类肉及肉制品加工废弃物等非食品原料'生产、加工'食用油'的行为。"[③] 因此，再审法院改判贾某某犯生产、销售有毒、有害食品罪，判处有期徒刑二年，并处罚金20 000元；薛某某犯生产、销售有毒、有害食品罪，判处有期徒刑一年六个月，宣告缓刑二年，并处罚金10 000元。

　　法院的判决之所以相左，主要分歧在于对被告人购买炼制猪油的原料是否符合国家相关食品安全标准认定不一。虽然《食用猪油国家标准》相较《食用动物油脂卫生标准》有了更明确的规定，但是也有"应尽可能不含肌肉组织和血管"的表述，并非那么精确严格。国家质量监督检验检疫总局出台的《关于食用动物油脂生产许可证审查细则（2006版）》第五大项对原辅

---

　　① 该案二审时间为2013年，《食品安全国家标准 食用动物油脂》（GB10146-2015）还未出台，适用的是《食用动物油脂卫生标准》（GB10146-2005），两个标准的主要区别在于是否允许生产多种混合炼制的猪油、羊油、牛油，关于生产食用动物油脂的原料的规定没有区别。

　　② 陕西省延安市中级人民法院（2013）延中刑终字第00032号刑事判决书。

　　③ 陕西省延安市中级人民法院（2014）延中刑再终字第00001号刑事判决书。

材料的要求也是如此，即"符合食用卫生要求的动物体的板油、肥膘、内脏脂肪和含有脂肪的组织及器官"。① 所以，在动物油脂加工行业，业内人士俗称的"边角料"是否只要经过检验检疫合格就能作为炼制食用油脂的原料，还有待进一步明确。另外，该案产生分歧还有一个重要原因在于由此生产的食用油并没有确凿的客观证据证明其有毒、有害。《最高人民法院、最高人民检察院、公安部关于依法严惩"地沟油"犯罪活动的通知》提供的认定"地沟油"犯罪的判断方法，仅仅是依据行为的外在形式，而没有对行为结果（即生产出的食品）的性质加以区分，与生产不符合食品安全标准的动物油脂的行政违法行为并没有本质区别，客观上模糊了行政违法行为和刑事违法行为的区别，造成了司法实践中的认识难题。在科学检验水平的现有局限下，这种认定方法固然属于无奈之举，但是不可否认，如此一来会造成食品安全行政执法虚置（这类行为全部按照犯罪处理）或者刑事的选择性执法（只处理部分这类行为）的不良后果，这并不经济也不正当，值得反思。

2. 关于检验合格的"地沟油"

在司法实践中，有时会遇到涉案"地沟油"经检验合格的情况，对于《最高人民法院、最高人民检察院、公安部关于依法严惩"地沟油"犯罪活动的通知》的形式性规定构成更大的挑战。如在解某某、章某甲等生产、有毒、有害食品案中，"被告人郑某上诉称，解某某卖给其的油脂都是有检测报告的，其对于此油脂属有毒、有害食品并不明知，请求改判无罪。""被告人朱某甲上诉称，解某某卖给其的油脂三证齐全，且当时化验都是合格的，故其对于此油脂属有毒、有害食品并不明知，请求改判无罪。"② 法院在判决理由部分并没有直接回应涉案油脂检验合格的问题，只是依照上述《通知》的规定，认定案件所涉油脂"系用含有淋巴的花油、膘肉碎、'肚下塌'等猪肉加工废弃物的非食品原料炼制而成，依法应认定为有毒、有害食品"，③并提及"从各被告人的供述等在案证据反映，各被告人均称自身不食用涉案

① 该审查细则虽然由国家质量监督检验检疫总局于 2006 年 12 月 27 日印发，但是现行依然有效。
② 浙江省台州市中级人民法院（2013）浙台刑二终字第 262 号刑事裁定书。
③ 同上。

油脂，涉案油脂在质量上与正常食用油脂存在明显差异（甚至有臭味等），交易价格（进价、出价）比正常食用油脂明显偏低，故足以认定各被告人主观上明知涉案油脂并非食用油而作为食用油销售，依法属销售有毒、有害食品行为"。① 囿于科学检验水平的局限，法院回避涉案油脂检验合格的问题，径直按照该通知认定其属于有毒、有害食品，尽管可以理解其立场，但是从法理上而言，很难自圆其说。由于裁定书没有对涉案油脂的检验报告的真实性提出质疑，那么只能假定涉案油脂确实经检验合格，即符合相关的食品安全标准。如此一来，法院作出有罪判决，将符合相关食品安全标准的涉案油脂认定为"有毒、有害食品"，显得牵强矛盾，有违罪刑法定原则。上述通知作为指导性文件，其规定不能突破《刑法》条文本身，行为方式的列举也是在"有毒、有害食品"这个大前提之下的，如果否定这个大前提即不要求食品为有毒、有害，那么就是更改立法了。所以，在此案中，如果法院认为该检验报告合格不能等同于涉案油脂符合食品安全标准，仅仅依据该通知的规定并不足以否定检验报告的真实性，应当提供更实质的证据，如委托更权威的检验机构重新检验涉案油脂、委托地市级以上的食品安全监管部门组织专家对涉案油脂进行评估认定、要求原检验机构就涉案油脂存在的异常作出说明等。② 在没有相应佐证的情况下，不具备食品安全相关专业知识的法院，依据证人证言、外观观察等间接证据直接否定有权机构作出的食品检验报告的效力，显得太过草率和随意，很难令人信服。

因此，检验合格的"地沟油"使得《最高人民法院、最高人民检察院、公安部关于依法严惩"地沟油"犯罪活动的通知》处境更加尴尬。实践证明，司法机关期望通过列举生产"地沟油"的行为方式来界定罪与非罪的努力，遇到了食品性质科学性判断的障碍。在现有的法律规定下，生产、销售有毒、有害食品罪，难以完全绕开食品性质的科学性判断，仅凭类型化生产问题食品的方式入罪会面临涉案食品检验合格的矛盾，造成违反罪刑法定原则的印象，有损刑事法治的正当性。

---

① 浙江省台州市中级人民法院（2013）浙台刑二终字第 262 号刑事裁定书。
② 该案的刑事裁定书提到"涉案油脂在质量上与正常食用油脂存在明显差异（甚至有臭味等）"，见前文。

3. 关于使用"地沟油"加工食品的情形

在"地沟油"系列案件中，除了直接生产、销售"地沟油"，购买"地沟油"作为食用油销售以外，还有购买"地沟油"用于加工食品的情形。由于有的"地沟油"提炼程度高、加工食品过程中"地沟油"用量较少等因素，使用"地沟油"加工的食品有时也会出现经检验符合食品安全标准的情况。如何处理这种案件，也面临着刑法规定和科学性判断相冲突的矛盾。

在师某某购买"地沟油"加工果馅案中，师某某从 2008 年至 2012 年案发前一直购买使用贾某某炼制的"地沟油"进行食品加工，[①] 所加工的食品经榆林质检部门每年对不同批次的不同食品检验，均为合格产品。案发后，侦查机关对师某某生产的一盒果馅送中国检验检疫科学研究院综合检验中心进行检验，为合格产品。师某某及其辩护人提出生产果馅等产品经历年检验均为合格产品，其行为不构成生产、销售有毒、有害食品罪。针对该辩护理由，法院认为"生产、销售有毒、有害食品罪的入罪标准是指在生产、销售的食品中掺入有毒、有害的非食品原料或销售明知掺有有毒、有害的非食品原料的食品，其产品质量检验结果并非是否构成犯罪的唯一标准，同时作为食品生产企业，明知是'地沟油'生产的'食用油'而作为食品原料生产、销售食品，也符合本罪的构成要件"。[②] 因此，法院认定"原审上诉人师某某明知贾某某、薛某某炼制的猪油没有任何合法手续，属俗称的'黑作坊'炼制猪油而购买，进货渠道非法，质量无法保证，且价格较正规油价低，其对贾某某、薛某某利用'地沟油'生产'食用油'主观方面应当认定属于明知。原审上诉人师某某在生产、销售的食品中掺入有毒、有害的非食品原料和销售明知掺有有毒、有害的非食品原料的食品，其行为均已构成生产、销售有毒、有害食品罪。"[③]

此案的关键在于如何解释生产、销售有毒、有害食品罪，是否只要添加了有毒、有害的非食品原料，不论最终生产、销售的食品是否有毒、有害，

---

① 该"地沟油"性质存在争议，已在"地沟油"的定义部分中进行讨论，参见贾某某等生产、销售有毒、有害食品案，陕西省延安市中级人民法院（2014）延中刑再终字第00001号刑事判决书。

② 陕西省延安市中级人民法院（2014）延中刑再终字第00001号刑事判决书。

③ 同上。

都认定为构成该罪。显然，法院在此案中认同不问最终生产、销售食品性质的见解。在现有科学检验水平有限的条件下，这是一种更加便宜之举，能够有效应对司法实践面临的难题，但同样与经检验合格的"地沟油"类似，有名、实不一之嫌。这反映出现行的罪名设置、罪状表述仍有改进空间，对于严重违反食品安全生产法规但又无法鉴定出生产的食品有毒、有害的行为如何定性，值得进一步思考。同时，这也表明食品安全问题的复杂性，在现有的科学检验都无法证明食品是否有毒、有害的情况下，我们又是何以如此确信该食品有毒、有害？换言之，我们所要求保护的食品安全不仅是科学能够证明的那一部分，还有包括科学证明存疑的那部分，这种不确定性对于法律适用尤其是刑法适用的影响是致命的。刑法作为法律的最后手段，要求一种最高的确定性，以对应其严厉性。如果缺乏这种法律事实的确定性，适用刑法的正当性就会受到瓦解。这是运用刑法保护食品安全的最大难题所在。要么把刑法保护的食品安全类型化为确定的食品安全生产方式，要么放弃刑法对不确定的食品安全的保护，交由行政法、民法进行保护，这是一道我们需要面对的选择题。

第二节　生产、销售问题食品犯罪的因果关系及其认定

与生产、销售问题食品相关联的罪名中，只有两个罪名涉及行为与结果的因果关系的判断，即生产、销售有毒、有害食品罪与生产、销售不符合安全标准的食品罪。生产、销售伪劣产品罪仅将销售金额作为定罪量刑标准，不涉及因果关系问题。与公害犯罪类似，这两种食品安全犯罪的因果进程具有滞后性、潜伏性和多因性的特点。在食品安全犯罪案件中，食品经过生产、加工、储存、运输、销售等各个环节，被公众摄入进而发生损害人体健康的后果，具有较长的时间间隔，其危害后果的显现常常有一定的潜伏期，再加上食物来源的多样性、人的体质差异及其他环境因素的作用，在认定行为与危害结果的因果关系时会面临绝对的科学法则无法确定的情况，对传统因果关系理论构成了挑战。

一、疫学因果关系理论被提倡

在刑法理论视域中的因果关系并非单就自然科学意义上弄清行为与结果之间的因果关联，最终目的是指向解决归责问题。因果关系理论是刑法学研究中的一大难题，学说众多，观点纷呈。随着研究的不断深入，刑法学界对于因果关系的探讨出现了归因与归责分离的趋势，最具代表性的就是客观归责理论，将归因与归责区别开来，用不同的规则予以判断，在归因层面，运用条件说判断行为与结果之间是否存在事实上的因果关系；在归责层面，从规范的角度判断行为造成的结果能否归责于行为人。[①] 无论是否赞成客观归责理论，乃至是否同意将其放入因果关系理论中予以讨论，都无法否认归因与归责的区分深化了对因果关系的认识。在理论的选择上，可以赞同将归因与归责一并判断的条件说、相当因果关系说等学说，也可以支持归因与归责区分判断的客观归责理论，但是事实因果关系的判断是前提却是不容置疑的。判断事实因果关系的通行标准就是条件公式，即只要符合"非 A 则非 B"，那么 A 就是 B 的原因。这种传统的判断标准建立在运用科学法则能够确证客观逻辑关系的基础上。在生产、销售问题食品犯罪中，由于牵涉因素太多，有时科学法则难以确切证明行为与结果之间的客观逻辑关系，运用条件公式判断事实因果关系就存在极大困难。因此，疫学因果关系理论被广泛提倡。

"疫学"一词是由日语直译而来的，它是指对特定的人类集团中出现的有关健康的各种现象的发生频率、分布状况以及对二者产生影响的要因予以明确说明的科学研究。[②] 在我国，疫学又被称为传染病学或流行病学，是指研究疾病在人群中发生、发展及其分布的原因，以及制定预防、控制和消灭这种疾病和促进健康的对策与措施的科学。[③] 其主要特征是运用统计学方法

[①] 劳东燕："风险分配与刑法归责：因果关系理论的反思"，载《政法论坛》2010 年第 6 期，第 95 页。

[②] 日本文部科学省、厚生劳动省：《疫学研究に関する倫理指針》，平成 14 年 6 月 17 日，第 20 页，转引自毛乃纯：《缺陷产品的刑法规制研究》，中国人民大学 2008 级刑法学博士论文。

[③] 耿贯一主编：《流行病学（第四版）》，人民卫生出版社 1996 年版，第 1 页。

去解释涉及大范围人群的疾病的发生、发布和变化情况，从而探索疾病的发生原因。将疫学的方法用于因果关系的证明，即为疫学因果关系理论（或称流行病学的因果关系）。疫学因果关系理论最早起源于日本熊本县的"水俣病"案①，后来又在德国的"康特根"案②中运用。根据此理论，对于科学法则无法确证行为引起结果的详细机理的场合，通过运用疫学上的统计方法，在大量观察的基础上，判明原因和结果之间存在引起和被引起的关系且其发生概率已达到排除合理怀疑的程度，就肯定存在因果关系。在具体的判断中，认定某因子与疾病之间存在因果关系，须符合四个条件：第一，该因子是在发病前的一定期间发生作用；第二，该因子的作用程度越显著，则该病患者的比率越高；第三，根据该因子的发生、扩大等情况所作的疫学观察记录，能够说明流行特征而没有矛盾；第四，该因子作为原因起作用的机制与生物学并不矛盾。③

疫学因果关系的特殊之处在于运用科学法则无法确证条件关系之时，通过统计学上的高盖然性来认定因果关系的存在。正是基于此，疫学因果关系也受到了诸多批判。西田典之教授就认为，流行病学的因果关系出于防疫的必要采取的是"存疑则罚"，与刑法学上的因果关系必须遵守"存疑则不罚"并不相同，因此不能因为存在流行病学的因果关系便认定存在刑法上的条件

---

① 1956 年，日本熊本县水俣湾周围的居民多发原因不明的怪病，被称为水俣病。发病原因在医学上、生理上不能得到证明，但地处水俣市的肥料公司的工厂所排放的含有水银的废水，污染了水俣湾的鱼贝类，认定吃了该鱼贝有很大可能患上此病。日本裁判所根据流行病学的理论，推定肥料公司的排污和水俣病的发生存在着因果关系，认定肥料公司的经理和工厂厂长犯有业务上的过失致死伤罪。

② 此案又译作"康特甘"案或"擦里刀米德"案。1957 年 10 月，西德的一家药品公司（德文名称：Chemie Grünenthal）开始销售名为"康特根"（Contergan）的镇静催眠类药物。由于该药物在治疗妊娠恶心、呕吐方面具有显著疗效，从而为很多国家的孕妇广泛使用。1961 年 11 月，德国汉堡大学儿科遗传学家 Widulind Lenz 发现，社会上日益增多的畸形儿大都与孕妇服用该药物有关。同年 12 月，澳大利亚妇产科医师 Willian McBride 首次发表报告称"海豹肢畸形儿"与康特根存在密切关系。根据不完全统计，自 1958 年至 1962 年四年间，在全球发生的 12000 多例畸形儿中，有 8000 多例是由康特根诱发的，其中死亡人数达 5000 多人。由于当时的科学无法证明安眠药对胎儿先天性畸形的发病机理，德国裁判所根据疾病的发生频度、地理分布以及药品的销售量、被害人服用药品的时间，推定康特根安眠药是疾病的发病原因，追究了被告的责任。

③ ［日］野村稔：《刑法总论》，全理其、何力译，法律出版社 2001 年版，第 142 页。

关系。① 但是主流的观点仍然持肯定态度。疫学因果关系虽然缺乏科学法则的确证，但是其要求的高度盖然性是达到了相当程度足以排除合理怀疑的，支持此理论的学者都强调这一点，如大谷实教授认为应达到"没有超过合理怀疑的限度"，② 大塚仁教授认为应达到"不可怀疑地存在着疫学上高度的盖然性"，③ 耶赛克教授认为应达到"极高的盖然性"，要求"其他原因合理地未被考虑"。④ 就这个意义而言，可以认为疫学因果关系是符合法律真实要求的条件关系，从而确认其正当性。本书赞同肯定说的立场，刑法上对于事实因果关系的判断，最终是为了解决归责问题，不同于科学上或者哲学上的因果关系，从规范的立场来看，根据排除合理怀疑程度的高度盖然性的统计学判断来认定存在刑法上的因果关系，已经达到刑事证明标准，可以据此要求行为人承担刑事责任。鉴于疫学因果关系的特殊性，需要合理限制其适用范围，方不至于产生"存疑则罚"的问题。

根据德国和日本已有的判例，疫学因果关系主要适用于公害犯罪和产品责任犯罪。食品安全犯罪作为产品责任犯罪的一种，当然也可以适用。在食品安全犯罪案件中，疫学因果关系作为条件关系的补充，只有在科学法则不能确证的情形下才可以运用。相反，如果现有的科学法则能够证明，则可以直接认定案件的因果关系。另外，疫学因果关系是建立在统计学基础上的，主要运用在集体受害的情形，需要受害人的数量满足统计学的要求，如果受害人只有一人或者人数太少，缺乏统计基础，是难以运用疫学因果关系的。所以，在探讨疫学因果关系的论文中，经常举例的是我国1980 年王娟诉青岛市化工厂氯气污染损害赔偿案，因为受害人只有一人，并不符合疫学因果关系运用的前提。在具体运用疫学因果关系时，要严格遵循流行病学的研究方法去确定行为与结果之间是否存在高度盖然性，避免偏倚和错误。

----

① ［日］西田典之：《日本刑法总论（第二版）》，王昭武、刘明祥译，法律出版社 2013 年版，第 79 页。

② ［日］大谷实：《刑法总论》，黎宏译，法律出版社 2003 年版，第 167 页。

③ ［日］大塚仁：《刑法概说（总论）》，冯军译，中国人民大学出版社 2003 年版，第 168 页。

④ ［德］汉斯·海因里希·耶赛克、托马斯·魏根特：《德国刑法教科书（总论）》，徐久生译，中国法制出版社 2001 年版，第 345 ~ 346 页。

二、实践中对生产、销售问题食品犯罪因果关系的认定

（一）实践中对因果关系认定的忽视及其原因

在司法实践中，对于生产、销售问题食品犯罪，真正卡壳于因果关系问题造成无法认定犯罪的情形少之又少，在此类案件中对于因果关系的认定并不重视。原因主要有以下几方面：

一是在造成危害结果的食品安全案件中，事实上的因果关系经过专业鉴定基本能够证明。尽管当下我国食品安全形势严峻，然而真正发生原因不确定的食品中毒事故或者其他严重食源性疾病几乎没有，之前发生的"山西假酒案""阜阳劣质奶粉案""三聚氰胺奶粉案"，涉案食品的危害性和致病原理不存在疑问，在现有科学条件下完全能够证明，不存在事实层面的因果关系不明或难以证明需要引入新的因果关系理论的问题。

二是罪名本身提供了替代性选择。生产、销售有毒、有害食品罪作为行为犯，不以发生危害结果为入罪条件，其量刑情节除了要求"对人体健康造成严重危害""致人死亡"之外，还有"其他严重情节""其他特别严重情节"可以选择适用，主要考察生产、销售金额、食品性质等因素，可以规避对行为与危害结果的因果关系的认定。生产、销售不符合安全标准的食品罪作为具体危险犯，也不以发生实害结果为入罪条件，其量刑情节除了要求"对人体健康造成严重危害""后果特别严重"以外，也同样提供了"其他严重情节"的替代性选择。除此之外，根据我国刑法第 149 条关于罪名竞合的规定，还可以选择适用以销售金额为定罪量刑标准的生产、销售伪劣产品罪，完全回避因果关系的认定问题。这种替代性选择的存在，使得因果关系的认定并不成为实践中办理食品安全案件的重大难题。

三是当下办理的食品安全案件多数未出现危害结果。在当下预防为主的理念下，对危害食品安全犯罪的打击并不同于过去，并非是发生了严重食物中毒事故或者其他严重食源性疾病才启动刑事追诉，往往是还未出现危害结果，行为人生产、销售问题食品的行为就被查处了。这时自然不需要判定因果关系的问题。

虽然因果关系的认定并非办理生产、销售问题食品犯罪中的普遍性突出

难题，但是此问题本身的重要性不容忽视，尤其在认定不同量刑情节时需要证明行为与危害结果的因果关系，直接影响量刑轻重，关乎被告人的切身权利。

（二）对实践中因果关系认定的反思："三聚氰胺奶粉"案

在已有的涉及因果关系认定的食品安全案件中，"三聚氰胺奶粉"案是最有代表性的。在此案中，涉案人数众多，定罪罪名也不尽相同，可以分为三类：

一是三聚氰胺的生产者、销售者，以张某某为代表的农民。张某某以每吨 8000 至 12000 余元不等的价格将自己配制的"蛋白粉"（以三聚氰胺和麦芽糊精为原料）卖给其他经销商，随后又被多个地方的奶厅（站）的经营者添加到原奶中并出售给三鹿等多家奶制品生产企业。法院最终认定张某某构成以危险方法危害公共安全罪，判处死刑。①

二是三聚氰胺的添加者，以耿某某为代表的奶厅（站）经营者。耿某某在购买了大量"蛋白粉"后，多次按每 1000 公斤原奶添加 0.5 公斤"蛋白粉"的比例，将 434 公斤"蛋白粉"添加到 90 余万公斤原奶中，销售给三鹿集团等处，销售金额 280 余万元。法院最终以生产、销售有毒、有害食品罪判处耿某某死刑。②

三是含有三聚氰胺奶制品的生产者、销售者，以田某某为代表的三鹿集团高管。三鹿集团在明知其婴幼儿系列奶粉中含有三聚氰胺的情况下，为减少损失，决定对库存产品三聚氰胺含量 10mg/g 以下的继续销售。另外，经田某某同意，三鹿集团将含有三聚氰胺的原奶，转送到其他加工厂与其他原奶混合进入加工程序，分别生产了原味酸奶、益生菌酸奶、草莓酸酸乳等含有三聚氰胺的液态奶，其中三聚氰胺含量均超过 20mg/g，并全部销售。法院

---

① 河北省高级人民法院（2009）冀刑一终字第 57 号刑事裁定书。

② "'三鹿'刑事犯罪案犯张玉军耿金平被执行死刑"，载新华网，http://news.xinhuanet.com/legal/2009 - 11/24/content_ 12532123_ 1. htm，2016 年 12 月 25 日访问。

最终以生产、销售伪劣产品罪判处田某某无期徒刑。①

在这三项判决中，关于行为与危害结果的因果关系的认定，其难题并不在于事实因果关系。在法院判决中，明确将中国疾病预防控制中心的文件列为书证，证明三聚氰胺是一种常用的化工原料，是一种低毒物质。三聚氰胺不是食品原料，也不是食品添加剂，不允许添加到原奶及其他食品中。根据临床观察和流行病学调查，三聚氰胺进入人体后，容易在泌尿系统形成结石，阻塞尿路，引发一系列症状，严重者可发展为急性肾功能衰竭。三聚氰胺是一种对人体有毒有害的非食品原料。② 另外，世界卫生组织的评估报告证明三聚氰胺本身是一种低毒性物质，要达到产生肾结石的程度需要摄入量超过一定阈值，在限定标准之内摄入三聚氰胺不会对人体健康产生不良影响。之所以会导致如此多的婴幼儿产生肾结石或尿道结石，是超量摄入三聚氰胺，其与尿液中的正常排泄物尿酸产生了结合，形成结晶，最终产生了结石。③因此，法院已足以认定婴幼儿的死伤结果与食用含三聚氰胺奶粉之间的因果关系。判断的难题实在于各行为人的具体行为与危害结果之间究竟是否存在因果关系，能否用证据予以证明。

在具体因果关系有无的证明上，法院的判决存在问题。在这三项判决中，法院以证据不足、因果关系无法查明而否定了三鹿集团生产销售问题奶粉的行为与婴儿死伤结果之间的因果关系，因为最终被法院认定的犯罪行为仅是三鹿集团 2008 年 8 月 2 日至 9 月 12 日之间的生产、销售行为，作为集团董事长的田某某也仅对这期间的行为负责，从证据上看这期间的行为造成了何种后果确实难以查明。这个判断当属没有争议。但是，法院在关于张某某和

---

① "石家庄三鹿集团股份有限公司、田某某、王某某、杭某某、吴某某生产、销售伪劣产品案案例选登"，载《中华人民共和国最高人民检察院公报》2009 年第 4 号（总第 111 号），第 25 ~ 28 页。

② 河北省高级人民法院（2009）冀刑一终字第 57 号刑事裁定书。

③ Toxicological and health aspects of melamine and cyanuric acid: report of a WHO expert meeting in collaboration with FAO, supported by Health Canada, Ottawa, Canada, 1 - 4 December 2008, 载 http://apps. who. int/iris/bitstream/10665/44106/1/9789241597951_ eng. pdf, 2016 年 12 月 21 日访问。

耿某某的判决中，认定了二人的行为与婴儿死伤结果之间存在因果关系。[①]
以法院对张某某的判决为例，法院认为"多名婴幼儿死亡、众多婴幼儿患病
的原因均是因食用被三聚氰胺污染的原奶制成的奶制品造成的，国家为检查
和救治患病婴幼儿投入了巨额资金，众多奶制品企业和奶农的正常生产、经
营因此受到重大影响，经济损失巨大。张某某大量生产、销售，造成了危害
不特定多数人的身体健康、生命安全和重大财产损失。虽然危害后果系经生
产"蛋白粉"到销售、往原奶中添加，再到售予奶制品企业、制成奶制品，
再经流通环节直到被消费者所食用等多个复杂的环节所产生，但张某某生产、
销售的"蛋白粉"的唯一用途就是往原奶中添加，危害结果的产生与其生
产、销售行为具有因果关系，张某某依法应当对危害后果承担刑事责任。"[②]
该认定理由实际上并不充分，虽然判决中证明了三名死亡婴幼儿系长期食用
三鹿集团生产的婴儿奶粉，未食用过其他奶粉，但是在案证据并不能证明奶
粉中所含三聚氰胺系张某某生产、销售的，因为张某某只是众多生产、销售
含三聚氰胺"蛋白粉"的人之一。根据疑罪从无的原则，只能得出导致婴幼
儿死亡的三聚氰胺不是由张某某生产、销售的。关于耿某某的行为与危害结
果的因果关系也存在同样的问题，其只是向收购原奶中添加"蛋白粉"的人
之一，三鹿集团收购的含"蛋白粉"的原奶也不限于耿某某的。因此，如果
从证据上不能证明犯罪行为在实际导致死亡结果的因果流程中发挥了作用，
那就谈不上将危害结果归责于行为人。

综上，"三聚氰胺奶粉"案所涉及的因果关系证明难，既不是在归因层
面不能被科学法则确证，也不是在归责层面存在适用难题，本质上是现有证
据不足以证明真实的因果流程。无论选择何种因果关系理论，都不能规避疑
罪从无原则的约束。理论上对于疫学因果关系的重视和呼吁与实践中面临的

---

① 虽然搜索不到关于耿某某的刑事判决书，但是从新闻报道、最终的判决结果可知，法院以生
产、销售有毒、有害食品罪判处耿某某死刑，就是肯定耿某某向原奶中添加三聚氰胺的行为与婴儿的
死伤结果之间存在因果关系，因为依据当时生产、销售有毒、有害产品罪的规定（2011 年 2 月 25 日
通过的《刑法修正案八》才对此罪作了修改），"在生产、销售的食品中掺入有毒、有害的非食品原
料的，致人死亡或者对人体健康造成特别严重危害的，依照本法第 141 条的规定处罚"，只有达到致
人死亡或者对人体健康造成特别严重危害的，才会被判处死刑。
② 河北省高级人民法院（2009）冀刑一终字第 57 号刑事裁定书。

问题并不十分贴切。未来如果遇到类似德国"康特根"案的问题，疫学因果关系或有用武之地，当下更需要的是重视对因果关系相关事实因素的查明及认定，如果不能形成完整的证据链，在证明标准上达到排除合理怀疑的程度，就不能据此认定行为与危害结果之间存在因果关系。

第三节　生产、销售问题食品犯罪的主观罪过及其认定

上文已经提到，生产、销售问题食品的行为可能构成的三个罪名在主观罪过形式方面是相同的，只是具体的罪过内容根据罪状表述有所差异，其在实践中遇到的认定难题具有相似性，因此在此一并讨论。学界通说认为，三个罪名的主观罪过形式为故意，包括直接故意和间接故意两种形式。[①] 但是，也有观点认为，生产、销售有毒、有害食品罪的主观罪过形式只能是间接故意，而非直接故意，否则将构成投放危险物质罪，而非此罪。[②] 甚至还有观点认为，对于生产、销售有毒、有害食品罪的生产者来说，间接故意和过失都可以构成此罪，而对于销售者来说，其主观心态应该是间接故意。[③] 本书赞同通说的观点，这三个罪名的主观罪过形式应当包括直接故意而不包含过失，行为同时触犯投放危险物质罪的，属想象竞合犯，应从一重罪论处。不包含过失的原因为过失犯罪只有在刑法规定时才负刑事责任，而刑法条文并没有相应规定。

学界通说认为，犯罪故意由认识因素和意志因素两个方面构成。仔细分析，从学理上而言，意志因素是界定犯罪故意的关键。根据通说，在明知危害结果可能发生时，行为人究竟是出于故意还是过失，关键要看行为人是否

---

① 高铭暄、马克昌主编：《刑法学（第七版）》，北京大学出版社、高等教育出版社 2016 年版，第 416～425 页。王作富主编：《刑法分则实务研究（上）（第三版）》，中国方正出版社 2007 年版，第 236 页。张明楷：《刑法学（第四版）》，法律出版社 2011 年版，第 550～560 页。周光权：《刑法各论讲义》，清华大学出版社 2003 年版，第 216～235 页。

② 熊选国：《生产、销售伪劣商品罪》，中国人民公安大学出版社 1999 年版，第 139 页。

③ 李崧源、黄梅珍："略论生产、销售有毒、有害食品罪的几个问题"，载《东南大学学报（哲学社会科学版）》2009 年第 2 期。

希望或者放任危害结果的发生。但是，在司法实践中，由于意志因素是一种极为微妙的心理状态，很难予以证明，并不是认定的焦点，而有相对实在内容的认识因素对于判断主观罪过有着更为重要的作用，尤其是在认定生产、销售问题食品行为构成何罪时更是如此，因为可能构成的三种犯罪都不是结果犯，并不必然存在希望或者放任危害结果的问题。因此，要准确判断犯罪故意中的认识因素就要探究"明知"的含义和内容，这是在个案中认定行为人是否"明知"的重要基础。

一、"明知"的含义

（一）如何理解"应当知道"：证据法上的推定

在我国刑法司法解释中，通常将明知解释为知道和应当知道。如《最高人民法院、最高人民检察院关于办理生产、销售伪劣商品刑事案件具体应用法律若干问题的解释》第9条规定："知道或者应当知道他人实施生产、销售伪劣商品犯罪，而为其提供贷款、资金、账号、发票、证明、许可证件，或者提供生产、经营场所或者运输、仓储、保管、邮寄等便利条件，或者提供制假生产技术的，以生产、销售伪劣商品犯罪的共犯论处。"学界关于明知的理解，可以归纳为两种不同的观点：一是"确定说"，认为明知就是确知，就是对将来要发生的事实及其危害性的明白知晓；二是"可能说"，认为明知当然包括确知，但不限于确知，还包括一定条件下的"应知"，即根据行为人的主观认识能力和行为时的客观情况，而合理推断出行为人当时应当知道，也就是所谓的"推定的明知"。①

根据这种二分法，所谓的"应当知道"或者"推定的明知"，究竟是行为人事实上不知道而在法律上推定其知道，还是根据事实证据可以合理推断行为人不可能不知道，并没有较为一致的结论，在具体案件的认定中也容易出现相左的意见，影响对主观罪过的判定。对此，有的学者认为，"应当知道"本质上更像是过失，实际上是一种没有认识到的客观状态，是一种潜在

---

① 贾宇主编：《刑法学》，中国政法大学出版社2009年版，第110页。

的认识状态。① 有的学者认为，从司法解释看，"应当知道"实际上是一种事实推定，并非行为人的认识状况本身，而是一种判定方式。②还有学者进一步指出，"应当知道"在立法和司法中是指一种可以推定为"明知"的方式，进而主张采用"推定故意"概念，以与现实故意相区分。③

　　分析至此可以看出，对"应当知道"的理解涉及证据法上关于"推定"的概念。从证据法而言，推定利用基础事实来认定推定事实成立，是一种认定案件事实的方法，属于替代司法证明的方法最重要的一种。④ 推定不同于推论、推断或推理，前者是一种替代司法证明方法，非逻辑方法。而推论、推断或推理则属于作出判断或认定事实的逻辑方法。就推定而言，可以区分为"法律推定"和"事实推定"，"法律推定"是指那些被法律所确立的推定，最典型的例子是我国刑法关于巨额财产来源不明罪的规定；"事实推定"是那些法律没有规定但由法官作为经验法则和逻辑法则所运用的推定，需要说明的是，这种推定不等于推论、推断或推理，而是基于经验法则和逻辑法则所作的跳跃式的事实认定。⑤ 由此可知，在司法解释中经常出现的"应当知道"，实质上是关于"明知"要素的"法律推定"，并非是"明知"的一种含义。

　　（二）如何理解实体法上的"明知"：一种主观认识状态

　　厘清了"应当知道"的含义，就能回归刑事实体法的本源来探析"明知"，而不再与证据法上的推定明知相混淆。作为犯罪故意的认识因素，"明知"是指行为人对行为对象、行为结果等犯罪构成事实的认知状况，与刑事证明的标准和方法无关。

　　"明知"作为一种主观认识状态如何理解，学界也有不同看法。比较有代表性的观点认为，"明知"凭借其较高的认识可能性，能够明显区分于

────────

　　① 张明楷："如何理解和认定窝赃、销赃罪中的'明知'"，载《法学评论》1997 年第 2 期，第 88～89 页。

　　② 于志刚："犯罪故意中的认识理论新探"，载《法学研究》2008 年第 4 期，第 97 页。

　　③ 推定故意是相对于现实故意而言的；现实故意是指有证据证明的故意，而推定故意是指没有证据能够直接证明，但根据一定的证据可以推定行为人具有某种故意，行为人如果否认自己具有此种故意，必须提出反证。陈兴良："'应当知道'的刑法界说"，载《法学》2005 年第 7 期，第 83 页。

　　④ 陈瑞华："论刑事法中的推定"，载《法学》2015 年第 5 期，第 106 页。

　　⑤ 同上书，第 106～107 页。

"预见"。① 也有的学者认为，如果按照认识程度进行分类，"明知"应当包括"明确知道"和"可能知道"。其中，"可能知道"是指对特定犯罪对象的一种概括性认识，即有个大体性的认识，而不是毫无认识。② 还有的学者认为，"明知"就是"知道"，就认识的程度而言不仅可以是确定性认识，也可以是可能性认识，不限于可能性程度很高的认识。③

综上，不同学说争论的焦点在于"明知"是否对认识可能性程度有所要求。本书认为，"明知"作为界定犯罪故意的重要语词，最终的指向是与犯罪过失的主观认识状态相区别，理所当然应该对认识可能性程度有所要求。比较我国刑法第 14 条、第 15 条关于故意和过失犯罪的规定，可以认为"明知"要求认识程度具有较高的可能性。因此，"明知"应该有两种含义：一是明确知道，即明确认识到构成要件犯罪事实；二是可能知道，即认识到构成要件犯罪事实具有高度盖然性存在。在具体个案中关于"可能知道"需达到何种认识程度，需要配合意志因素一并考虑。一般而言，在认定犯罪故意时，高度的认知因素可以匹配低度的意志因素，低度的认知因素需匹配高度的意志因素。

（三）区分总则的"明知"和分则的"明知"

除了我国刑法总则规定了"明知"外，刑法分则中许多地方也规定了"明知"。前者侧重的是对行为危害后果的认识状态，但不限于行为的危害后果，对犯罪对象的认识也是其应有之义；后者是对特定犯罪对象的认识状态，如对幼女、赃物、假币、毒品等。需要指出的是，分则规定的"明知"实际是一种强调性规定。正如陈兴良教授所指出的，在刑法中对特定客体有明知规定的只是极少数，而大多数都没有明知的规定，但这并不意味着在这种刑法没有规定的情况下就不需要明知。④

---

① 高铭暄、马克昌主编：《刑法学（第七版）》，北京大学出版社、高等教育出版社 2016 年版，第 93 页。

② 于志刚："犯罪故意中的认识理论新探"，载《法学研究》2008 年第 4 期，第 98 页。

③ 邹兵建："'明知'未必是'故犯'：论刑'明知'的罪过形式"，载《中外法学》2015 年第 5 期，第 13 页。

④ 陈兴良："奸淫幼女构成犯罪应以明知为前提——为一个司法解释辩护"，载《法律科学》2003 年第 6 期，第 23 页。

因此，尽管没有明文规定，但是否在"明知"的支配下向食品中掺入有毒、有害的非食品原料，是认定某一行为是否构成生产、销售有毒、有害食品罪的关键。之所以对销售行为作此强调性规定，是由于单独的销售者不参与食品的制作过程，如因确不知情销售了有毒、有害食品，就不应当认定为此罪。同理，生产、销售不符合安全标准的食品罪和生产、销售伪劣产品罪，无论是生产者还是销售者都需要在主观上明知生产、销售的食品的性质。

二、"明知"的内容

"明知"由事实性认识和规范性认识两个方面构成。

（一）"明知"中的事实性认识

事实性认识是指行为人对构成要件事实的明知，具体而言就是对犯罪构成客观方面的事实，如行为、行为的对象、行为的时间、地点和方法、手段、行为的结果、行为与结果之间的因果关系以及其他的特殊客观要件的明知。[①]如前所述，对于生产、销售有毒、有害食品罪，行为人必须在"明知"的支配下，向食品中掺入有毒、有害的非食品原料或者销售含有该原料的食品。生产、销售有毒、有害食品罪是行为犯，行为结果不是构成要件要素，因此并不要求行为人对行为结果有明知。正是基于此，行为人的主观恶性只能通过对行为对象即食品性质的明知来体现，所以要求行为人既要明知其掺入的非食品原料有毒、有害，又要明知其掺入的是非食品原料，不能因为食品安全形势严峻，就任意扩大对"明知"的认识。

构成生产、销售不符合安全标准的食品罪的行为人往往都明知其生产、销售的食品是不符合安全标准的，这一点毫无疑问。但是该罪为具体危险犯，明知的内容是否包括"足以造成严重食物中毒事故或者其他严重食源性疾病"，则在理论上存在不同观点。"实害结果说"认为，故意犯罪的故意，所谓对不法事实的认识，包括了对法益实害结果的认识。[②]"实害结果＋危险结

[①]　舒洪水："生产、销售有毒、有害食品罪中'明知'的认定"，载《法学》2013年第8期，第147页。

[②]　黄荣坚："故意的定义与定位"，载黄荣坚：《刑罚的极限》，元照出版社1999年版，第361～362页。

果说"认为，危害结果包括危险结果和实害结果，结果犯的场合，需要有可能造成实害结果的认识；危险犯的场合，需要有可能造成危险的认识。[①] 本书认为，"实害结果 + 危险结果说"更为合理，在危险犯的场合，对可能造成危险的认识与对行为、行为对象的认识是紧密相连、不可分割的。危险犯在没有造成实害结果的场合，如果行为人对可能造成的危险缺乏明知，那就很难说其对行为、行为对象的危险性质有明知。因此，明知的内容应当包括"足以造成严重食物中毒事故或者其他严重食源性疾病"。

关于生产、销售伪劣产品罪属于行为犯，要求行为人只需对其行为和行为对象有明知，而并不要求其明知销售金额达到法定数额。

（二）"明知"中的规范性认识

所谓规范性认识是指行为人认识到构成要件事实的规范意义。在我国刑法理论界，犯罪故意明知的内容是否需要包括规范性认识、应该包括什么规范性认识，一直争议不断。通说认为，故意的成立不要求行为人明知行为及结果的刑事违法性。[②] 但是，随着研究的不断深入，通说受到了挑战。同时，围绕规范性评价的内容形成了诸多不同的学说，具有代表性的有以下五种：一是认为规范性认识的内容是社会危害性认识；[③] 二是认为规范性认识的内容是违法性认识；[④] 三是认为违法性认识和社会危害性认识都必须具备；[⑤] 四是认为具备违法性认识和社会危害性认识两者之一便可；[⑥] 五是违法

① 黎宏：《刑法总论问题思考》，中国人民大学出版社 2007 年版，第 257～258 页。冯军：《刑事责任论》，法律出版社 1996 年版，第 155 页。

② 高铭暄、马克昌主编：《刑法学（上编）》，中国法制出版社 2000 年版，第 205 页。王作富主编：《刑法》，中国人民大学出版社 1999 年版，第 88 页。马克昌主编：《犯罪通论》，武汉大学出版社 1999 年版，第 332 页以下。姜伟：《罪过形式论》，北京大学出版社 2008 年版，第 117 页。

③ 姜伟：《犯罪故意与犯罪过失》，群众出版社 1992 年版，第 145 页。

④ 陈兴良："故意责任论"，载《政法论坛》1995 年第 5 期，第 57 页。冯军：《刑事责任论》，法律出版社 1996 年版，第 203 页。田宏杰：《违法性认识研究》，中国政法大学出版社 1998 年版，第 44 页。贾宇：《罪与刑的思辨》，法律出版社 2002 年版，第 196 页。黎宏：《刑法总论问题思考》，中国人民大学出版社 2007 年版，第 251 页。田宏杰：《违法性认识研究》，中国政法大学出版社 1998 年版，第 44 页。

⑤ 刘艳红、万桂荣："论犯罪故意中的违法性认识"，载《江海学刊》2003 年第 5 期，第 128 页。

⑥ 赵秉志主编：《海峡两岸刑法总论比较研究》，中国人民大学出版社 1999 年版，第 248 页。

性认识和社会危害性认识均非须认识的内容。① 本书赞同第二种观点，理由如下：

第一，认为规范性认识的内容是违法性认识，符合责任主义的要求。责任主义的要义在于限制国家刑罚权，避免惩罚无过错的行为，使惩罚正当化，进而保护个人自治。② 犯罪故意中，行为人基于对合法与不法的清晰认识，能够在这两者之间进行选择，也即认为行为人的意识中存在违法性的认识，这就使得其意志决定与法律或法律所保护的利益发生了冲突。这就是犯罪故意的责任根据所在。③ 日本学者小野清一郎也表达过类似观点。他认为故意本质特点在于以违法的意识实施行为，而不在于对犯罪事实的认识。④ 责任主义作为近现代刑法的基石，只有坚持违法性认识肯定说才能证成责任的根据即谴责可能性或者非难可能性。

第二，认为规范性认识的内容是违法性认识，符合罪刑法定原则的要求。罪刑法定原则不仅限制裁判者不能任意出入人罪，而且是对公众在法不禁止的情形下自由行事的保障，发挥法律的预测功能，保障公众对自身行为的预测和期待。罪刑法定原则的子原则之一是明确性原则，将社会危害性认识作为明知的规范性认识内容显然不符合这一要求。"社会危害性"是一个相当宽泛且抽象的概念，⑤ 法律规范、道德规范、社会规范都对判断社会危害性有影响。然而，对违法性的判断则十分明确。而且在确信犯的情形，⑥ 如果认为社会危害性认识是"明知"规范性认识的内容，在认定行为是否构成犯罪时就会陷入解释困境。相反，违法性认识说就能很好地解决这个问题。

第三，违法性认识的要求不会成为犯罪人逃避惩罚的借口。违法性认识

---

① 杨兴培：《刑法新理念》，上海交通大学出版社 2000 年版，第 138 页。

② 劳东燕："责任主义与违法性认识"，载《中国法学》2008 年第 3 期，第 153 页。

③ 陈磊：《犯罪故意论》，中国人民大学 2011 年博士学位论文，第 188 页。

④ 转引自冯军："违法性意识"，见赵秉志主编：《刑法新探索》，群众出版社 1993 年版，第 251 页。

⑤ 赵秉志主编：《刑法争议问题研究（上卷）》，河南人民出版社 1996 年版，第 289 页。

⑥ 确信犯是指基于不同的世界观，在政治和宗教等信仰支配下，实施危害社会的行为。行为人尽管知道自己的行为违反现行的法律，但是基于特别的信仰，坚信自己的行为于己、于人、于整个社会都是有利的。

存在与否与如何认定是两个层面的问题，不能混淆，以认定的困难来否定其存在不具有逻辑自洽性。对于违法性认识在司法实践中面临的证明困难，要一分为二地看。行为人主观罪过的认定本来就不易，对违法性认识有无的认定并不必然比对事实性认识的认定更难，而且这两个方面的认识是密切相关的，有时甚至会混同。另外，如何认定违法性认识，与违法性认识的具体内容、认定标准等方面关系甚大，合理界定违法性认识的具体内容和认定标准就可以在很大程度上缓解认定的困难。关于违法性认识的内涵，理论上有争议，由于篇幅所限不在这里一一讨论，本书赞同通说的观点，即违法性认识，就是行为人认识到其行为为法律所不容，至于是何种法律则在所不问，但并不包括伦理道德规范等非法律规则。① 在认定违法性认识有无时，一般情况下只要原则上认定行为人对构成要件有所认识，便能判定其具有违法性认识，只有个别例外的情况下，事实性认识才会出现与违法性认识相脱节的情况。②

综上，"明知"的内容包括违法性认识。在生产、销售问题食品犯罪中，行为人作为食品生产、销售人员理所当然应知晓相关的食品安全法律法规。所以，在一般情形下，行为人只要明知生产、销售的食品性质，就可以认定其明知行为的违法性。生产、销售问题食品犯罪的法定犯特征决定了，行为人对构成要件的事实性认识和违法性认识是交织在一起，难以割裂的。对食品性质的认识与对相关食品安全标准的认识紧密相连，而前者正是食品安全法律规范的具体体现。

三、"明知"的认定

在司法实践中，认定生产、销售问题食品犯罪的行为人主观上具备"明知"，比较困难，尤其是对只有销售行为而没有生产行为的行为人的主观方面的认定。在前文分析"明知"的含义时，着重厘清了"应当知道"这一司法解释常用语是指法律推定，那么就"明知"的认定而言，从类型上可以分

---

① 赵秉志主编：《刑法争议问题研究（上卷）》，河南人民出版社 1996 年版，第 302 页。
② 黎宏：《刑法总论问题思考》，中国人民大学出版社 2007 年版，第 259 页。

为三种：一是直接确证，即行为人自己供述明知；二是间接推断，即通过客观证据形成完整证据链从逻辑上推断出行为人明知；三是推定，通过法律推定或事实推定得出行为人明知的结论。第一种类型在认定上不存在困难，容易产生争议的是第二种和第三种类型的认定，下文将在梳理常见的影响"明知"认定的事实情节的基础上，结合案例对司法实践中遇到的问题进行分析。

（一）常见的影响"明知"认定的事实情节

对于生产或生产并销售问题食品的行为人，根据司法实践的经验总结，下列情形应该在认定其明知的过程中重点考虑：一是在食品生产经营活动中添加法律规范所禁止添加或使用的物质；二是在食品生产经营活动中添加了食品添加剂目录之外的物质；三是在食品生产过程中添加了允许添加的食品添加剂目录范围之外的物质；四是在食品生产过程中超过限定值或超范围添加食品添加剂；五是曾被有关部门查处而被收回又重新将问题食品再生产的。

对于仅销售问题食品的行为人，根据司法实践的经验总结，下列情形应该在认定其明知的过程中重点考虑：一是食品的物理外观是否正常，颜色和味道是否正常；二是食品的成交价格是否合理，是否明显低于同质量食品的市场价格；三是食品的外包装是否有质量合格标记，如合格证、质量认证标记的标签等；四是进货渠道是否正当规范，卖方有无合法手续，购买手段是否正当；五是买卖食品的方式、时间地点是否正常，如专门在夜里交运食品（除食品特性有此要求）就属反常；六是食品存放是否具有较强的隐蔽性；七是交易中是否存在较大数额的非法回扣；八是涉嫌问题食品被责令下架后，未经相关部门同意，擅自上架销售的；九是在经营账目、营业发票等会计凭证上弄虚作假试图掩盖交易真实性。

对于行为人的生产、销售行为是否在明知的情况下进行，还应当考虑下列因素：一是生产、销售活动是否在监管部门明令禁止或预警的情况下仍然继续进行；二是是否在案发后转移或销毁其生产、销售的食品；三是对生产、销售的食品提供虚假质量证明；四是行为人是否食用自己生产、销售的食品，以及行为人的年龄、文化程度、社会经历、职业、职务等。①

以上梳理总结的事实情节，在司法实践中不能单一地看，要结合涉案食品的特性、生产销售的具体方式、行为人的身份背景等因素进行综合分析。尤其值得注意的是，生产、销售问题食品涉及的三个罪名的行为对象性质并不一样，因此在具体认定"明知"时，也需要区别对待。例如，生产过程中添加了食品添加剂目录范围之外的物质，可以认为行为人对生产不符合安全标准的食品或伪劣产品具有明知，但是难以据此便认定其对生产有毒、有害食品也同样具有明知，对此要结合添加物质的具体性质、食品行业的普遍状况、行为人的认知程度等因素进行综合认定。如此才能真正做到主客观相统一。

在具体的案件中，如果证据能够证明的事实情节形成了完整的证据链，可以从逻辑上推断出行为人主观上"明知"，即运用间接推断的方法完成认定，是比较理想的方式。这种证明方式是建立在证据确实、充分的情况下的，但实践中时常没有这般合人意的条件，往往存在证据链有断裂或者有的事实情节没有强有力的证据证明能够达到排除合理怀疑的程度的情况。此时，法官往往会运用第三种类型即推定来判断是否存在"明知"。如前所述，推定存在逻辑上的跳跃，因此在具体认定过程中就难免引发很多争议，下文将结合案例进行讨论。

（二）推定在司法实践中的运用

根据前文的介绍，推定分为法律推定和事实推定。关于生产、销售问题食品涉及的三个罪名，立法机关和最高司法机关都没有出台有关"明知"的法律推定的规定和司法解释。这意味着在此三个罪名中不存在"明知"的法律推定。

值得注意的是，不少地方司法机关为加大对危害食品安全犯罪的打击力度、解决实践中的认定困难，都出台了指导性意见，有的就规定了在某

---

① 在总结以上影响"明知"认定的事实情节时，重点参考了舒洪水："生产、销售有毒、有害食品罪中'明知'的认定"，载《法学》2013 年第 8 期，第 148～149 页。

些情况下可以推定行为人明知。例如，上海市公、检、法、司四部门针对《最高人民法院、最高人民检察院关于办理危害食品安全刑事案件适用法律若干问题的解释》的适用联合发布了实施意见，其中第 16 条规定：《刑法》第 143 条和 144 条的罪名，具有下列情形之一，应当认定犯罪嫌疑人是主观故意的：一是在进货的时候，违反了规定，未向供货商索取食品质量合格证明、检验检疫等文件；二是违反规定销售无质量合格证明、检验检疫证明的食品；三是食品的收购或者销售的价格，明显的低于市场的一般价值且无合理原因的。① 类似这样的规定虽然不具有司法解释的效力，不属于法律推定，但是在司法的实际运作中，这样的指导性文件在当地司法机关是被普遍遵循的，实际上具有准司法解释的效力。所以，其规定的推定也介于法律推定和事实推定之间，具有准法律推定性质，在当地的案件中普遍适用。在刑事法的领域内，尽管大多数的法律推定和全部事实推定都是可能被推翻的，② 但毋庸置疑，前者被推翻的可能要小于后者，且在适用范围上也远大于后者。相应的，这种准法律推定性质的指导性意见，在当地的司法适用中也会起到举足轻重的作用。仔细分析，就会发现有的规定还存在欠缺，而且在有的案件中，当相反事实出现，也未能推翻推定事实，下文将结合案例进行检讨。

案例：田某某生产、销售伪劣产品案。被告人田某某在漯河市创联油脂有限公司上班，负责原料油的采购。其找到肖某某的厂子想购买动物油，经询问，肖表示卖的是以鸡油、鸡板油为原料加工的精炼动物油。田某某在购买之前让肖某某提供了油的样品，后交给公司品保科科长胡某某，胡某某经过化验后出具了样品油合格的报告。于是，田某某自 2010 年 11 月 10 日至 2011 年 5 月 6 日先后购买了 4 次肖某某的油，每次购买，胡某某都出具了检验合格的报告。所购入的油均被创联油脂有限公司精炼后作为烘

---

① "青浦区人民检察院张昌明检察官谈'打击食品安全犯罪 保卫市民餐桌安全'"，载东方网 http://chat.eastday.com/eastday/node3521/node144492/chat/u1a7848398_3.html，2017 年 2 月 1 日访问。

② 不可推翻推定的最典型的例子是我国刑法确立的未满 14 周岁的人一律被视为不具备刑事责任能力的规定，陈瑞华："论刑事法中的推定"，载《法学》2015 年第 5 期，第 107～108 页。

焙用油销售给小帅才食品有限公司和亲亲食品有限公司。这两家公司主要生产儿童食用的雪饼，蛋黄派和饼干等类的膨化食品，其成品油产品都有漯河市技术监督局的质检报告，销售过程中这两家公司化验室人员也对产品质量进行抽检，创联油脂有限公司在销售时都附带这两份检验报告书。法院最终认定田某某犯生产、销售伪劣产品罪，判处有期徒刑七年，并处罚金 50 万元。①

在此案中，法院认定田某某构成犯罪的理由主要是，田某某找到肖某某的厂子敲了好长时间门才开，以及肖某某不让其进厂区，厂子里物品很乱，不是很整洁等情节；田某某明知肖某某的工厂无厂家名号、产品无品牌型号，厂家无合法手续；漯河市创联油脂有限公司的经营许可范围、生产耗用材料明细表、证人孟某某的证言等证据证实其公司的原料油只有猪、牛板油、棕榈油、色拉油和豆油，不存在用"以鸡油、鸡板油为原料加工的精炼动物油"作为原料的事实。② 这些事实情节符合有的司法机关出台的指导性文件中规定的推定情形，就此行为人及其辩护人提出了反证。

仔细分析，这些反证实际上足以推翻对行为人主观故意的推定。首先，《食品安全法》第 50 条第 1 款明确规定了食品生产者负有主动查验供货方的许可资质以及产品合格证明的义务，对于无法提供证明的，应当按照食品安全标准进行检验。因此，田某某虽然明知肖某某生产的动物油没有合格证明，但是其提取了样品交工厂相关专业技术人员检验，检验结果为合格，已足以推翻田某某明知其购买的动物油是伪劣产品。另外，法院认为"创联公司利用所谓的"动物分提油"精炼后销售的行为，客观上是危害社会的行为"。③但是从证据材料来看，创联公司销售的成品油产品有漯河市技术监督局出具的质检报告，而且购买其产品的两家公司化验室人员也对产品质量进行抽检，销售时也都附带这两份检验报告书，法院并没有正当理由认定创联公司销售的成品油是伪劣产品。

综上，行为人进货时未向供货商索取食品质量合格证明，并不能必然推

---

① 山东省临沂市中级人民法院刑事判决书（2012）临刑二初字第 29 号。
② 同上。
③ 同上。

定行为人在主观上明知食品属于伪劣产品或者不符合安全标准。对于有的地方司法机关出台的指导性文件，涉及行为人主观故意推定的，要一分为二地看。一方面，这是地方司法经验的总结，有利于案件的查明和统一司法适用尺度；另一方面要明确这本质上是一种事实推定，是可以推翻的，法官在具体案件中要理性运用，一旦有相反事实出现就应该根据证据情况判断是否应该否定这种推定的运用，不能作为一种准立法规定来对待。

换言之，地方司法机关出台指导性文件规定推定的适用情形，应当持谨慎的态度，不能为了办案的便利和效率，牺牲推定的合理性和正当性。毕竟以推定的方法认定与案件相关事实，并不能达到确信无疑的程度。有时还可能会导致事实认定的错误，甚至造成冤假错案。①

第四节　危害食品安全犯罪的罪名竞合及选择

正如第一章所分析的，就广义的危害食品犯罪而言，涉及罪名众多。在司法实践中，除了经常运用《刑法》第 140 条、143 条和 144 条的罪名对危害食品安全的行为予以规制外，还出现了以非法经营罪、以危险方法危害公共安全罪、投放危险物质罪对危害食品安全的行为定罪处罚的情形。各罪名之间的竞合关系错综复杂，有待厘清，下文将结合案例对实践中比较常见的罪名竞合问题予以分析。②

一、生产、销售问题食品犯罪之间的罪名竞合及选择

规制生产、销售问题食品行为的罪名如上文所述有三个。在这三个罪名中，由于涉案食品的性质不同，其犯罪危害程度、刑罚严厉程度依次递减，犯罪行为在外延上存在包涵和被包涵的关系，如图 15 所示：

---

① 陈瑞华：“论刑事法中的推定”，载《法学》2015 年第 5 期，第 116 页。
② 由于下一节专门探讨食品监管渎职犯罪的相关问题，关于食品监管渎职犯罪的罪名竞合问题就不在本节予以讨论了。

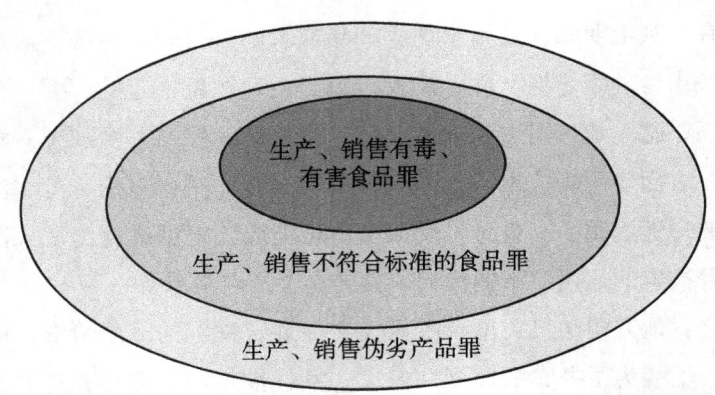

图15 生产、销售问题食品犯罪三个罪名的犯罪行为包涵关系示意图

按理而言，只要根据罪状表述，区分食品性质和行为方式就可以准确适用这三个罪名。但是，由于刑法第149条规定对生产、销售伪劣商品罪这一节的罪名竞合"依照处罚较重的规定定罪处罚"，使得这三个罪名的适用不完全按照"特别法优于一般法"的原则，而是要考虑可能判处刑罚的轻重来选择罪名。如此一来，这三个罪名在司法实践中的适用变得更加复杂，在某种程度上影响了定罪处罚的准确性。

（一）生产、销售有毒、有害食品罪与生产、销售不符合安全标准的食品罪的竞合及选择

作为与危害食品安全相关的两个核心罪名，就构成要件而言，两者除了客观方面不同之外，其余构成要件基本相同。主要区别集中在犯罪对象、行为方式和入罪标准等方面。就犯罪对象而言，前罪的对象为有毒、有害食品，而后罪为不符合食品安全标准的食品。关于这两种食品的异同前文已述，此处不再赘述；就行为方式而言，前罪不仅要求有掺入行为，而且要求掺入的为有毒、有害的非食品原料，而后者则没有此要求；① 就入罪标准而言，前罪是行为犯，而后罪则属于危险犯。

实践中，对于行为人未违规添加有毒、有害原料，而是由于其他环节出现问题，从而导致其所生产、销售的食品有毒、有害的行为，应以生产、销

---

① 高铭暄、马克昌主编：《刑法学（第七版）》，北京大学出版社、高等教育出版社2016年版，第423页。

售不符合安全标准的食品罪定罪处罚。例如，曾某某、张某某销售不符合安全标准的食品案。2014 年 3 月 30 日中午，曾某某在上海市崇明县陈家镇农贸市场内其经营的水产摊位处将 3 条河豚以人民币 40 元的价格销售给被告人张某某。后张某某在崇明县陈家镇陈彷公路某号由其实际经营的宜家小吃店内，将其中一条河豚烧汤后销售给被害人孙某等人食用。之后孙某出现舌头、脚趾发麻等症状，至医院进行洗胃、挂水等治疗，经临床诊断为食用河豚中毒。法院认为，曾某某、张某某二人分别作为水产经营者、餐饮服务提供者应明知河豚属于国家为防控疾病等特殊需要明令禁止销售的食品，仍向他人予以销售，二人的行为均已构成销售不符合安全标准的食品罪，最终以销售不符合安全标准的食品罪分别判处曾某某有期徒刑 10 个月，宣告缓刑 1 年，并处罚金人民币 1000 元；判处张某某有期徒刑 10 个月，宣告缓刑 1 年，并处罚金人民币 1000 元。① 在本案中，尽管河豚是有毒食品，然而被告人并没有主动添加具有毒害性原料的行为，只是在出售的河豚中没有去除有毒物质导致被害人食物中毒，因此罪名定性准确。

按理而言，滥用食品添加剂的行为，即超量使用或超范围使用添加剂的，应当以生产、销售不符合安全标准的食品罪定罪处罚，然而实践中司法机关，尤其是检察机关往往将上述行为按照生产、销售有毒、有害食品罪进行指控，其理由是超范围使用的添加剂就是有毒、有害的非食品原料。例如郑某、叶某生产、销售不符合安全标准的食品案，2013 年 8 月下旬至 2013 年 11 月 16 日期间，郑某、叶某来到浙江省兰溪市租用了云山街道莲花路 17 号，开设湖南鸭霸王卤味店，卤制鸭脖、鸭架、鸭掌等并进行销售。在加工卤制鸭脖、鸭架、鸭掌等卤味过程中，为了让卤味保质增色和不易煮烂，被告人郑某在国家卫生部、国家食品药品监督管理局于 2012 年 5 月 28 日明令禁止餐饮服务单位采购、贮存、使用食品添加剂亚硝酸钠后，仍购置了亚硝酸钠，并在卤制鸭脖、鸭架、鸭掌等卤味过程中添加亚硝酸钠。被告人叶某帮助清洗鸭架、鸭脖等食材，并协助添加亚硝酸钠等添加剂。制成卤味后，被告人郑某、叶某将卤味放在店内销售，或由被告人叶某用车运至兰溪市云山街道莲花路

---

① 上海市崇明县人民法院（2014）崇刑初字第 293 号刑事判决书。

道口予以出售。两名被告人以涉嫌生产、销售有毒、有害食品罪被公诉机关起诉。经法院审理认为，亚硝酸钠系食品添加剂，不属于刑法规定的非食品原料范畴，被告人的行为不符合生产、销售有毒、有害食品罪的构成要件。法院最终认定两名被告人构成生产、销售不符合安全标准的食品罪，[①] 本书亦赞同法院的观点。

（二）生产、销售有毒、有害食品罪、生产、销售不符合安全标准的食品罪与生产、销售伪劣产品罪的竞合及选择

生产、销售伪劣产品罪是一个类似兜底性质的罪名，包括但不限于前两种犯罪行为。前文关于食品性质的区分就充分体现了这一点，因此关于这三个罪名的竞合也基本根据食品性质的区别来处理，再择一重定罪处罚。

实践中，一旦在涉案"地沟油"中检测出有毒、有害物质，均以生产、销售有毒、有害食品罪定罪处罚。虽然生产"地沟油"的行为属于"反向添加"的行为，与"掺入"的行为方式有所不同，但"两高"的司法解释已经明确了将上述行为也按照生产、销售有毒、有害食品罪定罪处罚，为生产"地沟油"的行为定罪扫除了障碍。然而，对于将"地沟油"按一定比例掺入合格油再进行销售的行为应该定何罪，实践中做法不一。

如刘某丁、刘某甲生产、销售有毒、有害食品罪案，2011 年 4、5 月份的一天，江苏某某公司原法定代表人刘某丁提出并与负责该公司食用油生产的刘某甲计划在该公司生产过程中通过购买地沟油掺入米糠毛油中并提炼米糠食用油，以此降低公司的经营成本。于 2011 年 9 月 13 日左右的一天，刘某甲通过贾某甲、贾某乙以每吨人民币 6700 元左右的价格购买了 3 余吨地沟油。在被告人刘某丁的授意下，被告人刘某甲指使工人将该批地沟油注入该公司的盐析罐中，并于 2011 年 9 月 25 日开始将该批地沟油经盐析后，掺入该公司生产食用米糠油的生产原料中并作为"食用油"分别销售给施某、皇甫某等人。至 2011 年 10 月 19 日案发时，该公司的五号、六号成品油罐中尚有 24.142 吨"食用油"未销售，合计应销售金额为人民币 212 449.6 元。案发后，公安机关当场依法予以扣押并提取了相关物证，经江苏省疾病预防控

---

① 浙江省兰溪市人民法院（2014）金兰刑初字第 100 号刑事判决书。

制中心检验，该批食用油苯并芘超标。泰州市食品安全委员会办公室作出《关于江苏省疾控中心检验报告》中食用油脂相关指标检测结果超标的分析意见：大多数检验样品强致癌物质苯并芘超过国家相关标准，长期食用严重危害人体健康安全。① 法院最终以生产、销售有毒、有害食品罪分别判处刘某丁有期徒刑 3 年，并处罚金人民币15 000 元；判处刘某甲有期徒刑 2 年 6 个月，并处罚金人民币11 000 元。在本案中，行为人是将"地沟油"掺入米糠毛油中生产米糠食用油，所掺入的"地沟油"虽然有一定毒害性但本质上属于食品，所以本书认为法院对行为的定性不准确、判决存在错误，应当认定为生产、销售不符合安全标准的食品罪。

此外，对于将"地沟油"按一定比例掺入合格油的行为，即使最终销售的合成油符合质量标准，但其行为方式符合"以假充真、以次充好"的特征，属于一种食品欺诈行为，依然可以生产、销售伪劣产品罪对其进行处罚。②

二、生产、销售问题食品犯罪与其他可选择罪名之间的竞合及选择

实践中，除了运用生产、销售问题食品犯罪涉及的三个主要罪名保护食品安全外，还存在利用其他罪名规制涉食品安全犯罪的情形。如以非法经营罪规制生产、销售非食品原料的行为。对于如何适用罪名实践中并不统一，有的甚至产生了很大的争议。这种争议实际反映了危害食品安全犯罪的罪名设置是否合理，应当认真辨析。

（一）生产、销售有毒、有害食品罪与投放危险物质罪的竞合及选择

投放危险物质罪在行为方式、行为场合和主观原因方面不同于生产、销售有毒、有害食品罪，首先，在行为方式上，前罪表现为将毒害性、放射性、传染病病原体等物质投放到供不特定多数人食用的食品中或者供人、畜等使用的河流、水井等，危害公共安全的行为。其次，在行为发生的地点或场所方面，前罪一般与生产经营活动无关，即使有关也不是行为人自己的生产、经营的。最后，在主观原因上，前罪一般是出于其他原因，与牟利无关，如报复社会、陷害他人等。

---

① 江苏省泰州市海陵区人民法院（2013）泰海刑初字第91号刑事判决书。
② 山东省临沂市中级人民法院（2012）临刑二初字第29号刑事判决书。

在实践中，行为人以牟利为目的，在食品中添加的有毒害性的非食品原料即使属于放射性、传染病病原体等物质，也应该以生产、销售有毒、有害食品罪定罪处罚，除非行为人是出于报复社会等心理，以危害不特定多数人的人身、财产安全为目的，才有适用投放危险物质罪的余地，否则在没有偏离正常的食品生产、经营活动的情况下，不宜动用危害公共安全的罪名即投放危险物质罪处罚行为人。因为仅从词语的抽象意义出发，不区分投放危险物质罪所体现出的对危害不特定多数人的人身、财产安全的积极心态，便将投放危险物质的行为等同于生产、销售有毒、有害食品的行为，实质上是一种名实分离的肆意判断。区分两罪的关键主要在于将毒害性物质掺入食品中的行为，是否偏离正常的生产、经营活动，如果没有应该适用生产、销售有毒、有害食品罪，反之则应该适用投放危险物质罪。如马某某、吴某某投放危险物质案，2011 年 3 月，马某某、吴某某夫妇与合租同一牛棚饲养奶牛的马某甲、张某乙夫妇因琐事发生矛盾，遂产生报复恶念。2011 年 4 月 4 日，马某某与吴某某商议在马某甲家牛奶中投放亚硝酸盐，使牛奶颜色变红或食用者产生腹泻而不再购买马某甲家牛奶转而购买自家牛奶。4 月 5 日上午，吴某某购得 300 克亚硝酸盐交给马某某。当日 14 时许，吴某某目睹马某某抓了一些亚硝酸盐投进马某甲家盛有牛奶的桶中。4 月 6 日 10 时许，马某某见客户不再购买马某甲家牛奶的目的没有达到，再次将一些亚硝酸盐投进马某甲家盛有牛奶的桶中并用手搅拌后返回。用户食用该牛奶后，杨某某、马某乙、余某某之女中毒死亡，35 人中毒住院治疗、7 人出现中毒症状。法院认为，亚硝酸盐曾作为食品添加剂只允许在肉类制品中限量使用，具有很强的毒害性，马某某、吴某某在经营肉制品时使用过亚硝酸盐，并了解其毒性，且被告人出于报复他人目的并造成多数食用者中毒甚至死亡的严重后果，其行为已构成投放危险物质罪。[1]

（二）生产、销售伪劣产品罪与非法经营罪的竞合及选择

这两个罪名的竞合主要出现在私设生猪屠宰厂（场），从事生猪屠宰、销售的行为方面。两罪的竞合属于法定竞合，根据司法解释的相关规定应当

---

① 甘肃省高级人民法院（2012）甘刑一终字第 50 号刑事裁定书。

依照处罚较重的规定定罪处罚。按照现有规定，在两罪竞合时如何选择罪名并不容易产生争议，但是仔细考察立法和司法解释的一系列规定，会发现此"从一重罪"处断的原则并不恰当。

根据《最高人民法院、最高人民检察院关于办理危害食品安全刑事案件适用法律若干问题的解释》的规定，生产、销售"属于病死、死因不明或者检验检疫不合格的畜、禽、兽、水产动物及其肉类、肉类制品的"，应当认定为"足以造成严重食物中毒事故或者其他严重食源性疾病"。但是在实践中，生产、销售病死、死因不明的猪肉、牛肉的行为经常以生产、销售伪劣产品罪定罪处罚，因为由于客观原因，办案部门可能无法提取到合乎检测条件的涉案食品，或检测手段无法证明被检测食品达到"足以造成严重食物中毒事故或者其他严重食源性疾病"的程度。从上述对食品性质的分析可知，对于这种不能证明涉案食品不符合安全标准的情形，以生产、销售伪劣产品罪定罪处罚是合理的，这也意味着由于食品的毒害性递减，适用的罪名在同一量刑情节下处罚更轻。

但是，由于上述解释第12条的规定，即运用非法经营罪规制私设生猪屠宰厂（场），从事生猪屠宰、销售的行为，却突破了这种食品毒害性递减处罚更轻的合理规则。因为非法经营罪的最低量刑情节明显高于生产、销售伪劣产品罪与生产、销售不符合安全标准的食品罪的最低量刑情节。观察实践中的案例，也证明了这一点。例如，在李某甲、李某乙非法经营案中，李某甲、李某乙违反国家规定，在未取得食品生产许可证的情况下，租赁西安市雁塔区某村一民房，购买大量生牛肉、生猪肉，将生牛肉加工煮熟，将生猪肉加工成熟牛肉的外观特征，李某乙明知该熟肉制品未取得生产许可证而对外销售，非法经营额共计90 372元。两人被以非法经营罪分别判处有期徒刑2年，并处罚金9万元和有期徒刑1年7个月，并处罚金4万元。① 而在欧某某等10人生产、销售伪劣产品罪一案中，欧某某通过在牛肉中注水增加重量，以次充好，销售金额达人民币171 600元，最终以生产、销售伪劣产品罪被定

---

① 陕西省西安市雁塔区人民法院（2014）雁刑初字第00471号刑事判决书。

罪判刑。① 在上述两个案件中，涉案食品的性质并没有实质区别，只有销售金额不同，但是以非法经营罪定罪的，销售金额更低，处罚反而更重，而以生产、销售伪劣产品罪定罪，销售金额更高，处罚却更轻。当然，个案的处罚并不能代表全貌，可以将个案处罚的偏差归咎于"同案不同判"，但是不可否认的是，司法解释关于非法经营罪的新规定，给罪名的竞合适用带来了新的混乱，至少使得"同案不同判"更有可能发生。

实质上，司法解释规定以非法经营罪处罚私设生猪屠宰厂（场），从事生猪屠宰、销售的行为，主要是针对私设生猪屠宰厂（场）提供非法屠宰服务的行为，因为此种行为在司法解释出台之前并没有十分贴切的罪名可供依据以处罚，只能根据共犯理论以帮助行为论处，这就会面临正犯行为没有查清，帮助行为无法处罚的困难。所以，在严厉打击危害食品安全犯罪的形势下，司法解释就选择了扩张非法经营罪的办法用于规制此种行为。然而，这样规定确实周延了这种单独提供非法屠宰服务的行为，但是也产生了上面提到的罪刑不均衡的问题。这反映出通过修补现有立法规定来严密危害食品安全犯罪网的做法，有时会受制于既有刑法规定而使得罪名体系出现混乱，丧失价值判断的一致性和合理的处罚等级，这最终会损害刑事法治的正义。因此，现有的补丁式修法并不能满足全面规制危害食品安全犯罪的需要，有待从整体上统一考虑。

（三）非法经营罪与以危险方法危害公共安全罪的竞合及选择

这两个罪名出现竞合，主要是在生产、销售非法食品添加物质的情形。最有代表性的案件就是"三聚氰胺奶粉"案中张某某等人生产、销售三聚氰胺的行为，和河南"瘦肉精"案中刘某、奚某某等 5 人生产、销售"瘦肉精"的行为。② 两个案件中，行为人生产、销售的非法食品添加物质——前者

---

① 广东省惠州市惠阳区人民法院（2014）惠阳法刑二初字第 164 号刑事判决书。

② 具体案情为：2007 年初，刘某与奚某某约定共同投资，研制、生产、销售盐酸克伦特罗用于生猪饲养，截至 2011 年 3 月，奚某某共生产盐酸克伦特罗（原粉）2700 余公斤，销售金额达 640 余万，非法所得约 250 万元。河南省焦作市中级人民法院认定 5 名被告人的行为均已构成以危险方法危害公共安全罪，刘某等人被判处死缓，被告人不服一审判决提起上诉，河南省高级人民法院维持原判。河南省焦作市中级人民法院（2011）焦刑初字第 9 号刑事判决书。

是生产、销售"三聚氰胺",后者是生产、销售"瘦肉精",根据我国的相关管理制度,两种物质存在区别。"三聚氰胺"作为一种化工原料,对其并不限制生产或禁止生产,所以单纯生产"三聚氰胺"用于化工行业,并不违法。"瘦肉精"是 7 种药品和化学品的统称,① 其中的 5 种都被收入《中华人民共和国药典》,② 由药品监督管理部门作为药品来管理,需要取得药品生产、经营许可证和批准文号才能合法经营。张某某等人案发时,其生产、销售"三聚氰胺"的行为并不能以非法经营罪定罪处罚,因为相关罪名适用规定是 2013 年 4 月 28 日出台的司法解释才新增的。③ 了解了这个背景,再看这两个罪名的竞合,更能理解司法机关最终以危险方法危害公共安全罪定罪的理由。

在两个案件中,审理法院都认为张某某生产、销售"三聚氰胺"的行为和刘某等人生产、销售"瘦肉精"的行为,均危及不特定多数人人身和财产安全,且客观上造成了严重后果,应当以危险方法危害公共安全罪定罪处罚。然而,判决对这两种行为是否与法条列举的危险方法具有相当性,未作出正面论证,只是强调犯罪客体的相同和造成的严重危害后果。这种以社会危害性的价值性断言来代替对行为定性的论述,是顾左右而言他,受到了学界的批判。④ 本书同意以以危险方法危害公共安全罪对两个案件进行定性是不恰当的,将生产、销售非法食品添加物质的行为与放火、爆炸等危险方法相提并论,超出了一般人的预测可能性。这些非法食品添加物质生产出来,如果

---

① 根据农业部、卫生部、国家药品监督管理局于 2002 年 2 月 9 日发布的《禁止在饲料和动物饮用水中使用的药物品种目录》(农业部第 176 号公告)的规定,"瘦肉精"包括以下 7 种:(1)盐酸克仑特罗(Clenbuterol Hydrochloride),中华人民共和国药典(以下简称药典)2000 年二部 P605,β2 肾上腺素受体激动药;(2)沙丁胺醇(Salbutamol):药典 2000 年二部 P316,β2 肾上腺素受体激动药;(3)硫酸沙丁胺醇(Salbutamol Sulfate),药典 2000 年二部 P870,β2 肾上腺素受体激动药;(4)莱克多巴胺(Ractopamine),一种 β 兴奋剂,美国食品和药物管理局(FDA)已批准,中国未批准;(5)盐酸多巴胺(Dopamine Hybrochloride),药典 2000 年二部 P591,多巴胺受体激动药;(6)西巴特罗(Cimaterol),美国氰胺公司开发的产品,一种 β 兴奋剂,FDA 未批准;(7)硫酸特布他林(Terbutaline Sulfate),药典 2000 年二部 P890,β2 肾上腺受体激动药。

② 没有被收入《中华人民共和国药典》的是莱克多巴胺和西巴特罗。

③ 《最高人民法院、最高人民检察院关于办理危害食品安全刑事案件适用法律若干问题的解释》第 11 条规定:"以提供给他人生产、销售食品为目的,违反国家规定,生产、销售国家禁止用于食品生产、销售的非食品原料,情节严重的,依照刑法第 225 条的规定以非法经营罪定罪处罚。"

④ 陈兴良:"口袋罪的法教义学分析:以以危险方法危害公共安全罪为例",载《政治与法律》2013 年第 3 期,第 8 页。

缺乏食品从业者将其添加到食品中，这种行为根本不会产生任何实质性的危害后果，即损害人体健康，而放火、爆炸等行为一经实施其本身就具备了高度危险性，两种行为的危害程度明显不同。此外，加大对危害食品安全源头犯罪的打击力度，不应该片面地理解为源头犯罪的行为人罪责最大。从原因力而言，更应该为损害消费者人体健康负责的，是那些将这些非法食品添加物质掺入到食品或饲料、动物饮用水中去的人。利用不合时宜的解释，将行为定性为以危险方法危害公共安全罪，无疑就是为了施以更严厉的刑罚。为了求刑而突破既有的罪名，这种量刑反制的思维是对罪刑法定原则的巨大破坏。

更值得反思的是，审理法院如此选择的背后，体现出在规制危害食品犯罪中如何处罚生产、销售非法食品添加物质的行为并没有得到很好的解决。法院之所以选择适用以危险方法危害公共安全罪定罪，实质是认为非法经营罪不能合理评价性质恶劣的生产、销售非法食品添加物质的行为。当然，司法不能僭越立法，但是司法机关的这种认识值得研究，即现有的修法是否满足了实践中规制危害食品安全犯罪的需要。

第五节　食品监管渎职罪的认定

对于食品安全监督管理渎职行为，实践中主要适用《刑法修正案（八）》为其量身定制的食品监管渎职罪加以规制，除此之外还可能适用放纵制售伪劣商品犯罪行为罪、徇私舞弊不移交刑事案件罪或玩忽职守罪等罪名。放纵制售伪劣商品犯罪行为罪与徇私舞弊不移交刑事案件罪处罚的行为不仅针对食品安全监督管理领域，还包括行政管理部门其他的监管渎职行为，如放纵制售伪劣电线、对违法采矿的行为不按照相关规定移交刑事处罚。关于适用玩忽职守罪的情形，主要是在关于食品监管渎职罪的相关司法解释没有出台之前，司法机关由于难以把握入罪标准而沿用了以玩忽职守罪处罚食品安全监督管理渎职行为的做法，待食品监管渎职罪所要求的入罪条件明晰以后，经在中国裁判文书网搜索，至少在已公布的裁判文书中以玩忽职守罪处罚这类行为的做法就很少了。因此，本节探讨对食品安全监督管理渎职行为的定罪处罚，主要以食品监管渎职罪为对象予以分析。

关于食品监管渎职罪的总体适用情况，本书第二章已根据相关数据进行了分析，每年的结案数和生效判决涉及人数并不多，大致在每年 30 件左右徘徊，生效判决涉及人数稍有浮动，总体而言也是每年 30 人左右。为更准确地了解此罪名的相关适用情况，截至 2016 年 1 月 12 日，在中国裁判文书网全文检索"食品监管渎职罪"，共检索到 71 篇裁判文书。经过逐一查看，将缺乏实体裁判内容的驳回申诉申请通知书和发回重审裁定书，重复的裁判文书（一审和二审仅保留其一），以及以其他罪名定罪的被告人排除在外，最终保留 55 篇裁判文书，共对 83 个被告人判处食品监管渎职罪。从量刑情况看，51 个被告人被判处免予刑事处罚；17 个被告人被判处缓刑，其中最高的是有期徒刑三年，缓刑五年；15 个被告人被判处实刑，其中最高的是有期徒刑二年。另外，其中 17 个被告人同时被判处受贿罪，最重的判处执行刑期八年，最轻的判处免予刑事处罚。由此可知，食品监管渎职罪在实践中适用较少，量刑偏轻。下文将结合相关案例分析食品监管渎职罪的认定，并以此为基础探讨此罪如此适用的原因。

一、食品监管渎职罪的行为及其认定

刑法条文在对食品监管渎职罪的行为方式的表述上并没有类型化规定何种行为属于滥用职权或玩忽职守。这两种行为本质上都是没有严格履行食品安全监督管理职责的行为，因此要准确界定这两大类行为首先要弄清"食品安全监督管理职责"具体包括什么内容，然后才能在个案中根据行为人的具体职责去判断其是否尽职履责。

（一）关于食品安全监督管理职责

关于食品安全监督管理工作，几经调整，我国现在实行食品药品监督管理总局和农业部集中统一监管的体制。在中央层面设立了国务院食品安全委员会，作为最高层次的议事协调机构。国务院食安委的成员单位从最初的 15 家扩展到如今的 20 家。尽管食品药品监督管理总局成立以来，改变了分段监管的体制，整合分散在工商、质检、卫计委等部门的食品监管职能，建立集中统一的监管体制，但是这项工作远未完成，尤其是地方的食品监管体制还未理顺，仍然呈现出分段监管的特征。截至 2016 年 2 月 29 日，全国还有 70% 的县和 30% 的市没有完成食品药品监管体制的改革。①

在地方层面，地方政府统一负责辖区的食品安全监督管理工作，地方的食品药品监督管理、卫生行政部门和其他有关部门的职责由地方政府根据《食品安全法》和国务院的规定予以确定。再加上大部分的地方食品监管体制改革尚未完成，各地具体监管部门的职责由于地区差异更是多有不同。实践中，由于相关规定较为笼统，部门之间的职责多有交叉，很难确定哪个部门的执法人员在多大范围、多大程度上对食品安全负有监管义务。以此罪被追诉的行政执法人员，有的并不服气，更多地认为自己是倒霉、"点儿背"，是发生了严重的食品安全事故的替罪羊，因为监管职责如此广泛，缺乏明确的行为指导意义。因此，在个案中，关于行为人具体担负什么食品安全监督管理职责，更需要根据当地的实际情况予以确定。

（二）关于具体的行为方式及认定

在确定行为人负有食品安全监督管理职责的基础上，认定具体行为是否属于"滥用职权或玩忽职守"是实践中比较突出的难点之一。

根据最高人民检察院公布的关于食品监管渎职罪的典型案例和收集到的裁判文书来看，"滥用职权型"食品监管渎职罪比较容易认定，因为有积极的作为，例如，违法为不符合食品安全生产条件的企业办理经营许可证、卫生许可证；伪造食品合格检验结果或者未经检验就开具食品合格证明；包庇食品安全违法犯罪行为，在执法检查中为犯罪分子通风报信，帮助逃避惩罚。另外，对于食品安全监管人员收受他人财物，放纵其生产、销售问题食品的，也比较容易认定。

容易发生争议的是"玩忽职守型"食品监管渎职罪，即食品安全监管人员应当履职而不履职的行为的认定。由上文分析可知，食品安全监督管理职责的具体内容有时并不明晰，法律法规的界定多采用概述性词语，需要结合具体情况进行认定。如牛某某、刘某某、武某某、张某某食品监管渎职案，

---

① "国新办就食品药品安全工作情况举行新闻发布会"，载中国网，http://www.china.com.cn/zhibo/2016－02/29/content_37882813.htm，2016 年 3 月 20 日访问。

2011 年至 2013 年期间，刘某某、张某甲经营的蒙奇肉类经销处从多处购入羊肉与鸭肉合成肉及鸭肉与羊油合成肉，经过简单包装按照羊肉对外销售，销售金额达人民币241 320元。张某甲、刘某某因犯生产销售伪劣产品罪被分别判处刑罚。张某甲、刘某某二人经营的蒙奇肉类经销处店面正处于乐亭县工商局城区分局负责监管的区域。2013 年 1 月 2 日，乐亭县工商局城区分局对蒙奇肉类经销处进行现场检查并调查询问，因该经销处自 2011 年 4 月未建立进货台账，于 2013 年 3 月 29 日对张某甲作出了行政处罚。乐亭县工商局城区分局具有市场准入、食品质量监管、市场巡查、打假缉私、检查证照商标等方面的监管职责。对张某甲、刘某某长期大量非法经营假羊肉的行为，被告人刘某某、武某某、张某某是直接监管责任人，该分局负责全面工作的副局长牛某某亦负有监管职责。四被告人未能及时发现并处理张某甲、刘某某二人的违法行为，放任大量假羊肉在很长一段时期流向乐亭县广大市场，被消费者购买、食用，使广大消费者的身心健康和消费权益受到严重损害，造成恶劣的社会影响。法院经审理，以食品监管渎职罪判处四被告人免予刑事处罚。[①] 在此案中，牛某某和刘某某都辩称，假羊肉属于食用农产品，应由农业部门监管，不在工商的监管范围内，对此其不负有监督管理职责。而且，他们按照市县具体会议精神进行监管，认真查验了检验证明，并且当时建立了台账，工商部门对已通过专业检验机构检查的产品无权进行实质检查，他们已经尽到了工作职责。武某某进一步辩称："就食品监管，所内签订了责任书，谁签了责任书谁负责监管。她没有签订张某甲这户的责任书。分局没有让她监管南市场，她也不是工商所主要负责人。"对于被告人的辩解，法院未予采纳也没有陈述具体理由，只是笼统地认为："蒙奇肉类经销处经营的假羊肉已进入流通环节，工商机关应当行使监管职责。张某甲、刘某某二人自 2011 年 4 月即未建立进货台账，进货价格、销售价格亦与真实的羊肉价格不符，各被告人没有认真履行监管职责，未及时发现其销售假羊肉的行为，失职渎职"。[②] 仔细分析，牛某某、刘某某、武某某的辩解不是全无道

---

① 河北省乐亭县人民法院（2014）乐刑初字第 75 号刑事判决书。
② 同上。

理，法院虽未予回应，但是从其最后判处的刑罚来看也受到此因素的影响。对于食品安全监管人员的不作为，要达到什么程度才能认定构成"玩忽职守"，需要进一步统一认识。如果根据笼统的监管职责，以辖区有危害食品安全犯罪为依据认定相关监管人员玩忽职守，未免太过轻率。

二、食品监管渎职罪的结果及其认定

2012 年 12 月 7 日，《最高人民法院、最高人民检察院关于办理渎职刑事案件适用法律若干问题的解释（一）》（法释〔2012〕18 号）出台，对"致使公共财产、国家和人民利益遭受重大损失""情节特别严重"等渎职犯罪的相关情节进行了解释，对食品监管渎职罪"严重后果"的适用有一定参考价值。在实践中，各地司法机关掌握的食品监管渎职罪的入罪标准仍不统一，有待厘清。

（一）关于"发生重大食品安全事故"

《食品安全法》与《国家重大食品安全事故应急预案》（2011 年 10 月 5 日新修订）对食品安全事故的定义以及分级作出了解释和规定，但关于具体的事故分级标准，国务院没有统一规定，根据各省级政府制定的食品安全事故应急预案的规定，各地标准虽不是绝对相同，但是大体差不多，要求造成的后果都相当严重，规定的"重大食品安全事故"基本上都包括这四种情形：（1）事故危害严重，影响范围涉及省内 2 个以上市级行政区域的；（2）造成伤害人数 100 人以上，并出现死亡病例的；（3）造成 10 例以上死亡病例的；（4）省级政府认定的其他重大食品安全事故。

与《最高人民法院、最高人民检察院关于办理渎职刑事案件适用法律若干问题的解释（一）》的规定相比，① 政府部门关于重大食品安全事故的规定标准显然太高，在司法实践中无法适用。这种差异的原因是两者区分事故的目的不同。政府规定的食品安全事故分级标准主要是为了区分应急响应级别，

---

① 此司法解释第 1 条第 1 项规定的"致使公共财产、国家和人民利益遭受重大损失"指下列情形：（1）造成死亡 1 人以上，或者重伤 3 人以上，或者轻伤 9 人以上，或者重伤 2 人、轻伤 3 人以上，或者重伤 1 人、轻伤 6 人以上的；（2）造成经济损失 30 万元以上的；（3）造成恶劣社会影响的；（4）其他致使公共财产、国家和人民利益遭受重大损失的情形。

重大食品安全事故对应的是省级人民政府启动 II 级响应，牵涉到全省一系列的应急工作安排，自然标准很高。因此，在司法实践中，比较合理的选择是参照上述司法解释第 1 条第 1 项的规定作为入罪标准，参照第 1 条第 2 项的规定作为加重情节的标准。

（二）关于"造成其他严重后果"

由于最高司法机关未对此情节作具体规定，实践中对此理解各不相同，导致了入罪标准不统一。虽然最高人民检察院公布的关于食品监管渎职罪的典型案例有一定指导意义，但是数量较少、范围有限，普适性不够。从收集到的案例来看，主要有以下几种情况被认定为"造成其他严重后果"：（1）发生较为严重的食物中毒事故；（2）导致数量较大的问题食品流入市场；（3）被中央新闻媒体或者有较大影响力的新闻媒体报道，造成恶劣社会影响；（4）辖区发生危害食品安全犯罪。但是，对于食物中毒事故的严重程度、流入市场的问题食品数量、恶劣社会影响如何衡量、发生的危害食品安全犯罪什么性质或者多少件，主要靠各地司法机关自己掌握，实践中差异极大。例如，在马某壮、高某军食品安全监管渎职案中，因两人的渎职行为导致 13 头含有"瘦肉精"的猪流入市场，并在网络媒体上被报道；① 而在于某食品监管渎职案中，因于某的渎职行为导致未经检验检疫生猪 3601 头（其中有毒有害生猪 159 头）流入市场。② 两案差异不可谓不大，但两案的处罚结果都是判处被告人免予刑事处罚。对于比较轻微的食品监管渎职行为，究竟应该把握什么标准予以入罪，需要进一步明确，否则极易造成司法不公，而且也不利于督促食品安全监督管理，有效惩处食品监管渎职行为。

三、食品监管渎职罪的主体及其认定

食品监管渎职罪的主体要求是负有食品安全监督管理职责的国家机关工作人员。关于"国家机关工作人员"的认定，《最高人民法院、最高人民检察院关于办理渎职刑事案件适用法律若干问题的解释（一）》第 7 条已明确

---

① 辽宁省兴城市人民法院（2015）兴刑初字第 00170 号刑事判决书。
② 山西省大同县人民法院（2014）大刑初字第 52 号刑事判决书。

规定除了各级食品安全监督管理部门具有正式编制的人员外，依法或者受委托行使食品安全监督管理职权的公司、企业、事业单位的工作人员也可以构成此罪的主体。这样的规定比较符合当下的国情，基层的食品安全监管部门，如食品稽查队、畜牧站、工商所等，具有正式编制的工作人员并不多，经常会将一部分职权委托给其他单位的工作人员行使，同时还会雇用一些临时工作人员。这些人员在行使食品安全监督管理职权时，与正式在编人员一样应当依法尽职履职，否则也有可能会导致发生食品安全事故。实践中也是按此标准认定的，如冯某食品监管渎职案，冯某系黑龙江省铁路兽医卫生处加格达奇段动物防疫监督员，法院经审理认定其具有食品监管渎职罪的主体资格。理由在于黑龙江省铁路兽医卫生处隶属于省畜牧兽医局，是具有行政执法职能的正处级单位，加格达奇段为卫生处正科级内设机构单位，同属事业单位性质，该段负责加格达奇地区铁路、航空、水路运输中动物及动物产品的检疫工作，该段所属人员均为事业编制。冯某 2007 年 7 月获得动物防疫监督员证，具有动物及动物产品的检疫资格、站、车检查资格及与之相关的动物卫生监督执法资格，负责加格达奇地区铁路、航空、水路运输中动物及动物产品的检疫监督，对运输的动物及动物产品进行现场检疫监督，对于经检疫合格的，出具动物检疫证明，不合格的不予出证，并依据动物防疫法律法规的相关规定进行处理。因此，冯某事实上负责加格达奇段动物及动物产品检疫工作。[1]

关于食品监管渎职罪主体的范围，既包括负领导责任的人员，也包括具体执行人员。根据《食品安全法》第 142 条至第 146 条的规定，"负领导责任的人员"主要指直接负责的主管人员和其他直接责任人员。实践中，食品安全监管部门的分管领导和中层领导的职责比较明确，容易认定其是否负有责任。对于单位"一把手"，由于其对有些工作不直接分管，认定其责任容易出现疑问。鉴于实际工作中"一把手"处于核心位置，往往有最终决策权，其负有的责任不能一概认为是间接责任。对此，《最高人民法院、最高人民检察院关于办理渎职刑事案件适用法律若干问题的解释（一）》第 5 条

---

[1] 黑龙江省九三农垦区人民法院（2015）九刑初字第 27 号刑事判决书。

规定了哪些情形下食品安全监管部门负责人应该作为主体被追究刑事责任。[1] 此外，还规定了在集体研究决策的情况下，不能借口推诿责任，照样应该依照刑法分则第 9 章的规定对负有责任的人员定罪处罚。关于"具体执行人员"，应该区分具体情况决定是否追究刑事责任和应当判处的刑罚，尤其是当其不了解具体情形只是执行上级命令时应慎重处理，要考虑是否具有期待可能性。《最高人民法院、最高人民检察院关于办理渎职刑事案件适用法律若干问题的解释（一）》第 5 条就明确指出，要综合考虑行为性质、是否提出反对意见、危害结果大小等情节。

本章结合案例对危害食品安全犯罪的重点问题进行了分析，在辨析如何正确适用法律的基础上，侧重探讨了实践中的难点疑点问题。这些问题的浮现是随着对危害食品安全犯罪的规制从事后惩罚为主转变为事前预防为主的调整。过去，一般都是发生了食品安全事故才动用刑法予以惩罚，在恶性结果已经显现的情况下，本章探讨的很多问题都不存在疑问。而且，惩罚的对象很集中，就是针对直接造成危害结果的行为，没有把与之相关的许多危害食品安全的辅助行为、监管渎职行为纳入关注视线。现在，强调全面治理食品安全，一旦符合刑法的相关规定，不论是否造成食品安全事故，都要进行惩处。在这种视角下，过去隐形于阳光下的行为被逐渐揭开，无论是立法还是司法都积极调动资源予以规制。在这种大调整的背景下，有关罪与非罪、此罪与彼罪的区分有时并不清晰，有的是具体适用中遇到的正常现象，毕竟抽象的法律对应复杂的现实难免力有不逮，但是有的问题背后则隐藏着更多的信息。在严峻的食品安全形势下，司法机关被赋予厚望去扭转这种令人沮丧的局面，采取了从严处罚危害食品犯罪的立场，对可罚可不罚的行为，往往采取处罚的立场，甚至有时候都模糊了行政不法与刑事不法的界限；对可轻可重的行为，往往采取重罚的立场，对于整个类型罪的刑罚等级缺乏合理区分。值得深思的是，刑法如此积极作为就能助力食品安全保护吗？在期望与现实之间，刑法是应该更进一步继续扩大犯罪圈，还是应该守住底线立足于优化刑事资源配置？下一章将带着这些问题对食品安全的刑法保护进行反思。

---

[1] 法释〔2012〕18 号第 5 条规定："国家机关负责人员违法决定，或者指使、授意、强令其他国家机关工作人员违法履行职务或者不履行职务，构成刑法分则第九章规定的渎职犯罪的，应当依法追究刑事责任。"

第四章
食品安全刑法保护的反思

　　针对上一章分析的处罚危害食品安全犯罪在实践中遇到的问题，不少研究者都以风险社会理论为依据，提出要以风险刑法强化食品安全刑法保护，其落脚点就是扩大犯罪圈、加大处罚力度，以预防和减少食品安全风险。这一立场背后的逻辑是现有的食品安全刑法保护不足，需要全面扩张刑法的保护范围，其依据主要是风险社会的来临呼唤风险刑法。但经仔细考量，这种逻辑推理值得推敲，需要认真辨析风险社会理论是否成立、风险刑法理论是否成立、风险刑法理论是否适用于食品安全刑法保护，如何理解当前食品安全刑法保护中存在的问题，为解决这些问题有哪些可选择的路径，本章将从探讨这几个问题出发，对食品安全的刑法保护进行反思，并试着提出应当沿着何种路径予以完善。

第一节　风险社会中的食品安全刑法保护

　　风险社会理论提出了对当代社会精辟而深刻的分析。无论是否赞同风险社会理论，将食品安全问题置于当代社会的大背景下进行探讨，无疑能提供更宽阔的视角，对研究大有裨益。下文将在考察风险社会理论和风险刑法理论的基础上，分析两者与食品安全刑法保护的关系，为更好地理解当下食品安全刑法保护状况打下基础。

一、风险社会与风险

在社会学界，关于风险社会的理论有以"新风险"理论为代表的现实主义主张、立足于文化意义层面的"灾难悖论"理论和"风险文化"理论，以及，以乌尔里希·贝克、安东尼·吉登斯为代表的在制度意义上的"风险社会"理论。① 在我国刑法学界引起广泛影响的正是贝克和吉登斯的风险社会理论，下面予以简要介绍。

贝克提出风险社会的概念并以此作为反思现代性的切入点，他认为风险社会是一系列特殊的、具有不确定性的文化因素，涉及社会、经济、政治和文化等诸多方面，对当下的社会组织转型有着极其深远的影响。② 他认为，风险社会是一个不同于早期工业化社会的新阶段。在晚期工业化阶段，大多数社会成员已经失去了早期工业化时的相对安逸的生存环境，相反，科技进步以及全球化趋势的发展使得人类社会具有日益增加的不确定性、不可预测性，社会成员将面临更多的后果严重的风险。这种转变的发生与工业革命和科技的发展紧密相连，是内生于工业社会的。在贝克早期著作中，尤其强调这种技术性风险。而且，越来越强的全球化趋势，意味着危害事件已经不再孤立，将影响到整个人类社会，贝克进一步将"风险社会"的概念拓展为"全球风险社会"概念。③

吉登斯进一步丰富了风险社会理论，将风险区分外部风险（external risk）与被制造出来的风险（manufactured risk）两种类型。前者是指社会外部施予的、非人为的风险；而后者则是指人类日益增长的智识给整个世界带

---

① 杨雪冬："风险社会理论述评"，载《国家行政学院学报》2005 年第 1 期，第 87 ~ 88 页。
② Barbara Adam, Ulrich Beck & Joost van Loon: The Risk Society and Beyond: Critical Issues for Social Theory, London: Sage Publications, 2000.
③ ［德］乌尔里希·贝克：《世界风险社会》，吴英姿、孙淑敏译，南京大学出版社 2004 年版，第 523 页。

来的风险。① 一直以来，人类主要担心的风险是外部风险。如洪水、灾荒、瘟疫等，但是随着工业社会的深入发展，我们从某个时候开始更多地担心被制造出来的风险，这种风险具有现代意义。因此，吉登斯指出"传统社会风险是一种局部性、个体性、自然性的外部风险，当代社会风险则是一种全球性、社会性、人为性的结构风险。"② 所谓的风险社会，除了包含传统的环境风险与健康风险之外，还包括当代社会生活中一系列相互交织的变革，如职业模式和传统家庭模式等。③ 根据吉登斯的观点，风险社会的起源要追溯到两项根本性转变，第一项转变是自然界的终结，指自然界的物质环境或多或少都要受到人类的某种干扰，现在已经不再有完全是自然的东西了；第二项是传统的终结，指人们不再听天由命地生活。他认为，两项转变导致了风险社会与前工业社会的根本不同，两者都与科学和技术不断增强的影响力有关。④

因此，风险社会的风险表现出以下特点：一是风险的人造性。风险社会的风险是内生性的，是人类在改变自然和社会的过程中，伴随着对科学技术的利用而人为制造的风险，与人类的决策和行为紧密相关。二是风险的全球性。全球化趋势的加强使风险跨越了国家界限，贝克甚至认为这种全球性的风险是一种新型的超越阶级的社会和政治动力。⑤ 三是风险的历时性。现代风险产生的影响具有持续性，不仅影响当下，而且还可能及于后代，如原子能事故。四是风险的不确定性。现代风险的影响结果与途径具有不确定性，传统的风险计算方法、衡量标准往往无能为力。例如，转基因食品会对人体造成何种影响，影响的途径是什么，现在很难作出准确地评价。五是归责的困难性。贝克在风险社会理论中提出了"有组织地不负责任"（organised

---

① ［英］安东尼·吉登斯：《失控的世界——全球化如何重塑我们的生活》，周红云译，江西人民出版社 2001 年版，第 22 页。

② 刘岩："当代社会风险问题的凸显与理论自觉"，载《社会科学战线》2007 年第 1 期，第 216 页。

③ ［英］安东尼·吉登斯：《社会学（第四版）》，赵旭东等译，北京大学出版社 2003 年版，第 62 页。

④ ［英］安东尼·吉登斯：《现代性：吉登斯访谈录》，尹宏毅译，新华出版社 2001 年版，第 191 页。

⑤ ［德］乌尔里希·贝克：《风险社会》，何博闻译，译林出版社 2004 年版，第 7 页。

irresponsibility）这个重要的概念。他指出，第一次现代化所提出的用以明确责任和分摊费用的方法在风险社会中将会导致完全相反的结果，公众向那些负有管理责任的主管机构求助并要求其负责，而这些机构会运用其所建构的话语系统为自己开脱，因为在社会变成实验室的风险时代，根本无法查明谁应该负责。①

二、风险刑法与食品安全刑法保护

由于以贝克、吉登斯为代表的风险社会理论受到我国刑法学界的广泛关注，在此基础上引申出了关于风险刑法的一系列讨论，成为一个重要的刑法议题。

风险刑法本身并不是一个明确的概念，也不是一个严谨的理论体系，实际上是将风险刑法作为主要话语的研究观点的集合。② 风险刑法甫一提出，学界就展开了各种争论，赞成者有之，反对者有之，而且即使是同一阵营的立场、态度、看法也存在较大差异。总体而言，风险刑法是以风险社会的到来为理据，认为传统的刑法理论在应对现代的风险时力有不逮，提出应当构造着眼于风险管控和安全保障的风险刑法（或安全刑法），强调刑法的预防作用。在具体的技术层面，风险刑法强调处罚的提前，主张采取危险犯、持有犯等方式扩大犯罪圈，并对传统的罪责原则、因果关系等提出修正。

由于赞成风险刑法的主张存在各种差别，对其具体观点一一评述超出了本书的范围。就食品安全刑法保护而言，有的学者指出，刑法应当加强秩序维护机能以回应风险社会的安全诉求，主张从传统的罪责刑法向风险社会的安全刑法转变，具体的做法是刑事干涉普遍化和刑事处罚提前化，建议以抽象危险犯来改造生产、销售不符合安全标准的食品罪、增加持有型危害食品

---

① ［德］乌尔里希·贝克：《风险社会》，何博闻译，译林出版社2004年版，第22页。
② 也有学者对风险刑法进行定义，如卢建平教授认为：所谓风险刑法，是指通过规制行为人违反规范的行为导致的风险，以处罚危险犯的方式更加早期地、周延地保护法益，进而为实现刑罚的积极的一般预防目的而形成的一种新的刑法体系。卢建平："风险社会的刑事政策与刑法"，载《法学论坛》2011年第4期。但是，大多数学者在探讨风险刑法时，都未明确定义，而是在一种开放性的语义上使用。

安全犯罪。① 有的认为，基于风险刑法的正当性，应当引入"超新过失论"规定过失犯，设立抽象危险犯，以实现食品安全犯罪的全面规制。② 有的指出，在风险社会公众对安全有迫切需求，出于保护社会安全的需要，风险刑法具有正当性，并在此基础上提出将法益保护前置化作为刑法对食品安全保护的路径，建议对食品安全犯罪领域的帮助行为正犯化。③ 仔细辨析以上赞成风险刑法主张并以此为进路探讨食品安全刑法保护的观点，实际上是将风险刑法作为支持刑法扩张的论据，而并不是真的对风险刑法进行建构。风险刑法并非一个严谨的概念，其内容庞杂，强调保护安全的价值偏向、提倡法益保护的前置化、主张积极的一般预防等与强化刑法秩序保障功能的观点，都可以归入风险刑法的范畴。

关于主张风险刑法的理论依据欠缺有力论述，有的简单地将风险社会中的风险移植或照搬到刑法中，不加以区分，并以此为逻辑起点论证风险刑法的正当性。实质上，风险社会中的风险与刑法中的风险并不相同。风险社会中的风险具有建构性的特点，受到政治、社会、文化等因素的影响，不完全是实在意义上的风险，其核心在于人为的不确定性，这是贝克定义现代风险不同于传统风险的本质所在。风险社会理论并非关于风险的理论，而是通过重新定义的风险概念来反思现代化的社会转型。与之相对，刑法上的风险是与危险相似的概念，有时两个术语交替使用。如王世洲教授在翻译罗克辛论及不允许性风险没有实现时对归责的排除时，指出："在允许性风险的案件中，归责于客观行为构成是以跨越了允许的界限和因此创设了一种不允许性危险为条件的。但是，在通常的危险创设中，除了危险的实现之外，应当如何对这种完成进行要求，还另外地取决于，在不允许性风险中，结果的可归责性正是在这个结果中实现了这种不允许的风险的。"④ 客观归责理论中的风

---

① 刘伟："风险社会语境下我国危害食品安全犯罪刑事立法的转型"，载《中国刑事法杂志》2011 年第 11 期，第 29~35 页。

② 李涛："风险社会视阈下食品安全犯罪的刑法规制"，见赵秉志主编：《刑法论丛》（2012 年第 1 卷），法律出版社 2012 年版，第 203~219 页。

③ 姜敏："法益保护前置：刑法对食品安全保护的路径选择"，载《北京师范大学学报（社会科学版）》2013 年第 5 期，第 87~90 页。

④ ［德］克劳斯·罗克辛：《德国刑法学总论（第 1 卷）》，王世洲译，法律出版社 2005 年版，第 254 页。

险，指的是由第三人的行为造成的对法益的威胁，是一个依附于法益的概念。① 是否是法所不容许的风险，取决于对法益的威胁是否被法秩序所认可，不能与风险社会中的风险混为一谈。因此，正是在此意义上，陈兴良教授指出：以风险概念为连接点的风险社会与风险刑法，二者之间存在的所谓联系是虚幻的，建立在这种逻辑基础上的风险刑法理论容易造成思想上的混乱。② 虽然能够从逻辑起点去否定风险刑法的理论根基，从而否定这个概念，但是其本身体现出来的对于安全的关注，却值得深思。这其实是风险刑法理论能够在短时间内受到如此多关注的重要原因，不得不承认它在某个方面契合了当代的刑法理论需求，甚至是社会需求。这就是它体现出的对当下社会现实的强烈关注，注意到安全问题变得日益重要，在有些方面对于安全价值的追求甚至具有压倒性的地位，并进而探讨刑法应该如何回应这种需求。正如劳东燕教授所指出的，安全问题才是风险社会理论与刑法体系之间的连接点。简单化地以风险概念为连接点探讨风险社会需要风险刑法难以成立，但是必须要承认风险社会理论揭示的社会现实，构成了刑法理论和刑事实践运行和发展的基本语境。无论是否赞同风险社会促成了刑法价值走向的重大调整，即从惩罚向预防导向转换，都难以否认刑法的秩序保护功能在当代社会不可避免地得到了增强。至于在具体问题或个案中，是否应该进一步强化刑法的预防功能、通过什么技术实现这种强化都需要具体问题具体分析，泛泛地以风险刑法为理论依据是站不住脚的。

因此，简单地套用风险刑法理论去解释和回应食品安全问题，在逻辑上经不起推敲。风险刑法理论并不构成所谓的逻辑大前提，能够证成食品安全的刑法保护应该采取扩张性的入罪化原则。正如高铭暄教授所指出的，刑法对风险社会的回应最终要通过刑事立法表现出来并得以实现，其关键是刑事立法是否具有正当性，不能笼统地谈自由与秩序的平衡。③

---

① 程岩："风险社会中刑法规制对象的考察"，见陈兴良主编：《刑事法评论（第29卷）》，北京大学出版社2011年版，第294页。

② 陈兴良："风险刑法理论的法教义学批判"，载《中外法学》2014年第1期，第110页。

③ 高铭暄："风险社会中刑事立法正当性理论研究"，载《法学论坛》2011年第4期，第5~6页。

三、食品安全风险的刑法预防

虽然风险刑法并不成为探讨食品安全刑法保护的逻辑前提，但是风险社会理论对于分析食品安全问题提供了背景性参照。

（一）食品安全面临的风险的特点

首先，食品安全风险的重要来源是科技发展的不确定性。食品工业的快速发展，伴随着各种科学技术在动物饲养、农作物种植、食品加工等方面的广泛运用。但是人类在使用各种科学技术的时候，往往忽略甚至故意隐瞒其副作用，以至于这些科学技术本身就成为风险的来源。现在臭名昭著的"瘦肉精"最初就是作为一项科技新发明添加到饲料中，以提高猪肉的瘦肉率，后来因为发生了"瘦肉精"中毒事件才开始重新评估其安全性。① 以养殖业为例，激素类兽药广泛用于动物养殖，但是其安全性如何值得怀疑，如早先一个荣获"科技进步奖"的饲料添加剂项目，就是研究通过使用激素如何使原本需要几年才能长成的黄鳝在几个月内便膘肥体壮。② 除此之外，在水产品中使用激素类药物、注射激素提高母鸡产卵量、运用控孕催乳剂给奶牛催奶等，这些听起来违背自然规律的科学技术广泛运用于食品行业，其创造出来的不确定性难以预期，也远远超出传统手段能够解决的范围。

其次，食品安全的风险具有难以感知的特征。日益复杂的食品安全风险只能依靠专业的仪器设备才能检测，人类的感觉器官显得无能为力，如那些看起来越新鲜饱满的食品越有可能是添加了不明物质。而且某些有毒有害物质的检测需要较高的科技手段，而这些手段仅仅被世界少数几个国家掌握。在具体风险的判断上，还要依靠相当程度的专业知识，但是这些被专家们垄

---

① 值得注意的是，由于"瘦肉精"所包括的物质广泛，每种物质的毒害性并不一致，因此各个国家对于"瘦肉精"的具体管理标准并不相同。1999 年年底，美国食药局（FDA）批准将盐酸莱克多巴胺添加于猪饲料中，因为其毒性低、代谢快、较少蓄积，更安全高效。现在，在美洲和亚洲的 24 个国家，如美国、泰国，均允许使用培林（莱克多巴胺的商品名）提高猪的瘦肉率，同时要求在猪肉上市前，培林残余量须低于 50ppb，以免造成人体中毒。这个标准相当于允许每千克猪肉中含有 50 微克培林。还有国家或者机构都允许使用培林，其残余量允许范围在 10ppb 到 40ppb 之间。我国则禁止使用 β 激动剂类药物作为饲料添加剂，具体参见中华人民共和国农业部公告第 1519 号。

② 圣海：《向肉食说 NO》，世界知识出版社 2009 年版，第 60 页。

断的专业知识有时并不可靠，专家们的陈述也常常相互矛盾。对此，贝克批判道，所谓的科学界定的"可接受水平"暗含着对风险的漠视和对公众的欺诈，尤其是将风险局限在技术的可管理性上，意味着风险的有无被偷换成了风险是否可计量，在风险不能计量时就否认风险的存在。①　而且，一般公众在无法自己判断又不知道相信谁的情况下产生的不安全感，比风险本身带来的不安全感更加剧烈和难以消除。

最后，食品安全的风险具有累积性。当下的食品安全风险是伴随着现代化的进程而出现的，以潜在的副作用的方式发生，具有渐进性而不是立即发生危害后果。以动物性食品为例，为了满足人们对动物性食品的需求，先是用人工授精和激素促使畜禽和水产动物提高怀胎率，再用兽药促使畜禽和水产动物提前生产，接着用含有多种添加剂的饲料促进动物生长，还要用多种疫苗和兽药预防动物疾病和防止动物死亡。在这个过程中，动物性食品安全风险不断增加并且越来越大。②　另外，我们每天摄入的食品，既有鱼肉蛋奶等农产品，也有各种各样的加工食品，这些食品里面含有的残留抗生素、激素、农药、食品添加剂、重金属等对人体健康有影响的成分，种类不同、剂量不一，对人体健康的危害随着时间的推移逐渐积累，会越来越明显，而且这些物质还有可能导致复合性危害。因此，食品安全的风险有时要经过较长时间才能显现出来，在初期很容易被忽视。同时，由于这种累积性，要辨明究竟是什么因素造成了危害结果，有时很难作出判断。

通过以上的分析可知，当下食品安全面临的风险已经超越了传统的危害。要应对这种风险，需要系统治理，贝克开出的药方是"再造政治"，不再由专家和决策者关起门来协商，公众、专家和政治家们应当充分参与决策过程。③　在这种宏观的方案中，法律应对当然也占有一席之地，对此首先需要区分行政法上的风险预防和刑法上的风险预防。

---

① ［德］乌尔里希·贝克：《风险社会》，何博闻译，译林出版社 2004 年版，第 73 页。

② 田永胜：《风险社会视角下的中国食品安全——以动物性食品为例》，社会科学文献出版社 2014 年版，第 148 页。

③ 贝克、邓正来、沈国麟："风险社会与中国——与德国社会学家乌尔里希·贝克的对话"，载《社会学研究》2010 年第 5 期，第 217 页。

（二）区分行政法和刑法的风险预防

1. 食品安全领域行政法上的风险预防

为应对风险社会的到来，预防科学不确定性带来的风险，在行政法领域逐步发展出一项被各国广泛认同的国际法律原则——风险预防原则（有的简称为预防原则）。风险预防原则最初产生于环境领域，最早出现在 1974 年德国通过的《空气法》①，后来，美国、欧盟等发达国家和地区都相继在其环境法中作出类似规定。而且，此原则的适用范围突破了主权国家的范畴，1982年联合国大会通过的《世界自然宪章》首次规定风险预防原则，随后多个条约宣言都对风险预防原则作出了相关规定，② 1992 年《里约环境与发展宣言》标志着风险预防原则在国际环境法上正式确立。③

随着 20 世纪末欧洲发生疯牛病、口蹄疫等严重食品安全事件，食品安全领域的科学不确定性问题也引起了关注和重视。1997 年，欧盟执委会发布《消费者健康与食品安全》，引入风险预防原则作为食品安全风险分析方针，并在随后的规章中进一步确定其法律拘束力。④ 除欧盟以外，日本在 2003 年出台的《食品安全法》也规定了风险评估的原则，⑤ 我国颁行的《食品安全法》也贯彻了风险预防的理念，要求建立风险评估和风险检测制度。在世界贸易组织的《技术性贸易壁垒协定》（以下简称 TBT 协定）和《实施卫生与

---

① 该法规定，当面对不确定危险或风险的情况时，即便是确实的损害尚未发生或者损害发生之因果关系在科学知识上尚未明确，通常即被要求作出保护措施。转引自王传干："从'危害治理'到'风险预防'——由预防原则的嬗变检视我国食品安全管理"，载《华中科技大学学报（社会科学版）》，2012 年第 4 期，第 60 页。

② 如 1984 年《北海条约》布莱梅宣言规定将风险预防原则界定为一种措施或方法，1990 年《北海条约》海牙宣言将其明确规定为一项原则。

③ 该条约第 15 条规定，为了保护环境，各国应根据它们的能力广泛采取预防性措施。凡有可能造成严重的或不可挽回的损害的地方，不能把缺乏充分的科学肯定性作为推迟采取防止环境退化的费用低廉的措施的理由。［英］亚历山大·基斯：《国际环境法》，张若思译，法律出版社 2000 年版，第 93 页。

④ 2002 年欧盟第 178 号规章规定，预防原则对欧盟机构、会员国、欧洲厂商及科研机构，皆产生法律拘束力，必须共同遵守。Commission of the European Communities, 2002. Official Journal of the European Union, COM. 2002, p178.

⑤ 根据该法案，日本在内阁中设食品安全委员会，并采取风险评估与管理分离制。由新设的食品安全委员会从事风险评估，而风险管理由农渔业部与劳工卫生部加以管理。该法第 11 条规定，允许为防止一切对人体有害的要素，抑制突发事件，在紧急的场合下可不进行风险评估，即可采取有关的安全防护措施。王贵松：《日本食品安全法研究》，中国民主法制出版社 2009 年版，第 75 页。

植物卫生措施协定》（以下简称 SPS 协定）中，有关食品安全方面的事项中也规定了风险评估、管理的内容。

由于相关法律规定和国际性文件中都没有对食品安全领域的风险预防原则的概念进行阐述，其定义并没有统一表述，但是综合国际规定和相关理论阐述，风险预防原则至少包括这三个方面的内容：一是其提出是因为科学存在不确定性；二是其目的是防止潜在的危险发生；三是要采取预防性措施，不能以缺乏充分的科学证明为理由推迟采取有效保护措施。[①] 风险预防原则落实到实际操作层面，主要包括风险评估、风险管理和风险交流三个方面的内容，要求对风险的灾害程度、发生概率进行科学计算，同时评估不采取或者推迟采取预防措施时可能产生的危害；根据评估结果采取适当的管理措施，如暂时性限制，特殊情况下可以采取全面禁止措施，力求在低限制性下达到保护效果；在风险分析全过程中，各方充分交流信息和看法，确保风险管理政策的透明和公众的有效参与。由此可知，风险预防原则用于食品安全管理，是行政法上强调的重点，着眼于对未知风险的管控，其管理的依据、方式、程序都是基于行政法的原则。

2. 食品安全领域的刑法上的风险预防

刑法上为保护食品安全而强调的风险预防，其与行政法上的预防原则，名同实异，差异巨大。

所谓的刑法的风险预防，只能是刑法通过惩罚来实现的预防功能，即通过对侵害法益或者严重威胁法益的行为的惩罚，来达到一般预防和特殊预防的目的。刑法的预防功能不可能脱离惩罚而存在，惩罚的实现必须以刑法的规定和原则为依据。正如罗克辛教授所言，在运用刑法来对抗风险时，必须捍卫法益关联性与法治国的其他归责原则；在无法做到这一点的时候，刑法的干预就必须停止。刑法的空间只存在于风险决定能够公平地归咎于个人的场合。[②] 这意味着，无论是基于何种目的的立法和司法决策都应该以刑事法

---

① 王传干："从'危害治理'到'风险预防'——由预防原则的嬗变检视我国食品安全管理"，载《华中科技大学学报（社会科学版）》2012 年第 4 期，第 64～62 页。

② 转引自劳东燕：《风险社会中的刑法：社会转型与刑法理论的变迁》，北京大学出版社 2015 年版，第 81 页。

律的基本原则为前提，仅仅宣称为了保护公共利益，并不足以证明将某种行为作为犯罪处理具有正当性，还需要符合宪法上限制基本权利应该遵循的比例原则。

具体到食品安全领域，对于已经造成损害结果或者能够证明对人体健康存在巨大威胁的食品安全风险，刑法要毫不犹豫地加以惩罚，但是对于在科学上还不确定的食品安全风险，如危害不确定的新型食品或食品生产工艺，刑法不可能找到适格的惩罚对象，从而也谈不上刑法上的风险预防，这种时候更应该发挥行政法的风险规制作用。[①] 由于食品安全的复杂性，刑法作为"保障法"更是不能越位，对食品性质、具体危害、相关标准的判断都要以行政法的判断为前提。而且，无论刑法要在保护食品安全方面发挥如何的作用，都不能超越基本原则对保护范围和方式的限制。这决定了刑法的保护范围注定是很有限的，尤其是与公众的热切期望相比。刑法本身具有的严厉性常常使得它的作用被过分夸大，有时其象征意义大于实际效果，成为我们寻求安全而又别无他法时最好的慰藉，因为它满足了人的一种深刻需要——对安全感的追求。但是，这种现实与期望的差距成为刑法不能承受之重，如果得不到厘清，会陷入想管又不能管或者没有能力管的局面，在司法实践中极易引起混乱，使得入罪标准、罪轻罪重区分丧失统一性和正当性，损害刑事法治的正义，引起广泛争议的"无根豆芽"案就是一个典型的例子。保护食品安全确实理所应当，但是以什么方式去保护、在多大程度上运用刑法去保护，都需要还原为具体的问题加以认真探讨，不能在宽泛意义上从概念到概念地推理。

综上，以风险社会理论为基础提出的风险刑法理论，并不能成为分析和解决食品安全刑法保护问题的前提。风险社会理论揭示的社会现实，构成关照和分析食品安全问题的背景性参照，探讨刑法如何保护食品安全要以具体问题为切入，不能泛泛而谈。

[①] 戚建刚："我国食品安全风险规制模式之转型"，载《法学研究》2011 年第 1 期，第 33 ~ 49 页。

第二节　食品安全刑法保护的路径选择

以风险刑法理论为进路探讨加强食品安全刑法保护的路径，经上一节证明并不成立。那么，针对实践中规制危害食品安全犯罪存在的问题，应该何去何从？总结归纳各种观点，大致可以分为两种路径选择。之所以要区分这两种路径，是因为路径选择反映价值取向，任何问题的提出都是基于特定的价值观，以不同的价值观看待同一问题可能会得出截然不同的看法。因此，在分析现有食品安全刑法保护存在的问题之前，要首先解决价值取向问题，即选择什么路径，当下最有代表性的主张，一种是强调扩大犯罪圈，另一种是强调坚持刑法的谦抑性。

一、强调扩大犯罪圈的主张

主张扩大犯罪圈去解决当前食品安全刑法保护中的问题，是较为主流的观点。除去其风险刑法理论的话语表述，实质的立场是基于当前严峻的食品安全形势，刑法应该积极发挥作用，扩大处罚范围。具有代表性的建议有以下几个：

一是运用抽象危险犯的模式修改现有罪名。生产、销售不符合安全标准的食品罪作为具体危险犯，在司法实践中认定行为是否到达具体危险的程度需要依靠鉴定，由于检测手段和食品安全标准还不够完善，有时难以证明，因此有的学者建议采用抽象危险犯的模式修改此罪名，将刑法第143条中的"足以造成……"的表述删除。[①]

二是设立持有型犯罪。为了进一步严密刑事法网，更加全面地规制危害食品安全犯罪，不少学者建议设立持有型危害食品安全犯罪。主要理由是，持有问题食品的行为有可能造成巨大危害后果，在实践中，司法机关往往难以查证其具有生产、销售的目的或者与生产、销售者具有犯意联络，导致无

---

① 参见李涛："风险社会视阈下食品安全犯罪的刑法规制"，见赵秉志主编：《刑法论丛》（2012年第1卷），法律出版社2012年版，第213页。

法将储存或持有问题食品的行为作为帮助犯予以惩罚。另外，其他国家有将持有问题食品的行为规定为犯罪的立法例。①

三是增设拒不履行食品召回义务罪。由于 2015 年修订的《食品安全法》明确规定了食品召回制度，② 并对拒不履行召回义务的食品生产经营者规定了相应的处罚。③ 对此，有的学者建议，刑法应该增设拒不履行食品召回义务罪，以促进此义务的落实。④

四是设立过失犯罪。生产、销售问题食品的行为涉及的罪名都是故意犯罪，有的学者建议应该设立过失危害食品安全犯罪的罪名，因为现有罪名的主观方面过窄，而且《食品安全法》等法律法规规定了食品从业者应当遵守的职业义务，违反这些义务，基于过失造成的危害后果不一定比故意犯罪造成的后果轻。同时，德国、日本等不少国家都规定了食品安全领域的过失犯罪，应当予以借鉴吸收。⑤

---

① 刘伟："风险社会语境下我国危害食品安全犯罪刑事立法的转型"，载《中国刑事法杂志》2011 年第 11 期，第 29 ~ 35 页；陈君："风险社会下公害犯罪之抽象危险犯"，载《北京理工大学学报（社会科学版）》2014 年第 3 期，第 135 页。

② 《食品安全法》第 63 条规定："国家建立食品召回制度。食品生产者发现其生产的食品不符合食品安全标准或者有证据证明可能危害人体健康的，应当立即停止生产，召回已经上市销售的食品，通知相关生产经营者和消费者，并记录召回和通知情况。食品经营者发现其经营的食品有前款规定情形的，应当立即停止经营，通知相关生产经营者和消费者，并记录停止经营和通知情况。食品生产者认为应当召回的，应当立即召回。由于食品经营者的原因造成其经营的食品有前款规定情形的，食品经营者应当召回。食品生产经营者应当对召回的食品采取无害化处理、销毁等措施，防止其再次流入市场。但是，对因标签、标志或者说明书不符合食品安全标准而被召回的食品，食品生产者在采取补救措施且能保证食品安全的情况下可以继续销售；销售时应当向消费者明示补救措施。食品生产经营者应当将食品召回和处理情况向所在地县级人民政府食品药品监督管理部门报告；需要对召回的食品进行无害化处理、销毁的，应当提前报告时间、地点。食品药品监督管理部门认为必要的，可以实施现场监督。食品生产经营者未依照本条规定召回或者停止经营的，县级以上人民政府食品药品监督管理部门可以责令其召回或者停止经营。"

③ 《食品安全法》第 124 条第 1 款第 9 项规定，食品生产经营者在食品药品监督管理部门责令其召回或者停止经营后，仍拒不召回或者停止经营的，由县级以上人民政府食品药品监督管理部门没收违法所得和违法生产经营的食品，并可以没收用于违法生产经营的工具、设备、原料等物品；违法生产经营的食品货值金额不足 1 万元的，并处 5 万元以上 10 万元以下罚款；货值金额 1 万元以上的，并处货值金额 10 倍以上 20 倍以下罚款；情节严重的，吊销许可证。

④ 于斌、刘晓莉："拒不履行食品召回义务行为的刑法规制"，载《长春师范学院学报（人文社会科学版）》2014 年第 5 期，第 29 ~ 33 页。

⑤ 吴喆、任文松："论食品安全的刑法保护——以食品安全犯罪本罪的立法完善为视角"，载《中国刑事法杂志》2011 年第 10 期，第 57 页。

总的来看，这些扩大食品安全犯罪圈的建议实际上是将部分行政处罚的行为纳入刑法的规制范围。尤其关于设置抽象危险犯的建议，几乎消解了行政违法与刑事不法的区别，与《食品安全法》第123、124、125条规定的应受行政处罚的行为发生重合，难以区分。这类主张或多或少地表现出对刑法上罪量要素的否定，至少建议产生的实际效果体现出这种否定。而且，提出上述建议的学者多以西方国家规定了相应的罪名作为支持理由。这些规定了轻微食品安全犯罪的国家，如美国、德国、日本，正是采用了定性不定量的一元处罚模式，与我国定性加定量的二元处罚模式具有很大的差别。因此，这类扩大犯罪圈的建议体现了在食品安全领域弱化行政违法与刑事不法的界限向一元处罚模式转化的倾向。

二、强调坚持谦抑性的主张

针对刑法学界主张扩大食品安全犯罪圈的建议，不少学者也提出了不同的看法。主要观点是应当坚持行政违法与刑事不法的区分，刑事不法的判断要以行政法的禁止性规范为前提，不能超越行政法的认定，对于上述扩大犯罪圈的主张基本持反对态度。具体理由有：

一是坚持谦抑性原则。对于由行政法调整的食品安全违法行为，不应该盲目地将其犯罪化，否则既违背谦抑性原则，又浪费司法资源。要坚持刑法"保障法"的立场，对于食品安全领域的风险问题，不能指望依靠刑法就能解决，应当多运用行政管理的手段，理性建构食品安全刑法保护的刑法结构。[①]

二是坚守刑法的基本原则。抽象危险犯、持有犯不同于传统的实害犯，这种将犯罪标准前移的做法与刑法的基本原则有所抵牾。尽管刑法提前规制具有巨大危险的行为已经不可避免，但是例外地处罚危险犯也要在刑法基本原则的限度内，要具体地考察是否存在紧迫的公共利益、是否有替代手段、是否具有必要性、是否会压制社会可欲的行为等。[②]

三是从经济成本来考量。由于一般意义上的食品安全违法行为非常普遍，

---

① 李海良："风险社会下的刑法沉思——兼评食品安全刑法保护的严刑峻法"，载《重庆理工大学学报（社会科学）》2013年第12期，第64~65页。

② 同上。

涉及的行为主体和危害对象非常多，其中的绝大部分案件交由行政机关查处，刑事司法部门重点打击严重的食品安全违法行为更符合经济原则。[①]

除了从宏观的原则出发外，还有学者针对扩张犯罪圈的具体立法建议一一分析，提出不同看法，反对增设新的罪名去规制危害食品安全犯罪，其理由概括起来就是应当坚持行政违法和刑事不法的区分，强调刑法的补充性，充分发挥前置的行政处罚的作用。[②] 从更广阔的视角来看，还有学者对当下"过度刑法化"提出了批评，其中就指出刑法积极介入食品安全类犯罪，反映了国家通过非刑法措施（尤其是行政执法机制）解决此类问题的不到位，但是这并不能成为刑法扩张的正当性依据，刑法应当坚持"司法法"的属性，反对刑法的过度政策化，贯彻"刑法最小化"理念，把刑法规制范围控制在绝对必要的限度内，优先使用非刑事手段。[③] 综上，这一类主张主要是强调刑法应当坚持谦抑性原则，不要贸然扩张食品安全犯罪圈。

三、国外食品安全刑事立法概况

在探讨食品安全刑法保护路径之时，许多学者都援引国外的立法例佐证个人观点，因此有必要对国外食品安全刑事立法概况进行梳理，为我国食品安全刑法保护研究提供他山之石。为方便论述，特选取具有代表性的德国、美国、日本的食品安全刑事立法予以概要介绍。

（一）德国食品安全刑事立法概况

德国刑法典没有就危害食品安全犯罪作出直接规定，但是可以援用一般性规定追究行为人的责任，例如，生产、销售有毒食品造成他人死亡时，可以以故意杀人罪或过失杀人罪定罪处罚，同理还可以适用伤害罪、过失伤害罪等。

德国关于危害食品安全犯罪的内容直接规定在附属刑法中，主要体现

---

① 王利宾："食品安全犯罪刑法规制的问题及对策——以刑法经济学为分析视角"，载《学术交流》2014 年第 9 期，第 89 页。

② 李森、陈烨："食品安全领域泛犯罪化思考"，载《政治与法律》2013 年第 7 期，第 51～59 页。

③ 何荣功："社会治理'过度刑法化'的法哲学批判"，载《中外法学》2015 年第 2 期，第 523～547 页。

在 2005 年 9 月颁布的《食品、烟草制品、化妆品和其他日用品管理法》（Lebensmittel －，Bedarfsgegenstäende － und Futtermittelgesetzbuch，简称 LFGB）中，又被称为"新食品和饮食用品法"。该法取代了之前的《食品和日用品法》（Lebensmittel – und Bedarfsgegenstände – Gesetz，简称 LMBG），是德国食品安全管理方面最重要的基本法律文件，是制定其他专门食品安全法律法规的准则和依据。其近年来也有所修改，主要是与欧盟相关标准保持一致。该法中规定刑事责任的条文主要是第 58 条和第 59 条，均采用了空白行为构成的立法模式。除此之外，该法第 60 条规定了大量的行政违法行为。

关于第 58 条的规定，明确违反前述食品管理规定的行为，如以足以危害人体健康的方式生产、加工食品，或者将有害健康的物质作为食品销售，或者违反有关规定销售从具备药效的动物身体上获得的食品，违反欧洲议会和理事会 2002 年 1 月 28 日颁布的欧洲食品安全管理局第 178/2002 号条例等规定的，处以 3 年以下有期徒刑或者罚金。如果发生对多数人的身体健康造成危害，或者造成他人死亡的危险、严重的身体或健康损害，或者为自己或他人谋取大量不正当财产利益等特别严重的后果，处以 6 个月以上 5 年以下的有期徒刑。如果是故意实施上述行为，处以 10 年以下有期徒刑或者罚金。而且，该条处罚过失犯和未遂犯。

关于第 59 条的规定，主要处罚的是违反相关规定使用食品添加剂、离子交换剂等行为和欺诈消费者的行为，如出售使用欺诈性名称、说明或包装的食品，或者进行欺诈性的描述或说明，处以 1 年以下有期徒刑或罚金。如果行为人违反前述第 1 段第 8 项或第 10 项、第 2 段第 1 项的 a 和 b 时，获得了大额财产或者巨大个人利益，或者多次实施相同行为的，处以 2 年以下有期徒刑或罚金。另外，该条对于过失犯和未遂犯则没有规定为犯罪。

（二）美国食品安全刑事立法概况

美国作为普通法系国家，没有统一的联邦刑法典，但是关于危害食品安全犯罪有繁多的附属刑法，最早可以追溯至 1906 年《纯净食品和药品法》（Pure Food and Drugs Act）。该法主要禁止州际间在商品上张贴假冒商标、制造和运输掺假食品和药品的行为，违法者将处以 500 美元的罚款或者判处 1

年监禁，或者二者并处。经过不断的发展完善，美国规定危害食品安全犯罪的附属刑法除了以《联邦食品、药品和化妆品法》（The Federal Food，Drug，and Cosmetic Act）为主的综合性法律，① 还包括针对不同食品制定的《联邦肉类检验法》（Federal Meat Inspection Act）、《家禽产品检验法》（Poultry Products Inspection Act）、《蛋产品检验法》（Egg Products Inspection Act）、婴儿乳品法（Infant Formula Act）等各类具体的法律，② 以及保护农产品生产环境的《清洁水法》（Clean Water Act）、《食品质量保护法》（Food Quality Protection Act）等，③ 其体系庞杂、内容具体、覆盖广阔。随着美国食品安全情况的变化，首先出台了《2009 年食品安全加强法》（Food Safety Enhancement Act of 2009），2011 年又通过了《FDA 食品安全现代化法》（FDA Food Safety Modernization Act），对《联邦食品、药品和化妆品法案》作出了重大修订。总的来看，这些法律分别由美国食品药品监督管理局、美国农业部、美国环境保护局负责执行，涵盖了食品的成品、原料和生产环境三个环节，保护比较全面，下文就主要内容予以介绍。

1. 《联邦食品、药品和化妆品法》

该法出台的背景是 1937 年爆发的"磺胺酏剂（Elixir Sulfanilamide）"悲剧。"磺胺酏剂"这种新药在没有做过任何毒理学试验的情况下就上市销售，最终造成 107 人死亡，包括许多儿童，举国震惊。为避免这类悲剧再次发生，1938 年 6 月，美国国会通过了《联邦食品、药品和化妆品法》，授予美国食

---

① 参见"Milestones in U. S. Food and Drug Law History"，载美国食品药品监督管理局（United States Food and Drug Administration）官网，https：//www.fda.gov/AboutFDA/WhatWeDo/History/Milestones/ucm081229.htm，2016 年 12 月 18 日访问。

② 参见"Inspection Acts，Related Laws and Guidance"，载美国农业部（United States Department of Agriculture）官网，https：//www.fsis.usda.gov/wps/portal/fsis/topics/rulemaking/federal-meat-inspection-act/!ut/p/a1/jZDBboMwDIafpQeOYDO6ivaGkOiAFVRV62guU2AhoAFBIRtan75hPXVrtdonW99v-zcQyIB09KvmVNWio81Uk8UbbnFhL32M0sALMEycYO8maxvjRw0cLoClPQH7bRr7PrqJc6f-Rnj4nz66Y8GD3PgbDqSnqjLrrhSQleydSdqYLaNKt4aeFZNjkxYKXoFcDkVbpx66mz9FiYPp_ DdwxfUZuG1L380bkf-8-OB1uePqAyUrmWTS-pS6XSnVDysDDRzH0eJC8IZZhWit6sPAa6pKDAqyPzD07Ut2fC53oUny79GbnQAH16eB/?1dmy&urile = wcm% 3apath% 3a% 2FFSIS-Content% 2Finternet% 2Fmain% 2Ftopics% 2Frulemaking，2016 年 12 月 18 日访问。

③ 参见"Summaries of environmental laws and EOs"，载美国环境保护局（United States Environmental Protection Agency）官网，https：//www.epa.gov/laws-regulations/laws-and-executive-orders，2016 年 12 月 18 日访问。

品药品监督管理局审核新药安全性、发布食品标准、实施工厂检查等权力。该法替代了《纯净食品和药品法》，成为美国保护食品安全的基本法律，其关于危害食品安全犯罪的规定也是最为全面的。

在该法第三章"禁止的行为和处罚"中，第一节"禁止的行为"规定了诸多危害食品安全犯罪，除了典型的生产、销售标识错误或者掺杂掺假的食品以外，还规定了很多其他行为，如在州际贸易中引进、运输、接收标识错误或者掺杂掺假的食品；不根据规定建立或者保留食品生产、加工、包装、运输、派送、接收、持有、进口的相关记录或者报告；在食品上伪造、仿造、假冒或者没有合法授权就使用相关标记、印章、标牌、标签；全部或部分改变、毁损、破坏、涂抹在售食品的标签；没有按照规定登记食品生产设备等信息；负责运输食品之人没有遵守食品药品监督管理局发布的关于运输卫生的规定等行为。其规定之多之细，涵盖了食品生产、经营各个环节。关于"刑事责任"规定在第三章的第三节，"违反本章第一节规定的，处以 1 年以下有期徒刑，或者处以 1000 美元以下罚金，或者二者并处；如果行为人在违反第一节规定被判罚后，再次违反第一节规定的，或者带有欺诈或使人误解的故意违反第一节规定的，处以 3 年以下有期徒刑，或者处以 10 000 美元以下罚金，或者二者并处。"

由上可知，美国关于危害食品安全犯罪采用的是严格责任（strict liability）的归责原则，仅仅规定了行为的客观特征，没有行为人明知、疏忽之类的表述。根据美国《布莱克法律词典》的解释，严格责任是指不取决于实际导致损害的过失或者故意，而是以违背了保障安全的绝对义务为基础的；它一般适用于过度危险的行为和产品责任案件；也被称为绝对责任（absolute liability）或者无过错责任（liability without fault）。① 关于严格责任的规则首先是法官在适用法律的过程中确立的，将普遍适用于民事产品侵权责任领域的严格责任原则引入了刑事司法实践。随后，国会正式在规制"公共福利犯罪"和"道德犯罪"的成文法中确立了严格责任原则。当然，所谓的严格责任也并非绝对，法律也同时规定了相应的抗辩理由，如《联邦食品、药品和

---

① Bryan A. Garner：Black's Law Dictionary, New York：Thomson Business, 2679 (2004).

化妆品法》第三章第三节就明确了"基于合理确信的例外规定",符合这些情形的,行为人就不用承担刑事责任,如在"基于合理确信而接受、运输州际贸易的食品,除非行为人拒绝向司法人员提供其购买或者接受该食品的相关人员姓名和住址"的情形下。美国在危害食品安全犯罪中规定严格责任,是与其轻缓的刑罚相适应的,也是针对这类犯罪专业性强、行为人主观心态很难举证、生产经营食品的人员负有掌握生产经营食品相关法规的特殊义务。

2. 《2009 年食品安全加强法》

2009 年 1 月,美国花生公司布莱克利工厂生产的花生酱被沙门氏菌污染,导致 9 人死亡,引发震惊全美的"花生酱事件"。当时美国食品药品监督管理局虽已确认污染来源于厂商,但碍于法律的限制,必须征得涉嫌厂商的同意后,才能向社会大众宣布全面召回受污染食品,因而未能在第一时间告知消费者。在这种情况下,美国公众对本国的食品安全监管制度和美国食品药品监督管理局保障食品安全的能力提出严重质疑。因此,美国加快了食品安全立法进程,于 2009 年 7 月 30 日通过了《2009 年食品安全加强法》,对《联邦食品、药品和化妆品法》作出了 70 年来最大幅度的修订。该法重点在于提高美国食品药品监督管理局的权限,强化政府部门在食品安全管理中的职能,对食品监管的全过程都进行了修正和加强。

在刑事责任方面,该法第 134 节对《联邦食品、药品和化妆品法》的第 303 节(a)作出了修订,显著提高了量刑幅度。具体内容是,任何人故意违反《联邦食品、药品和化妆品法》第 301 节(a)(b)(c)(k)或(v)的规定,造成食品标识错误或者在食品中掺杂掺假的,处以 10 年以下的监禁,或者根据《美国法律汇编》第 18 册的规定处以罚金,或者并处。

除此之外,虽然 2011 年的《FDA 食品安全现代化法》也对《联邦食品、药品和化妆品法》作出了较多修订,但是没有改变犯罪和刑罚部分的规定,在此就不再一一介绍。

(三)日本食品安全刑事立法概况

日本刑法典中关于危害食品安全犯罪的规定很少,主要内容体现在附属刑法中,内容庞杂、规定繁多,下文将分类予以简要介绍。

1.《日本刑法典》的相关规定

《日本刑法典》第 205 条规定了将毒物混入饮食物罪，即将毒物或者其他有害之物混入饮用水的，处 3 年以下惩役。将毒物或者其他有害健康之物，混入供多数人饮食之物或者其原料的，同前项。

《日本刑法典》第 206 条规定了将毒物混入水道罪，即将毒物或者其他有害健康之物，混入由水道供给公众的饮用水或者其水源的，处 2 年以上有期惩役。

《日本刑法典》第 209 条规定了前两个罪名的结果加重犯，即犯前述第 205 条或者前条之罪，其结果伤害他人的，处 6 个月以上 10 年以下惩役；致人死亡的，处 3 年以上有期惩役。犯第 206 条之罪，其结果致人死亡的，处无期或者 5 年以上惩役。

《日本刑法典》第 210 条规定了前两个罪名的未遂犯，即认定犯第 205 条（将毒物混入饮食物罪）、206 条（将毒物混入水道罪）的未遂犯应该处罚。

《日本刑法典》第 211 条规定了过失将毒物混入饮食物等罪，即过失将毒物或者其他有害健康之物，混入供多数人饮食之物或者由水道供给公众的饮用水或者其水源，导致对人的生命、身体产生危险的，处 1 年以下惩役或者 20 万日元以下罚金。业务上必要的注意有所懈怠，犯前项之罪的，处 3 年以下监禁或者 30 万日元以下罚金。①

以上罪名规定实际上更类似于我国的投放危险物质罪，重点不在于规制正常食品生产经营中的犯罪行为，但是又与食品安全相关。日本规定以上罪名与著名的格力高·森永事件有关。该事件发生在 1984 年至 1985 年期间，以江崎格力高食品公司社长江崎胜久被绑架、索要赎金为开端，最终发展成向众多日本食品企业发出投毒威胁索要赎金的犯罪案件。虽然罪犯每次都会事先预告，并没有人因为有毒食物而受到伤害，但是相关企业受到非常巨大的经济和名誉损失。这一案件在当时的日本造成了非常重大的影响，引发了本国以及其他国家的罪犯跟风模仿。日本警视厅动员了大量的人力物力参与

---

① 以上法律条文规定见张明楷译：《日本刑法典》，法律出版社 2006 年版，第 173～174 页。

侦破这一案件，最终也未能将罪犯捉拿归案。① 因此，以上罪名看起来就是针对这类事件"量身定做"的，其规定有相应的国情背景。除此之外，与德国一样，日本也可以援引刑法典的一般性规定对危害食品安全犯罪的行为定罪处罚，如杀人罪、伤害罪、伤害致死罪、业务上过失致死伤罪。1955 年，日本爆发的森永奶粉砷中毒事件最终就是由德岛地方法院于 1973 年 11 月 28 日作出再审判决，判定森永奶粉公司原制造科科长构成业务上过失致死伤罪。

2. 《日本食品卫生法》

第二次世界大战以后，由于食品供应不足和市场秩序的混乱，日本国内出现了大量假冒伪劣食品。为了防止劣质食品对国民的身体健康造成损害，日本于 1947 年 12 月 24 日颁布了《日本食品卫生法》，对食品及添加剂、器皿、容器包装、标识、广告、监督指导方针及计划、检查、营业等问题作出了详细的规定。

该法规定的危害食品安全犯罪非常多，并详细列明了诸多的行为方式。主要内容有：

一是关于食品和添加剂的规定。该法第 6 条规定："下述食品或者食品添加剂不得以销售（包括销售以外的、以不特定或者多个人为对象的授予）或者用于销售为目的进行提取、生产、进口、加工、使用、烹调、贮藏或者陈列：（1）腐败、变质或者未成熟的食品或食品添加剂。但是，被确认对于一般人的健康没有损害，适用于饮食的食品或食品添加剂不受此限。（2）含有或者附着有毒或者有害的物质或者有此类嫌疑的食品或食品添加剂。但是，由厚生劳动大臣认定对人体健康没有损害的情况不受此限。（3）被病原微生物污染或者有此嫌疑，有可能损害人体健康的食品或食品添加剂。（4）由于不干净、混入或添加了异物以及其他原因，可能损害人体健康的食品或食品

① 因为罪犯自称为"怪人二十一面相"。（模仿江户川乱步笔下的虚构人物"怪人二十面相"，台湾、香港翻译为千面人），本案有时也称怪人二十一面相事件或森永千面人事件。事件经过介绍参见互动百科："格力高·森永事件"词条，http：//www. baike. com/wiki/% E6% A0% BC% E5% 8A% 9B% E9% AB% 98% C2% B7% E6% A3% AE% E6% B0% B8% E4% BA% 8B% E4% BB% B6，2016 年 10 月 23 日访问。

添加剂。"另外，该法第10条也对销售添加剂作出了规定，即"除非厚生劳动大臣认为该产品对人体健康没有损害且在听取药事食品卫生审议会的意见后作出规定，否则食品添加剂（天然香料以及一般作为食品用于饮食且被当作食品添加剂使用的物质除外）以及含有食品添加剂的制剂及食品不得进行销售，或以销售为目的进行生产、进口、加工、使用、贮藏或陈列。"违反上述规定的，根据该法第71条的规定，处以3年以下有期徒刑或者300万日元以下的罚金。

二是关于肉类食品的专门规定。该法第9条第1款对病死家畜的肉、骨头等有明确规定："不得将患有厚生劳动省令规定的疾病或有此嫌疑或突然死亡的家畜（指的是牛、马、猪、绵羊、山羊以及厚生劳动省令规定的其他动物）的肉、骨头、乳汁、内脏及血液或者是患有厚生劳动省令规定的疾病或有此嫌疑或突然死亡的家禽（指的是鸡、鸭及火鸡以及厚生劳动省令规定的其他动物）的肉、骨头及内脏作为食品进行销售或作为食品为了将之用于销售而进行提取、加工、使用、烹调、贮藏或者陈列。但是，相关职员确认突然死亡的家畜或家禽的肉、骨头及内脏对于人体健康没有损害、适用于饮食的情况不受此限。"违反上述规定的，处以3年以下有期徒刑或者300万日元以下的罚金。另外，该法第9条第2款对进口肉类食品作出规定："对于家畜及家禽的肉、内脏以及厚生劳动省令规定的此类产品，如果不是由出口国政府机构发行证明，且附上记载有其他厚生劳动省令所规定的事项的证明书或其副本，以证明该产品非患有前项厚生劳动省令规定的疾病或有此嫌疑或突然死亡的家畜或家禽的肉或内脏以及此类产品，则不得作为食品进口此类产品以用于销售目的。但是，如果该产品是从厚生劳动省令规定的国进口的家畜肉等，且该国政府机构通过电信线路将该家畜肉等的相关卫生事项传送至厚生劳动省使用的电子计算机，并在该电子计算机电子预备的文件里记录，这种不受此限。"违反此规定的，处以1年以下有期徒刑或者100万日元以下的罚金。

三是关于新型或特定食品与添加剂的规定。关于禁止销售新型食品，该法第71条第2款规定，对违反第7条的第1款至第3款的，处以3年以下有期徒刑或300万日元以下的罚金。第7条的内容包括：（1）对于一般不用于饮食且没有确证不会对人体健康造成损害的物质，或者含有此物质的产品重新作为食品即将进行或已经进行销售的情况下，厚生劳动大臣认为有必要防止发生食品卫生上的危害时，在听取药事食品卫生审议会的意见后，可以禁止该产品作为食品进行销售。（2）对于一般用于饮食的食品却采用与通常方法明显不同的制作工艺供人食用，且没有确证不会对人体健康造成损害，厚生劳动大臣认为有必要防止发生食品卫生上的危害时，在听取药事食品卫生审议会的意见后，可以禁止该产品作为食品进行销售。（3）怀疑因食品而发生人身健康的重大损害，从损害的样态看，怀疑该食品中包含了可能产生损害的一般从未供食用的物质时，厚生劳动大臣认为有必要防止发生食品卫生上的危害时，在听取药事食品卫生审议会的意见后，可以禁止该产品作为食品进行销售。关于禁止销售特定食品、添加剂，该法第8条第1款规定："关于在特定国家或者地区提取、生产、加工、烹调或贮藏或者由特定的人提取、生产、加工、烹调或贮藏的特定的食品或食品添加剂，根据该法第26条第1款至第3款或者第28条第1款规定的检查结果发现相当数量的下列食品或食品添加剂，或根据产地的食品卫生管理状况及其他厚生劳动省令规定的事项，认为可能含有相当程度的下列食品或食品添加剂时，厚生劳动大臣根据其可能造成的对人体健康损害程度和其他厚生劳动省令规定的事项，认为十分有必要防止该特定食品或食品添加剂引发食品卫生上的危害时，在听取药事食品卫生审议会的意见后，可以以告示形式禁止该特定食品或食品添加剂的销售或者以销售为目的的提取、生产、进口、加工、使用或烹调活动。"违反该规定的，处以1年以下有期徒刑或者100万日元以下的罚金。

除此之外，该法还规定了违反食品器具和容器包装的规定、标识的规定构成犯罪的行为。另外，该法第78条对法人的刑事责任也作了详细规定，即当法人代表或者法人、自然人的代理人、雇员以及其他从业人员实施了与业务相关的该法第19条、第20条、第71条、第72条所规定的违法行为时，除了处罚行为人以外，还要根据有关条文对法人或自然人进行处罚。

综上所述，上述三国关于危害食品安全犯罪的规定是与其本国食品安全状况和监管体制紧密结合在一起的。与我国相比较，其规定的危害食品安全犯罪罪名更多，罪状表述更为具体详细，但是同时其刑罚也更为宽缓。虽然我国危害食品安全犯罪规定的范围更窄，但是量刑较重，而且行政处罚涵盖了大多数的轻微食品安全违法行为。所以，从他国的立法经验来看，扩大危害食品安全犯罪处罚范围是与降低刑事处罚力度联系在一起的。我国现在的选择是处罚严重危害食品安全的行为并科以较重的刑罚，这与我国刑事司法力量的实际情况相适应。

四、审慎扩大危害食品安全犯罪处罚范围的选择

强调扩张犯罪圈以加大食品安全刑法保护力度，与保持刑罚权的克制不盲目扩张食品安全犯罪圈，看起来各说各话、各执己见，但实际上两种观点的交锋应该回到一个现实前提，即食品安全监管的现状究竟如何，当下食品安全问题频发是否应归因于刑事处罚不足。仅仅从抽象理念出发去论证具体行为是否应当入罪，难以提供令人信服的理由。基于此，下文将聚焦当前食品安全监管领域的问题，进而分析食品安全刑法保护应该选择的路径。

（一）我国食品安全监管领域存在的问题

一是食品安全标准不完善。食品安全法颁布实施以前，我国的食品安全标准体系纵横交错，比较混乱。从纵向上来看，分为国家标准、行业标准和地方标准三类。从横向上来看，根据《中华人民共和国标准化法》及其实施条例的规定，[①] 国家标准由国务院标准化行政主管部门组织草拟，另外又特别规定卫生主管部门负责组织草拟、审批食品卫生的国家标准，农业主管部门负责兽药的国家标准；没有国家标准的，国务院有关行政主管部门可以制定行业标准。根据1990年8月国家技术监督局发布的《行业标准管理办法》第3条的规定，涉及工、农业产品的品种、卫生要求、生产、检验、包装等方面都可以由相关行政主管部门负责组织制定行业标准，第4条还规定兽药、

---

① 《中华人民共和国标准化法实施条例》（国务院令第53号）第12条规定："国家标准由国务院标准化行政主管部门编制计划，组织草拟，统一审批、编号、发布。工程建设、药品、食品卫生、兽药、环境保护的国家标准，分别由国务院工程建设主管部门、卫生主管部门、农业主管部门、环境保护主管部门组织草拟、审批；其编号、发布办法由国务院标准化行政主管部门会同国务院有关行政主管部门制定。法律对国家标准的制定另有规定的，依照法律的规定执行。"第13条规定："对没有国家标准而又需要在全国某个行业范围内统一的技术要求，可以制定行业标准（含标准样品的制作）。制定行业标准的项目由国务院有关行政主管部门确定。"

农药、食品卫生等标准都是强制执行标准。① 由于标准的制定权并不统一，国家标准和行业标准存在交叉，这就导致不同部门制定的部分标准重复、互相冲突，另外缺乏归口统一也造成了标准缺失。② 对此，现行《食品安全法》对食品安全标准体系作出了重大调整，将以前的食品国家标准和强制执行的行业标准整合为食品安全标准，除此之外，不得制定其他的食品强制性标准。根据该法的要求，原国家卫生和计划生育委员会（现改为国家卫生健康委员会）对现行食品标准进行摸底，共梳理出已有食品、食品添加剂、食品相关产品强制执行标准 4900 余项，并在此基础上进行清理整合，制定、修订食品安全国家标准。根据最新的新闻报道，现已完成技术层面的清理、整顿，但还需要在国家层面进行最后审核和发布。③ 除此之外，原国家卫生和计划生育委员会制定的《食品安全标准与监测评估"十三五"规划（2016 - 2020 年）》，我国食品安全标准数量与指标仍有缺失，食品安全标准研制和跟踪评价能力不足，食物消费量、食品毒理学和营养监测等风险评估基础数据库不够系统全面，食品安全未知风险识别技术研发力量薄弱，因此要在短时间内建立起一套完善的食品安全国家标准体系并不容易。由此可见，我国的食品安全标准尚在完善过程中。在前置规范不明确或缺失的情形下，危害食品安全犯罪的刑法适用必然发生困难。试图通过扩大刑法圈来解决这种适用困难无疑缘木求鱼，因为即使是行政执法也要以食品安全标准为依据来判断。

二是食品安全监管力量薄弱。食品安全监管职责的落实要依靠健全的基层执法，但是我国食品安全基层监管力量薄弱，难以负担起繁重的执法监管任务。根据国务院食品安全委员会办公室的统计，截至 2013 年 9 月，我国有 12.3 万家获得生产经营许可的食品生产企业，576.7 万家食品经营主体，243 万家餐饮单位，除此之外还有 2 亿多户农牧渔民和难以计数的食品小作坊、小摊贩。与之相对，全国各级食品安全专职监管人员约有 10.7 万人，即使不

---

① 《行业标准管理办法》（国家技术监督局令第 11 号）第 4 条规定："行业标准分为强制性标准和推荐性标准。下列标准属于强制性行业标准：（一）药品行业标准、兽药行业标准、农药行业标准、食品卫生行业标准；（二）工农业产品及产品生产、储运和使用中的安全、卫生行业标准；……。"

② 陈佳维、李保忠："中国食品安全标准体系的问题及对策"，载《食品科学》2014 年第 9 期。

③ "5000 余食品标准完成整顿"，载《京华时报》2016 年 1 月 12 日，第 35 版。

算上小作坊、小摊贩和农牧渔民，每人平均都要监管 500 多个食品经营主体。① 再进一步分析餐饮安全监管的状况，更能看出我国食品安全监管的困境。餐饮服务环节的食品安全监管职责自 2008 年起划归食品药品监督管理机构（北京市、福建省除外，两省市仍将此职能保留在卫生部门），根据《食品药品监督管理统计年鉴》公布的数据，2008 年全国省级及以下食品药品监管行政机构餐饮安全监管人员为 3223 人，2012 年增加至 6909 人。② 从餐饮安全的监管内容来看，我国实行餐饮服务许可证制度，2012 年向各类餐饮单位共发放餐饮服务许可证约 180 万件，相应的餐饮安全监管人员总数为 6909 人，平均下来人均负责核发餐饮服务许可证约 261 件。③ 而且，这还只是正规经营的餐饮单位数，不包括广泛存在的无证经营的小餐馆、流动摊贩、农家乐、工地食堂等其他的餐饮服务。至于监管人员的日常监管方式，主要有以下几种：一是根据法律法规的要求查验各种票证，检查餐饮单位是否属于合法经营；二是检查餐饮企业购买的食材是否都有合格证明，如动物性食品，就是检查肉类的检疫合格证和肉品质量合格证；三是抽样检测，从消费环节和餐饮环节进行抽样，然后带回检测。总体而言，监管工作以索要餐饮单位票据为主，抽样检测较少，受制于检测设备和检测经费，成本过高，基层监管机构难以负担。如对于卖假羊肉的情况，N 省 L 市的食品药品监督管理局的 Y 副局长就表示，由于要进行 DNA 检测才能查明掺假情况，他们没有这样的技术手段，无法检测，只能通过查看购买羊肉的票据进行执法。他还表示可能当地的检验检疫部门有这样的技术手段，但他们检验机构的整合程度还达不到。④ 通过餐饮安全监管的例子更进一步说明，基层执法力度不强，并没有充分发挥第一道防线的作用。在这种情形下，最有针对性的办法是尽快完成基层食品安全监管机构改革，进一步强化食品安全监管力量，保障其有

---

① "国务院：食品安全财政投入要'稳增'"，载《新京报》2013 年 9 月 12 日，第 A07 版。

② 李旭、庞鸿雁、赵巍："我国食药监系统餐饮安全监管人员配置现况"，载《公共卫生与预防医学》2014 年第 5 期。

③ 同上，第 41 页。

④ 田永胜于 2013 年 6 月 23 日对 N 省 L 市的食品药品监督管理局部分干部的访谈，田永胜：《风险社会视角下的中国食品安全——以动物性食品为例》，社会科学文献出版社 2014 年版，第187 ~ 188 页。

效履行监管职责，而不是把这部分行政执法的职责转移给刑事司法部门。公安机关在当下承担着繁重的工作任务，警力不足是长期存在的客观矛盾，再加上食品安全犯罪的专业性强，由完全不懂相关知识的公安机关侦办难度更大，转移职责客观上更不利于有效惩处食品安全违法行为。

　　三是食品安全检验水平不能满足客观需要。我国现有的具有实验室资质认定的食品检验机构数量较少，在人员配备、经费保障、检测能力等方面都不能完全满足客观需要，严重影响食品安全违法行为的查处。根据搜集到的资料，选取经济发达省份——浙江省的食品检验机构现状为例，[①] 以此作为观察和分析我国食品安全检验水平的样本。关于食品检验机构数量，浙江省共拥有具有政府职责的食品检验机构227家，隶属于卫生、质检、农业、检验检疫、食品药品监管、粮食等部门，分为省（10家）、市（50家）、县（167家）三级食品检测机构，各自之间相对独立。对应各级行政区域数量，平均每个市级行政区域拥有市级机构4.54个、每个县级行政区域拥有县级机构1.86个，各市机构数差别明显，与经济发达情况相关，甚至有6个县级行政区域没有县级食品检验机构。值得注意的是，有近10%的机构没有获得实验室资质认定（计量认证）证书，[②] 即不能从事食品检验活动，其中50%是农业系统的食品检验机构，这与农业部门长期弱化对食用农产品的监督抽验和处罚有关。关于食品检验人力资源状况，浙江省共有从事食品检验人数3164人，平均每家机构从事检验人数13.94人，远低于香港的80余人/家和德国的50余人/家的数值，而且机构中专门从事食品检验的人员一共只有1386人。从专业分工来看，理化检验、微生物检验人员的数量和素质与机构的食品检验能力关系甚大，其中15家机构理化检验人员数量少于2人，50家机构的微生物检验人员不到2人。由于食品检验要求至少两人同时进行同一操作，那意味着这65家机构无法正常开展食品检验工作。关于食品检验经

---

① 此项实证调查由浙江省食品安全委员会办公室总负责，采用国务院食品安全委员会办公室统一设计的调查表格，建立网上填报平台，赋予每个食品检验机构一个账号，食品检验机构网上填报本机构的资源信息。所以，具有很高的可信度。所有数据截至2010年年底。具体内容参见罗华标：《浙江省食品检验机构现状调查及分析》，浙江大学2012年硕士学位论文。

② 全国获得实验室资质认定的食品检验机构仅占总数量的69.47%。

费情况，从 2008 年到 2010 年，浙江省三年年均财政拨款 9772.28 万元，科研经费 1259.28 万元。在具体数值上，虽然每年经费有所增长，但是增长幅度有限。2010 年县级机构平均年财政拨款经费为 35.30 万元/家，每家机构拥有的设备总值平均为 390.38 万元/家。关于设备维护费用，按照设备总值的 10% 来计算，县级机构每年获得的财政拨款经费还不足以支付仪器设备的正常维护费用，除此之外房屋水电等基本支出、检验所需的耗材费用都没有出处，仪器设备更新升级就更谈不上了。关于食品检测仪器设备情况，浙江省共有 9.25% 检测机构的设备总值少于 100 万元，这意味着这些机构很难同时拥有检验重金属、化学污染物、农残、食品添加剂等最常见的食品检验能力；另外，有 80.18% 的机构没有配备单价 100 万元以上的仪器设备，这表明八成以上的机构没有高、精、尖的食品检测仪器设备，无法承担较为复杂的检测任务。同时，由于分段监管的原因，检验机构重复建设的现象也比较严重，造成极大浪费。[①] 以上几个关键指标反映出了浙江省食品检验的基本情况，无论是硬件条件还是软件方面都有待提高，在现有条件下无力为食品安全案件的查处提供全面的保障。浙江省作为经济发达省份尚且如此，可想而知中西部欠发达省份的情况更是不容乐观，当前的食品安全检验水平离监督、处罚食品安全违法行为的实际需要还有较大距离。这种客观现实是导致处罚不力的重要原因，将行政违法行为当作犯罪处理，根本无法解决这个问题。

“除了以上原因外，食品安全监管机制不顺也是影响实际监管效果的重要因素，尽管中央在 2013 年就升格成立了原食品药品监督管理总局（现已改为国家市场监督管理总局），由其和原农业部（现改为农业农村部）负责食品安全监管，原卫计委（现改为国家卫生健康委员会）负责食品安全标准制定和风险评估，改变过去分段治理的局面，但是省、市、县三级食品药品监管机构改革还远未完成。具体情况在上一章的食品监管渎职罪中已有介绍，这里不再赘述。”

综上，食品安全监管本身存在诸多问题，影响了监管的有效性，实践中

---

① 以上所有数据引自罗华标：《浙江省食品检验机构现状调查及分析》，浙江大学 2012 年硕士学位论文。

大量食品安全违法行为没有被及时查处，首先在于行政监管的第一道防线就失效了。当然，监管的失效原因有很多，涉及整个食品安全治理体系的方方面面，要详细探讨各种原因超出本书的范畴，但是以上几个关键环节充分说明了监管的现状。

（二）选择审慎扩大危害食品安全犯罪处罚范围的理由

由上可知，食品安全行政执法存在诸多困难，难以有效发挥第一道监管防线的作用。在这种情形下，希冀通过刑事司法来补足行政执法的缺失，是不现实也不明智的。

一是从违法行为的发现来看，如果直接负有监管职责的行政部门都无法发现，那么不具备食品安全专业知识的公安机关就更缺乏条件和能力去发现，所谓加大刑事打击力度的愿望必然落空。因此，当下食品安全问题频出，并非犯罪圈划定太小，而是现有的食品安全监管能力不足。运用抽象危险犯的模式修改现有罪名，进一步扩大犯罪圈，并非对症下药，本书并不赞同此主张。

二是从违法行为的查处来看，刑事诉讼要求的证明标准是最严格的，远高于行政处罚要求的标准，这也是导致行政执法证据难以转化为刑事证据的原因之一，在行政处罚都受制于检验水平的情况下，再将部分应受行政处罚的行为作为犯罪处理，无疑让刑事诉讼证明面临更多的困难，有可能造成更多难以定罪的情况，最终也会使扩大犯罪圈的设想落空。

三是从处罚轻微食品安全违法行为的实际情形来看，效果也并不理想。现结合采访公安机关一线执法人员的内容加以说明，2015年，当地公安机关和行政部门联合开展了打击非法添加复合膨松剂"泡打粉"制售包子馒头等面食品的专项活动，公安机关共查获案件100余起，抓获涉案人员400余人，但最后经与检察机关召开专题会议研究决定，由于案件情节显著轻微，行为危害性不大，对所有涉案人员变更强制措施为取保候审，不予刑事起诉。主要理由是：①禁止在馒头、发糕等面制品中添加"泡打粉"（在油炸面制品、挂浆用的面糊、裹粉、煎炸粉中可以添加）的规定是自2014年7月1日起新实施的，① 以前允许添加。这种添加行为本身的危害性并不严重。②涉

① 国家卫生计生委、工业和信息化部、质检总局、食品药品监管总局、粮食局《关于调整含铝食品添加剂使用规定的公告》（2014年第8号）。

案人员多是小商小贩，都属小本经营，涉案金额不大，对于行为的违法性并无明确认识，主观恶性较小。③打击的范围几乎涉及当地绝大部分包子馒头店，一时间市场上都难以买到发面的包子馒头，对当地民众的生活影响较大。通过这个例子可以发现，对于违反食品安全标准的生产、销售行为，如果不加以区分危害程度就一律入刑，可能产生的混乱超出想象，不仅达不到良好的治理效果，反而会损害刑事司法的正义性。

综上，对于食品安全领域具有普遍性的违法行为，应当慎重处理，不能动辄运用刑法加以治罪，首选方案是先通过市场淘汰、行业自律、行政处罚等多元方式进行化解，再由刑法介入处罚真正具有严重危害性的行为。同理，关于增设拒不履行食品召回义务罪的主张，本书亦不赞同。由于《食品安全法》关于食品生产经营者的召回义务规定较为原则，并没有在相应的法规规章中进一步细化为可操作的制度、机制和程序，实践中食品生产经营者也经常出现没有及时召回问题食品的情形。在前置的行政法规都尚未形成真正发挥作用的惩罚机制，就直接运用刑罚手段去规制此种具有普遍性的行为，违背了谦抑性原则，也极容易造成选择性执法，效果不佳。另外，食品安全国家标准会不定期修订，一般复审周期不超过5年，将如此频繁变动的行政标准作为入罪标准，会使刑法的可预期性岌岌可危，不具有正当性。所以，坚持行政违法与刑事不法的区分，针对司法实践中的突出问题，审慎扩大危害食品安全犯罪处罚范围，将重点放在有效整合现有刑事资源、精准规制现有危害食品安全犯罪上，才是更为理性的食品安全刑法保护路径。

第三节　当前食品安全刑法保护存在的问题

在坚持行政违法与刑事不法的二元处罚模式的基础上，再来审视当前食品安全刑法保护存在的问题，就能更加有的放矢。需要说明的是，立足于二元处罚模式坚持刑法的谦抑性，并不代表绝对不增设新的罪名，只是强调不能盲目扩大犯罪圈，新增罪名需要根据具体情况进行具体分析。因此，针对司法实践中危害食品安全犯罪遇到的问题，下文从立法、司法和相关制度机制三个方面对食品安全刑法保护存在的问题进行梳理。

一、立法上存在的问题

（一）法典型立法模式的罪状规定类型化程度不够

关于危害食品安全犯罪的规定，在过去特定的历史时期，采取过附属刑法立法模式和单行刑法立法模式，随着刑事法律的不断健全完善，形成了目前的由刑法典统一规定的法典型立法模式。现行的《食品安全法》《农产品质量安全法》等法律并没有具体地规定罪状和法定刑，只是一般性地规定"构成犯罪的，依法追究刑事责任"的做法，因此，并不能认为是真正意义上的附属刑法。[①]

法典型立法模式具有便于公众认知、体系性强等不可否认的优点，但是囿于篇幅，罪状规定高度抽象化，不进行太多类型化区分，以控制总体罪名个数，避免法典太过臃肿。对于危害食品安全犯罪这类具有较强专业性的法定犯，运用高度抽象化的方式规定几个涵盖范围很广的罪名，容易在具体适用中发生认定困难。我国刑法典规定了三个主要的危害食品安全犯罪的罪名，[②] 主要以食品性质为标准进行类型化区分。但是，在具体的个案中，要区分食品性质必须通过鉴定，而现有的鉴定条件并不能很好地提供支持，因此由于鉴定不能造成食品性质难以判定，进而造成难以入罪或者此罪与彼罪很难区分。由此可见，以食品性质为标准的罪名区分，不太贴近实践需求。如果要对危害食品安全犯罪作更有针对性的类型化区分，如采用区分食品性质、行为方式、生产经营环节等等不同标准，势必会大幅度扩张刑法典，这与采用法典型立法模式的初衷相违背。这意味着刑法规范的数量与精细程度

---

① 张明楷教授指出："行政法、经济法等法律中的一些条款，只是形式上概括性地重申了刑法的相关内容（往往表述为'构成犯罪的，依照刑法追究刑事责任'），有对刑法作出解释、补充、修改等实质性规定。这些规定并非真正意义上的附属刑法。……换言之，只有当非刑事法律中设置了真正的罪刑规范时，'附属刑法'才是刑法的渊源。"张明楷：《刑法学（第四版）》，法律出版社 2011年版，第 21 页。

② 即生产、销售有毒、有害食品罪，生产、销售不符合安全标准的食品罪，生产、销售伪劣产品罪。

在法典型立法模式中存在比较大的矛盾，为了保持刑法典整体的统一和精简，注定要采用比较粗线条的罪状规定，以应对不断变化的社会现实。

另外，由于刑法典规定的高度抽象化，出现了过度依赖司法解释的倾向。危害食品安全犯罪的刑法规范数量少且罪状描述高度概括抽象，为了解决司法实践中的大量问题，厘清法律适用的标准和界限，最高司法机关颁布了数量不少的司法解释，起到了统一法律尺度的作用。但是值得注意的是，有的司法解释已经具有了某种程度上的立法性质，起到了弥补立法空白的作用，例如，扩大危害食品安全犯罪违法行为的类型，通过司法解释将食品的运输、储存行为，农产品的种植、养殖、运输、储存行为纳入"生产食品"行为的指涉范围，从而使这类行为以生产不符合安全标准的食品罪或生产有毒、有害食品罪被定罪处罚。短期来看，这确实有利于更有效地打击危害食品安全犯罪，但是从长远出发并不利于系统设计全面地保护食品安全。司法解释囿于功能定位，注定只能对法律的规定作小修小补，长此以往，这种零碎的修补有可能使得法律的适用更为混乱。另外，广泛运用司法解释来解决立法的不足和模糊，其正当性也会受到质疑。立法权是一种具有政治性质的重要国家权力，其正当性建立在广泛的民意授权之上，而司法解释权只是最高司法机关对司法工作中如何具体应用法律进行解释的权力，缺乏民意基础，其权威性难以与立法权相提并论。最高司法机关频繁动用司法解释权来为立法权补位，虽然具有及时性，但是有时太过急迫也会出现疏漏，而且也容易让人产生"部门立法"的负面印象，不利于长远的法治建设，为了一时之需而越界为之并不明智。

（二）现有罪名对行为方式的规定太过狭窄

一方面，生产、销售有毒、有害食品罪规定的行为方式存在不周延的问题。根据《刑法》第144条的规定，此罪的行为方式是"掺入"。这一罪名的表述从最初1993年由《关于惩治生产、销售伪劣商品犯罪的决定》创设此罪，到1997年《刑法》的规定，再到《刑法修正案（八）》的修改，都采用了"掺入"的表述。这种罪状表述的沿用，尽管保持了刑法的稳定性，但是没有考虑到经济社会状况的变化，显得太过狭窄、不合时宜。可以想象，在当时的社会环境下，食品安全问题远没有现在复杂严峻，当时的制假造假技术也远不如现在花样百出，"掺入"行为足以涵盖违法行为类型。但是，随着经济的快速发展，食品生产加工工艺不断翻新，相应的各种违法犯罪手段也升级换代，"掺入"行为已经无法涵盖当今食品生产、加工、销售过程中的违法行为，例如，使用涂抹、烟熏、浸泡等方式生产、加工农产品或食品的，就不符合"掺入"的行为特点。即使通过扩大解释的方式，可以勉强将凡是"加入""附入""掺入"非食品原料的行为纳入"掺入"行为的指涉范围，也很难用以解释"地沟油"的制作工艺。"地沟油"的生产和加工是使用吸附、过滤的方法排除基本毒物，不存在"掺入"的问题，相反是"析出"的行为。① 虽然《最高人民法院、最高人民检察院关于办理危害食品安全刑事案件适用法律若干问题的解释》第 9 条已经对此作出了修正，规定"使用有毒、有害的非食品原料加工食品的"也可以构成生产、销售有毒、有害食品罪，但是这依然没有有效解决"地沟油"的难题。行为人使用这些有毒、有害的餐厨废弃油，经过深加工最后生产出来的成品油经鉴定符合动物油脂标准，如此一来，按照生产、销售有毒、有害食品定罪就显得自相矛盾，因为原料油虽然有毒、有害，但是最终生产出来的成品油却不能证明有毒、有害。所以，司法解释规定的行为方式也没有精准地揭示此罪的实质，即行为方式不限于掺入或者使用有毒、有害的非食品原料，更关键的是最后生产出来的食品必须有毒、有害。

另一方面，关于涉农产品犯罪的罪状表述也太过狭窄。《食品安全法》着重规范的是食品的加工、包装、贮存、运输等行为，而农产品的种植、养殖、捕捞等行为则由《农产品质量安全法》规范，由此造成了"食品"的"生产"在手段方法上不能涵盖"农产品"的"生产"，前者主要指对原料进行加工，后者则表现为种植、养殖、捕捞，从而使得刑法规范中的关于"生产……食品"的表述，在作为定罪处罚"种植、养殖、捕捞问题农产品"的依据时并不是那么确凿。尽管《最高人民法院、最高人民检察院关于办理危害食品安全刑事案件适用法律若干问题的解释》第 8、9 条规定将"食用农产品"纳入"食品"的指涉范围，对于种植、养殖问题食用农产品的行

---

① 黄星：《中国食品安全刑事概论》，法律出版社 2013 年版，第 35 页。

为，以刑法第143条和144条定罪处罚，但是这个司法解释在既有罪状表述的限制下所作的扩大解释依然没有完全覆盖涉农产品犯罪的行为方式。根据《农产品质量安全法》的规定，对于农产品的保护还有"禁止在有毒有害物质超过规定标准的区域生产、捕捞、采集食用农产品和建立农产品生产基地"等要求，而司法解释仅仅明确了"违反食品安全标准，超限量或者超范围滥用添加剂、农药、兽药等"和"使用禁用农药、兽药等禁用物质或者其他有毒、有害物质的"行为的定罪问题，没有涵盖所有影响农产品安全的行为。显然，农产品的质量安全不仅系于种植、养殖等行为，还与周围的环境有关，需要人为干预和注意，如果把这些行为都纳入"生产"行为中，实质上超出了人们惯常理解的语义范围，与罪刑法定原则相龃龉。此外，《农产品质量安全法》第33条规定："有下列情形之一的农产品，不得销售……"，而《食品安全法》第28条规定："禁止生产经营下列食品……"，两相比较可以发现，《农产品质量安全法》对于问题农产品的"生产"行为并没有苛责，而是仅禁止销售，不同于《食品安全法》的规定。在前置的行政法没有明确禁止种植、养殖问题农产品的情形下，刑法就对这类行为予以规制显得底气不足，超越了行政犯应具有的双重违法性。

另外，这两方面的欠缺也反映了法典型立法模式具有的缺点，粗疏的规定无法有效对应复杂的现实，而这种缺失在法定犯的处罚中产生的困难远远大于自然犯，同时也反映了运用司法解释去扩大解释法条的做法，只能起到小修小补的作用，受既有罪状表述的限制，司法解释能发挥的作用比较有限。

（三）缺乏对食品添加剂安全的特别保护①

食品添加剂在当今工业化食品生产中的用途之广泛、种类之复杂，已经远远超出一般人的认知理解范围。目前，我国允许使用的食品添加剂有200多种，15大类，其在食品的生产、加工过程中扮演重要角色，既成为食品工业发展的重要助力，也成为食品安全的一大隐患。因此，现行《食

---

① 为方便阐述，这里所指食品添加剂既包括经过许可的食品添加剂，也包括添加到食物中的非食品原料，以是否添加到食物中为标准。

品安全法》第 39 条专门规定，对食品添加剂的生产，我国实行许可制度，第 40、41 条详细规定了生产食品添加剂需要严格遵循的许可程序和要求，以及食品生产者使用食品添加剂需要遵循的要求，由此可以看出立法者对于食品添加剂从严管理的态度。但是，刑法规范却没有对食品添加剂安全予以特别保护的条款，食品添加剂往往要依附于食品才成为刑法规制的对象。

随着一些轰动一时的食品安全事件的爆发，生产、销售问题食品添加剂或非食品原料的行为纷纷被定罪量刑，但是最终的定罪却各不相同。例如，在广州"苏丹红案"中，谭某某、冯某某生产、销售含有苏丹红的复合食品添加剂，最终以生产、销售伪劣产品罪被追究刑事责任；在"三聚氰胺奶粉"案中，张某某生产、销售含有三聚氰胺的"蛋白粉"的行为，被判处的罪名是以危险方法危害公共安全罪；在湖南的全国首例新型"瘦肉精"案中，蔡某、黄某等 5 人触犯的罪名是非法经营罪。虽然 2013 年 5 月出台的《最高人民法院、最高人民检察院关于办理危害食品安全刑事案件适用法律若干问题的解释》第 10、11 条，明确规定以生产、销售伪劣产品罪和非法经营罪规制生产、销售问题食品添加剂或非食品原料的行为，已是在既有的刑法规范下能够作出的最好选择，但是并不贴合食品添加剂的特性，不利于全面地保护食品安全。

这两个罪名主要针对的是破坏市场经济秩序的行为，生产、销售伪劣产品罪要求犯罪行为的销售数额至少要在 5 万元以上，起刑点是 2 年以下有期徒刑或者拘役，并处或者单处销售金额 50% 以上 2 倍以下罚金；非法经营罪要求情节严重，司法解释的界定标准一般也是以涉案金额为基础。然而，食品添加剂作为加入到食品中的物质，用量极小就可能产生较强的毒害性，如果仅以销售金额等经济标准作为衡量涉食品添加剂行为的危害性，显得太过单一片面，没有体现这类行为破坏食品安全监管秩序，侵害不特定多数人身体健康和生命安全的特点。对于生产、销售某种不符合食品安全标准的食品添加剂的行为，如果销售金额没有达到 5 万元，即使此添加剂对人体健康损害很大，也难以对该行为定罪处罚；就算销售金额超过入罪标准，可以动用刑罚，实际上仅按销售金额取舍量刑的结果也可能造成罚不当罪。所以，用纯粹的经济犯罪罪名去织就保护食品添加剂安全的刑事网，仍存在薄弱环节，有待改进。

（四）犯罪主观方面单一

现有的刑法规范对于食品安全犯罪的主观罪过形式，都规定为故意。历史地看，设立这类罪名的主要目的是打击那些严重危害食品安全、造成食物中毒的行为，因为在计划经济时代，食品种类较少、生产工艺较简单，没有现在如此多样的食品种类和复杂的生产环节，食品生产、销售者对于生产、销售环节的熟悉程度大大超过现在，如果不是故意掺入有毒有害物质，造成食物中毒或者其他危害后果的可能性较小。因此，从最大效能利用司法资源的角度出发，将有限的刑事资源对准那些故意危害食品安全犯罪的行为，是符合当时实际的，也确实产生了较好的效果。当时轰动一时的山西假酒案，相关被告人被严厉处罚之后，预防作用显著，利用工业酒精制造假酒的案件顿时消失于各大报端。

然而，现在的食品行业较之过去已经发生了巨大的变化，有必要将过失危害食品安全的行为入罪，更好地维护食品安全。一方面，这是食品行业发展现状的要求。现在的食品种类已经发展到令人眼花缭乱的程度，食品生产工艺也愈加复杂，为了使售卖的食品更有竞争力、利润回报更大，食品生产厂商纷纷拿出十八般武艺改进生产工艺，由此产生的食品添加剂越来越多，并且食品的生产销售环节越来越长，因此潜藏的危险也大大增加。即使行为人没有生产经营问题食品的故意，但某一生产经营环节把关不严，就会把前一环节的不安全因素带到后一环节，造成危害的扩大化。除此之外，由于在食品生产经营过程中存在疏忽，放纵了风险，也有可能在故意之外造成危害食品安全的结果。另一方面，这是现有刑法规定难以周延的需要。根据现行刑法的规定，如果因为过失生产、销售问题食品，造成重伤或者死亡的结果，还有适用过失致人伤害罪和过失致人死亡罪的空间，但是这两个过失罪名并不足以规制过失危害食品安全的行为。因为过失致人伤害罪要求的危害结果较为单一，不符合危害食品安全犯罪行为的危害结果特点。问题食品对人体造成的伤害有时并不是显性、急性的，而是隐性、慢性的，不一定有外在身体器官的明显损害，而且危害结果显现的周期较长，短时间内不一定产生器质性病变，进而根据现有的伤残鉴定标准，不一定能鉴定出重伤以上危害结果，致使处罚不能。但是，这类行为对于公众健康的损害不容小觑，对于良好经济秩序的破坏也不能轻视，长此下去，公众将对整个食品行业动摇信心，国民健康将会受到损害。另外，过失致人重伤罪并不着眼于保护不特定多数人的人身安全，不能体现危害食品安全犯罪的特点。食品销售的广泛性，使得问题食品造成的损害涉及人员多、波及范围广，但是对于大范围的造成严重食物中毒或者其他食源性疾病但又未造成重伤以上后果的危害食品安全的行为，不能以过失致人伤害罪定罪处罚，如果没有过失类危害食品安全的罪名，就难以对这类行为进行有效处罚。因此，根据危害食品犯罪行为的特点，打破故意犯的单一局面，设立单独的过失罪名，很有必要。

二、司法上存在的问题

司法上最突出的问题就是片面强调从严打击，有时在个案中难以实现公平。面对严峻的食品安全形势，从中央政府到最高司法机关都强调从严打击危害食品安全的违法犯罪行为。最高司法机关通过多次下发规范性文件，更是确立了从严打击危害食品安全犯罪的刑事政策。如何理解和贯彻从严打击的刑事政策，对于实践中个案的处理影响甚大。有的司法机关能够结合具体个案的情况，正确把握从严打击的范围和方式，坚持基本的证据标准和刑法的基本原则，限制一律从严的冲动，合理地界定罪与非罪、此罪与彼罪。但是，有的司法机关就将从严打击片面地理解为将介于有罪和无罪之间的行为一律入罪，介于罪轻和罪重之间的行为一律定重罪，有时甚至罔顾证据标准，违背了疑罪从无的基本原则。重点体现在主观明知的认定上，客观归罪的倾向比较严重。尽管犯罪嫌疑人普遍辩称主观上不明知以求脱罪，但是鉴于食品生产、销售链条相当长，实践情况千差万别，司法机关理应认真辨别，不能以从严打击为理由漠视罪与非罪认定标准。如在韩某某生产、销售伪劣产品案中，韩某某以正常市场价购买了山东省济南正城饲料有限公司利用泔水油加工的饲料油，其在购买之前要求此公司提供了样品并测试了酸价，测验值在正常范围内，韩某某公司的其他人也证明其从未表示过要购买地沟油，股东之间也从未商量过要进地沟油，但是由于韩某某在接收货物时没有查验对方的工业产品许可证和产品检测报告，因为对方说下次送来，法院就最终认定其主观上存在明知，对其以生产、销售伪劣产品罪判处有期徒刑 2 年，并处罚金人民币 16 万元。① 此案审判过程经历了一审有罪、二审发回重审、再审有罪的曲折过程，虽然认定销售金额达 30 万元，符合判处 2 至 7 年有期徒刑的量刑区间，法院最终选择了最低刑，判处的罚金也偏轻，但不能不说本案仍存在"罪疑从轻"的倾向。仅是没有查验销售商的相关合格证只能证明行为人主观上存在过失，尤其综合全案的其他证据并不能得出其主观上明知的结论。而且，实践中购买货物不查验销售商相关合格证的现象比较普遍，尤其是在存在长期供货关系的情况下，此做法虽然不符合《食品安全法》的相关规定，但是至少说明仅凭这一项就证明行为人主观上存在明知太过偏颇，导致对不构成犯罪的行为以犯罪处理。

另外，食品监管渎职罪的适用也存在受从严打击的影响，导致入罪标准不统一。根据搜集的案例来看，食品监管渎职罪的入罪标准并不像许多学者批评的那样门槛太高，实际上司法机关通常宽泛地解释"造成其他严重后果的行为"这个概括性入罪情节，例如，辖区有两起食品安全犯罪被破获、辖区有一起食品安全犯罪被媒体广泛报道、导致一定数量的问题食品流入市场等，但是在具体标准的掌握上差别很大，而且极易受被媒体报道这个情节影响。某种程度上，被媒体曝光即使情节轻微也有可能被入罪，而在没有被媒体曝光的情况下可能就不会入罪。入罪标准如此不统一，而且容易受媒体报道所左右，正是体现了所谓的从严打击存在的情绪化倾向，影响了个案公正。所以，对于食品监管渎职罪的轻刑化也要一分为二地看，一方面确实存在处罚偏轻的问题，另一方面是出于"罪疑从轻"的考虑，在从严打击危害食品安全犯罪的刑事政策下，司法机关对于入罪存在争议的行为，更倾向于入罪，但是在量刑上又给予适当的"照顾"，不判处实刑或者免予刑事处罚。司法的折中立场反映出不区分具体情况的"从严"难以在个案中实现公平、公正的价值，甚至有可能将无罪的行为当作犯罪处理。

---

① 河北省辛集市人民法院刑事判决书（2014）辛刑初字第 80 号。

三、行政执法与刑事司法衔接存在的问题

(一) 案件移送不畅

行政机关具有广泛的执法权和处罚权,且在执法过程中享有很大的自由裁量权,对于违法行为是否处罚、处以何种处罚、是否移交司法机关都有着较大裁量的余地,且不易受到有效监督。实践中,行政机关在处罚危害食品安全违法行为时,有案不移、有案难移、以罚代刑的情形大量存在,使得许多应该被刑事追究的行为无法进入司法机关的视野,直接影响了对于危害食品安全犯罪行为的打击。

一是涉嫌危害食品安全犯罪的案件移送率低,实践中广泛存在以罚代刑、有案不究、有案不移的现象。例如,全国工商行政管理部门于 2010 年对流通环节的食品安全工作开展大检查,共查处食品安全违法案件 7. 69 万件,移送司法机关处理的仅 258 件。虽然食品安全违法案件存在大量情节显著轻微,不构成犯罪的情形,但是案件移送率仅有 3% ,[①] 或多或少说明移送司法机关处理在实践中非常困难。

二是食品安全中涉嫌犯罪案件移送模式模糊。目前对于行刑交叉案件的处理模式,学界存在较大争议,实务部门也存在不同做法。当前主要有两种观点与做法:第一种就是刑事优先,也称为先刑后行。它主要指对行政犯罪需要同时予以刑事处罚与行政处罚时,原则上应先由公安司法机关按照刑事诉讼程序追究行为人的刑事责任,然后由行政执法机关依行政处罚程序追究行为人的行政责任。该模式得到多数学者的支持。第二种就是行政优先,也称为先行后刑。它主要是指行政执法机关在处理行政违法行为过程中,对于涉嫌犯罪案件,可以先进行行政处罚,然后移送公安司法机关追究刑事责任。该模式目前只有少部分学者支持。究竟是行政处罚前移送还是处罚后移送涉嫌犯罪案件,各地、各个部门、甚至同一部门移送的案件都采取了不同移送方式。如 2004 年至 2010 年 9 月,吉林省工商行政管理系统向司法机关移送

---

① 国家工商总局办公厅:《关于报送全国工商系统 2010 年开展流通环节食品安全监管工作情况、存在的问题及 2011 年工作意见的函》(工商食函字〔 2011 〕 4 号)。

案件 70 件，其中，实施行政处罚前移送 47 件，占总数的 67 %，行政处罚后移送的有 23 件，占总数的 33 %。2008 年至 2010 年 9 月，北京市各级工商行政机关向公安机关移送涉嫌犯罪案件 101 件，其中，实施行政处罚后移送的案件数为 18 件，占移送案件总数的 18 %。实践中采用行政优先模式的较多，而采用刑事优先模式的较少。这是与现行法律、法规没有对行政处罚案件与刑事案件处理的先后顺序作出明确规定是有密切关系的。

三是具体的移送接收机构不明确。由于相关法律法规没有明确规定行政执法机关与刑事司法机关在涉嫌犯罪案件移送时具体的接收机构，由此导致案件移送时间较长，影响了对危害食品安全犯罪的查处。由于食品的特殊性，其性质容易随着时间、储藏条件等客观因素的变化而变化，造成无法认定食品性质的情形，最终导致案件无法查明而不了了之。实践中行政执法机关的稽查部门、法制部门、派出机构等都可以移送案件，公安机关的治安部门、经侦部门、法制部门、派出所等都可以接收案件，最终的结果是哪个部门都可以不移送，哪个部门都可以不接收案件，造成相互推诿的局面。

（二）证据难以转换

在涉嫌危害食品安全犯罪的行刑衔接中，证据转化问题也是一个难点，比较突出的方面包括：

一是证据资格问题，即行政机关在执法过程中收集的哪些证据材料，可以在刑事诉讼中作为证据使用。根据 2012 年《刑事诉讼法》第 52 条和食药品监督管理总局、公安部、最高人民法院、最高人民检察院、国务院食品安全委员会办公室于 2015 年 12 月 22 日联合出台的《食品药品行政执法与刑事司法衔接工作办法》第 18 条的规定，[①] 物证、书证、视听资料、电子数据、检验报告、鉴定意见、勘验笔录、检查笔录等证据材料，经审查质证可以在刑事诉讼中作为证据使用。但是，在执法实践中，有的行政机关采纳的检验

---

① 《刑事诉讼法》第 52 条第 2 款规定："行政机关在行政执法和查办案件过程中收集的物证、书证、视听资料、电子数据等证据材料，在刑事诉讼中可以作为证据使用。"《食品药品行政执法与刑事司法衔接工作办法》第 18 条规定："食品药品监管部门在行政执法和查办案件过程中依法收集的物证、书证、视听资料、电子数据、检验报告、鉴定意见、勘验笔录、检查笔录等证据材料，经公安机关、人民检察院审查，人民法院庭审质证确认，可以作为证据使用。"

报告或者鉴定意见并不符合刑事证据要求，如行政机关根据市、县级的检验机构出具的检验报告或者鉴定意见就可以进行行政处罚，但是却不符合刑事诉讼的要求，即检验机构应该是由省级以上设置或确认，由此导致这类证据在事实上不具有刑事诉讼证据资格。而且，由于食品不易储存、易变质的特点，行政执法部门在取得检验结果之后，往往会随即销毁涉案食品，造成检验条件灭失，极大地影响危害食品安全犯罪案件的办理。

二是证据收集程序问题。行政机关在收集证据时遵守《行政处罚法》等相关法律法规规定的程序，与公安机关依据《刑事诉讼法》等相关法律法规规定搜集证据的程序并不完全一致。刑事追责对取证程序的要求明显严于行政处罚。实践中，行政机关在执法过程中收集证据的程序严重不符合刑事诉讼要求的，就会造成按此程序收集来的证据无法在刑事诉讼中作为证据使用。例如，由于基层食品安全监管部门力量薄弱，聘用临时人员的单位较多，在执法过程中一名具有执法资格的正式人员带着一名临时聘用人员一起执法时，其执法主体资格就不符合刑事诉讼的要求，但在行政执法中这种情况有一定的普遍性。另外，行政机关在抽样取证时采取的抽样比例、抽样方法可能不符合公安机关办理刑事案件遵守的标准严格规范，有时因抽样比例太小，就会造成抽样送检的证据不能排除合理怀疑地证明代表了查获的所有食品的性质，被告人也常常就此提出辩护意见，不认同由此认定的销售金额。再加上涉案食品难以保存，通常在其被销毁后公安机关才介入调查，这些程序上的问题就会造成实体上的认定困难，成为处理危害食品安全犯罪案件的障碍。

（三）执法协作难以有效开展

食品安全"行刑衔接"中的执法协作，主要是指公安机关和检察机关是否介入行政执法。由于没有明确的法律规定，公安机关、检察机关与行政执法机关没有达成一致。

行政执法机关在查处违法犯罪行为的过程中普遍认为，自己没有足够的法定强制手段来调查涉嫌违法犯罪证据和控制涉嫌违法犯罪人，也没有足够的执法人员来执法。因此，多数行政执法机关反映，行政执法过程中需要公安机关和检察机关及时介入，引导取证，采取相应法定强制措施控制涉嫌违法犯罪人员，调取相关证据材料。例如，行政执法人员对违法行为业主实施检查时，要求对业主的相关食品存放点进行检查时，业主以种种理由搪塞或拒不配合。检查人员明知涉嫌不合格食品的存放处，但因没有侦查权和搜查权，无法取证，使得当事人能从容地转移或者销毁证据，从而逃避行政处罚和刑事处罚。即使食品执法机关邀请公安机关提前介入案件，公安机关能否提前介入于法无据存在偶然性。这在一定程度也与目前各地很多公安机关存在办案人员和经费不足，工作强度大，收入低等因素有关。另外，有的行政执法机关在观念上与不愿意让公安机关介入，认为公安机关介入行政执法，会影响行政执法工作的效率；有的行政执法机关往往会有选择性地邀请公安机关介入行政执法，即只有遇到行政处罚阻力大、存在暴力抗法倾向的案件时，才邀请公安机关介入。有的地方虽然已经建立了行政执法机关与公安机关的协作配合工作规范，但实际上也只是徒具形式，难以真正起到协作配合的作用。

第五章
食品安全刑法保护的完善

根据上一章分析的当前食品安全刑法保护存在的问题，本章将分别从立法、司法和行刑衔接三个方面提出完善建议。

第一节　食品安全刑事立法的完善

当前，关于加强食品安全刑法保护的完善建议主要集中在立法层面，从各个角度提出了不少研究意见，有时甚至给人一种错觉，即刑事规制的欠缺都是立法供给不足造成的。但事实上，从前文的分析来看并非如此，司法适用中的许多困难既有立法上的原因，也有其他配套制度机制不完善的因素。因此，关于食品安全刑事立法的完善建议要立足司法实践中遇到的问题，区分有所为有所不为。同时，关于食品安全的前置性法律规范对刑法的适用影响巨大，也有必要加以完善。

一、食品安全刑事立法的完善建议

（一）刑法仍需修改的部分

1. 改进立法模式，充分发挥附属刑法的作用

针对前述法典型立法模式罪状规定类型化程度不够，依据

食品性质区分罪状引起司法实践中由于食品性质认定难而造成罪名适用混乱的问题，应当着眼于改进立法模式，从根本上解决问题。本书建议，现行的食品安全刑事法律立法模式应当由法典型向结合型转变，除了在刑法典中以空白罪状、简单罪状的方式规定危害食品安全犯罪外，还可以在《食品安全法》《农产品质量安全法》等与食品安全相关的法律中制定创制性附属刑法，改变现在只是笼统规定"构成犯罪的，依法追究刑事责任"的做法，真正发挥附属刑法的作用。

　　所谓创制性附属刑法，与现在常用的笼统式附属刑法相区别，其将罪状（犯罪构成）和法定刑（刑事责任）完整地规定在非刑事法律中。① 现行的《食品安全法》明确规定了 65 种食品安全违法行为，② 根据行为方式、食品种类、生产环节等多重标准予以类型化，远远超过刑法典规定的少数几个罪名。从之前出台的《最高人民法院、最高人民检察院关于办理危害食品安全刑事案件适用法律若干问题的解释》来看，也是在《食品安全法》类型化规定的基础上进一步细化罪状，但由于司法解释受制于刑法典的既有规定，必须要结合刑法对食品性质的区分再进行行为分类，致使标准不易区分的问题没有得到根本解决。而且，针对法定犯时代的到来，③ 我国刑法学界建议充分运用附属刑法立法模式的主张越来越多，④ 尤其在探讨规制具体一类犯罪时，强调充分运用附属刑法的建议更是比比皆是。⑤ 具体到危害食品安全犯罪的规制，直接在食品安全的相关法律中规定创制性附属刑法，可以有效地对犯罪行为进行类型化区分，具有以下优点：一是罪状的明确性增强。在有关食品安全的行政性法律中，以附属刑法的方式规定罪状和法定刑，不用受制于刑法典条文数的限制，可以在多样的食品安全违法行为的基础上规定食

---

① 　孟庆华："附属刑法的立法模式问题探讨"，载《法学论坛》2010 年第 3 期，第 79 页。
② 　《食品安全违法行为处罚依据简表》，2015 年 10 月 1 日实施。
③ 　储槐植："要正视法定犯时代的到来"，载《检察日报》2007 年 6 月 1 日，第 3 版。
④ 　张明楷："刑事立法的发展方向"，载《中国法学》2006 年第 4 期，第 20 页。
⑤ 　田宏杰："论我国知识产权的刑事法律保护"，载《中国法学》2003 年第 3 期，第 152 页；阎二鹏、任海涛："经济刑法立法模式之比较与选择"，载《政治与法律》2008 年第 5 期，第58 ~ 63页；曾昌英、吴昊："附属刑法规范的理念定位与表述路径——以反垄断法为视角"，载《中国刑事法杂志》2008 年第 5 期，第 10 ~ 15 页。

品安全犯罪行为，使得罪状区分的标准多元化，不用为了兼顾罪状的抽象化而选择单一的食品性质的区分标准，而且还有利于与食品安全行政违法行为相区别，贯彻行政违法与刑事不法的区分。二是罪状的专业性和协调性提高。制定食品安全类行政性法律的都是该领域的专家和学者，他们对于食品行业的特性和规律有着全面而深刻的认识，所以让其参与食品安全的附属刑法规范的制定，制定出来的法律不仅专业性更强，也能使前置的行政法规范与刑法规范更好地衔接，这是仅精通刑事法律的立法者难以比拟的。三是更具有灵活性。当食品安全的行政性法律修改时，一并修改附属刑法的规定，可以在保持刑法典的稳定的基础上，及时适应社会生活的最新变化，比运用刑法修正案的方式修改罪状更具有灵活性。

不可否认，制定创制性附属刑法有可能造成犯罪圈过度膨胀、罪名混乱、罪刑不一等新的问题，所以本书强调要采用结合型立法模式，既要坚持刑法典的统帅地位，又要发挥附属刑法的作用。为达到两者的良好衔接，下文将就刑法典和附属刑法的具体完善建议分别论述。

2. 关于修改刑法典相关规定的具体建议

立足于结合型立法模式，刑法典关于危害食品安全犯罪的规定采用空白罪状、简单罪状更具有抽象概括性，更能覆盖更多的行为方式，罪状的类型化区分可以交由附属刑法完成。如此一来，附属刑法规定的具体犯罪行为可以最大限度地归入刑法典的统一罪名，避免造成混乱。具体建议内容如下：

一是修改生产、销售有毒、有害食品罪。如前所述，此罪罪状规定的行为方式过于狭窄，"掺入有毒、有害的非食品原料"并不能涵盖现有的加工制造有毒、有害食品的工艺。虽然《最高人民法院、最高人民检察院关于办理危害食品安全刑事案件适用法律若干问题的解释》第9条对该罪进行了扩张解释，增加了"使用有毒、有害的非食品原料加工食品的"表述，但是依然没有有效解决"地沟油"的难题。从抽象化程度来看，也可以进一步提高，以涵盖更多的行为类型。生产、销售有毒、有害食品罪的本质在于最终生产、销售的食品具有毒害性，行为人的加工工艺、制作工艺可以在所不同。另外，如果在不增加新的罪名的情况下，要用此罪名保护农产品安全，就不能将行为方式限定在掺入、加工等方法上。因此，建议在现有规定的基础上增加"或者以其他方式生产、销售有毒、有害食品的"的表述，即修改为："在生产、销售的食品中掺入有毒、有害的非食品原料或者以其他方式生产、销售有毒、有害食品的，或者销售明知是有毒、有害食品的……"，这样修改以后既可以保持行为犯的立法模式，又可以对应更多的犯罪行为类型，使刑法典更好地发挥统率附属刑法规范的作用，避免发生实质上涉案食品具有毒害性但又不符合罪状规定的行为方式造成的入罪尴尬。

二是修改生产、销售不符合安全标准的食品罪。现行立法规定此罪的入罪标准必须达到"足以造成严重食物中毒事故或者其他严重食源性疾病"的程度，采用了单一罪刑模式，即刑事立法在犯罪构成要件的设置上只采用一种罪刑标准，如单一的结果犯、行为犯或者数额犯。[①] 但是，由于生产、销售伪劣产品罪是数额犯，这两个罪名由于食品性质有时难以认定，时常发生竞合，实际上造成了以具体危险和销售金额两个入罪标准规制生产、销售问题食品犯罪的现实。从减少不必要的罪名竞合，统一司法适用的角度看，应该修改生产、销售不符合安全标准的食品罪的罪状表述，采用多元罪刑模式，即在犯罪构成要件的设置上采用选择性的罪刑标准，如数额或结果任一要件均可作为入罪或量刑的标准。[②] 关于应当选择单一罪刑模式还是多元罪刑模式，学界看法各异。有的学者认为，单一罪刑模式侧重限制刑法的介入范围，有利于保障人权，但不利于保护社会秩序；多元罪刑模式则放宽刑法的介入范围，有利于维护社会秩序，但有可能侵犯公民权利。[③] 具体到此罪的规定，本书认为应当修法采用多元罪刑模式，一是食品安全作为公共法益，需要严密法网全力维护；二是司法实践中同时适用两个罪名规制生产、销售问题食品犯罪，事实上已经采用了选择性入罪标准；三是生产、销售不符合安全标准的食品罪的第二档法定刑的规定也采用了结果犯和情节犯的多元标准，而且司法解释关于情节的规定就是基于销售金额的区间，这说明最高司法机关

[①] 张明楷："罪过形式的确定——刑法第 15 条第 2 款'法律有规定'的含义"，载《法学研究》2006 第 3 期，第 99 页。

[②] 同上。

[③] 卢勤忠："刑法修正案（六）与我国金融犯罪立法的思考"，载《暨南学报（哲学社会科学版）》2007 年第 1 期，第 82 页。

对于此罪的结果加重犯采用了多元罪刑模式；四是修改为多元罪刑模式以后，生产、销售不符合安全标准的食品罪完全可以涵盖以前由生产、销售伪劣产品罪规制的行为，从根本上解决两罪竞合的问题。根据《食品安全法》第124条的规定，掺假掺杂的食品属于不符合安全标准的食品，修改罪刑模式造成的行为类型扩张不存在名实不符的问题，反而与《食品安全法》的规定更一致。所以，建议将此罪修改为："生产、销售不符合食品安全标准的食品，情节严重的，处3年以下有期徒刑或者拘役，并处罚金……。"再通过司法解释将"情节严重"具体化，包括两种情形：一是足以造成严重食物中毒事故或者其他严重食源性疾病；二是严重不符合食品安全标准，销售金额5万元以上不满20万元的。这样既能保持刑法条文的简明扼要，又使得入罪标准多元化，从根本上解决此罪与生产、销售伪劣产品罪竞合的问题，保持司法适用的统一。另外，通过附属刑法的规定还可以进一步细化此罪的行为类型，不用担忧罪状表述太过笼统，造成适用困难。

　　三是设立专门罪名规制非法生产、销售食品添加物质的行为。前述可知，食品添加剂与食品安全息息相关，由于我国刑法没有设立专门罪名规制非法生产、销售食品添加物质的行为，只能在犯罪构成要件容量较大的几个可能罪名中选择适用。根据《最高人民法院、最高人民检察院关于办理危害食品安全刑事案件适用法律若干问题的解释》第10、11条规定，明确了适用生产、销售伪劣产品罪规制生产、销售不符合食品安全标准的食品添加剂的行为，以非法经营罪规制生产、销售国家禁止用于食品生产、销售的非食品原料的行为。这两个罪名都是单独以销售金额作为入罪标准，没有对食品添加剂的安全性予以考量。另外，非法经营罪本质上是规制没有取得国家许可而生产、销售限制流通物的行为，而禁止流通物是不能作为商品进行经营的，非法经营罪并没有适用空间。针对违禁物，我国刑法采用了特别规定，如非法生产枪支、弹药、爆炸物罪，制造毒品罪，而不是适用非法经营罪予以规制。[①] 同理，国家禁止用于食品生产、销售的非食品原料也属于禁止流通物，

---

　　① 于杨曜："非法添加类食品安全犯罪刑事规制体系及完善——以'两高'《关于办理危害食品安全刑事案件适用法律若干问题的解释》为切入点"，载《政治与法律》2013年第10期，第62页。

如添加到三鹿奶粉中的"蛋白粉"，不可能经过许可后允许经营，所以适用非法经营罪规制此种行为并不恰当。因此，本书建议，设立专门罪名规制非法生产、销售食品添加物质的行为，区分食品添加剂和添加到食品中的非食品原料，增设两个罪名，一是生产、销售不符合安全标准的食品添加剂罪，具体罪状是："生产、销售不符合食品安全标准的食品添加剂，情节严重的"；二是生产、销售非法食品添加物质罪，具体罪状是："以提供给他人生产、销售食品为目的，违反国家规定，生产、销售国家禁止用于食品生产、销售的非法食品原料，情节严重的"。其中"情节严重"的具体规定可以参照上文关于修改生产、销售不符合安全标准的食品罪的建议，两个罪的法定刑和升格的量刑档次也都可以参照刑法第 143 条的规定。这样更能贴合食品添加剂的特性，真正从源头保护食品安全。

　　四是增设有关食品安全过失犯罪的规定。前文已述，危害食品安全犯罪的主观方面都规定为故意，已经不能适应当下的食品行业监管需求。司法实践已经出现用过失致人死亡罪规制食品安全过失犯罪的行为，如在陈某某过失致人死亡案中，被告人陈某某购进新鲜河豚 150 余斤，经过宰杀、晾晒，自认为已将毒素清除后加工成河豚干 20 余斤，后销售给吴某甲，吴某甲、潘某甲、范某及潘某乙等人食用该河豚干后发生食物中毒，潘某乙经医治无效死亡。经鉴定，潘某乙因系河豚毒素中毒死亡。法院最终以过失致人死亡罪判处陈某某有期徒刑 6 个月。[1] 此案表明对于生产、销售问题食品过失造成严重后果的行为，依法应当追究刑事责任，所以创设有关食品安全的过失犯罪并非人为地扩大犯罪圈，只是改变现有的规制罪名，使其更贴合过失危害食品安全犯罪的特性。值得注意的是，由于没有食品安全过失犯罪的专属罪名，实践中有的出于过失的行为被当作故意犯罪进行处罚，违背了罪刑法定原则。2001 年吉林市学生豆奶中毒案就是典型的例证。该案中生产者因为在两个工艺环节违反操作规程生产，超时浸泡原材料（应当浸泡 4 至 6 小时而实际浸泡了 10 小时），降低包装温度导致细菌繁殖（应当在 85℃包装而实际

---

[1]　浙江省温州市中级人民法院（2013）浙温刑终字第 140 号刑事附带民事裁定书。

在 60℃ 包装），造成了近 3000 名学生集体食物中毒。[①] 最终，三名涉案被告人以生产、销售不符合卫生标准食品罪被追究刑事责任。[②] 在此案中，被告人违反操作规程生产，很难说其在主观上具有故意，这种具体工作环节的失误更符合过失的特征，但如果认定为过失就会导致无法定罪的困境，因为食物中毒人数众多并不构成重伤的标准，连过失致人重伤罪都无法适用。因此，增设食品安全过失犯罪罪名，根据行为的特性进一步细化危害结果，有利于纠正把过失认定为故意的错误。本书建议，在刑法第 143 和 144 条后面都增设"过失犯前款罪，对人体健康造成严重危害的，处 3 年以下有期徒刑或者拘役，并处罚金；致人死亡或者后果特别严重的，处 3 年以上 7 年以下有期徒刑，并处罚金"。关于"对人体健康造成严重危害"和"后果特别严重"的具体情形可以参考《最高人民法院、最高人民检察院关于办理危害食品安全刑事案件适用法律若干问题的解释》的相关规定，并注意与刑法典规定的其他过失犯罪相平衡，前者可包括造成重伤、10 人以上轻伤或者 30 人以上严重食物中毒或者其他严重食源性疾病等情形，后者可包括造成 3 人以上重伤或重度残疾等情形。具体情形可以再斟酌，重要的是要考虑食品安全犯罪行为有可能造成不特定多数人严重食物中毒或者其他严重食源性疾病等情形，而不仅是传统的过失致人死亡罪、过失致人重伤罪所关注的死亡和重伤结果。

3. 关于制定创制性附属刑法的具体建议

为避免制定创制性附属刑法带来的混乱，在具体制定时应当坚持以下几项原则。

一是坚持行政违法与刑事不法的区分。虽然提倡制定创制性附属刑法，必然导致规定犯罪的法律条文数增加，但是并不意味着犯罪圈的当然扩张。制定创制性附属刑法最重要的功能在于使罪状类型化程度更明晰、更精确，以解决当下司法实践中因罪状区分存在模糊地带造成的定罪混乱。在具体判断行为是否入罪时，依然要坚持严重社会危害性原则，不能把某些轻微的行

---

① "吉林'学生奶'中毒原因查明"，载搜狐网 http://news.sohu.com/51/17/news 146531751. shtml，2016 年 1 月 28 日访问。

② "吉化公司学生豆奶中毒案审结，第一被告被判 15 年刑"，载中国食品科技网，http://www.tech-food.com/news/detail/n0005321.htm，2016 年 1 月 28 日访问。

政违法行为当作犯罪予以规定。在当下的社会条件下，我国刑法不宜取消罪量要素的规定，将行政违法行为作为轻罪处理。现行刑法确定的规制危害食品安全犯罪的范围是恰当的，即要求生产、销售的不符合安全标准的食品必须达到一定的严重程度，对于生产、销售轻微的不符合安全标准的食品应由行政处罚法予以调整。因此，在制定附属刑法时应当谨慎增加新罪名，现在最为需要的是将具体的犯罪行为类型予以明确化，可以直接在具体的食品安全行政违法行为后面规定："违反前款规定，足以造成严重食物中毒事故或者其他严重食源性疾病的，依照《刑法》第 143 条的规定以生产、销售不符合安全标准的食品罪定罪处罚。"这样既不至于增加不必要的新罪名，又能提高刑法规范的明确性。

二是综合多种因素确定入罪标准。根据刑法条文和相关司法解释的规定，现行的危害食品安全犯罪的入罪标准主要考虑了以下因素：造成一定人数严重食物中毒事故或者其他严重食源性疾病；造成轻伤以上的人身伤害结果；生产、销售金额达到一定数额；食品数量；特定食品种类（如婴幼儿食品）；违法行为的持续时间；曾经受过相关处罚的情况。总的来说，综合考虑这些因素有助于全面衡量行为的危害性，在制定创制性附属刑法也应当坚持。虽然实践中在未造成实质性的人身伤害结果的情况下，最重要的考量因素就是涉案食品金额，但是由于食品种类的复杂多样，涉案金额的大小不能完全反映行为的危害性，还应该考量问题食品性质的严重程度、有可能对人体造成的危害的大小。有时因为食品本身的单价高，涉案金额较大，但是其具有的危害性较小，就不应一刀切地入罪或者处以重刑。反之亦然，对于涉案金额不大但是毒害性较大的食品，就应该从严处罚。所以，在确定入罪标准时，应当综合考虑多种因素，不能唯涉案金额论。

三是注重与刑法典的相关规定相协调。有学者反对制定创制性附属刑法的理由之一，就是认为如果制定不好就会使附属刑法脱离刑法总则的指导，与刑法分则的规范不相协调，在罪名、罪状及法定刑问题上比其他立法方式更容易造成混乱和失衡，进而可能影响刑法体系的协调统一和司法的正确适用。应当说，这种担忧有一定合理性，需要极力避免。首先，要严格遵循《立法法》的规定，只能在食品安全相关的其他法律中制定附属刑法规范，不能在行政法规和部门规章中进行规定，坚持立法保留原则。其次，在立法过程中，要吸收刑事法律的专家参与制定，确保附属刑法规范与既有的刑法典规定相一致。另外，当附属刑法规范达到一定量时，应及时予以编纂，使其系统化、规范化。这也是国外有益立法经验的运用，如1950年荷兰制定的《经济犯罪法》就采用了这种方式。

当下，最需要在附属刑法中明确的就是关于农产品的犯罪。现行《农产品质量安全法》是在2006年制定的，一共56条，总体来说规定比较粗疏，有必要予以修订。在修订的时候，有必要结合刑法第143和144条的规定，对农产品的犯罪行为类型明确化，除了《最高人民法院、最高人民检察院关于办理危害食品安全刑事案件适用法律若干问题的解释》第8、9条规定的行为以外，如在有毒有害物质超过规定标准的区域生产、捕捞、采集食用农产品，使用的保鲜剂、防腐剂、添加剂等材料不符合国家有关强制性的技术规范，情节严重的行为，都有适用刑法第143和144条的空间。另外，在修改生产、销售不符合安全标准的食品罪的前提下，现行《食品安全法》第34条规定的12项食品安全违法行为大部分都可以通过附属刑法规范规定为依照刑法第143条的规定予以定罪处罚。如此一来，犯罪行为样态更加明确。当有新的类型的食品安全问题出现时，在修订关于食品安全管理的行政性法律时，可以一并修改附属刑法规范以应对新的犯罪，同时坚持只有在现有罪名不足以处罚新的犯罪行为类型时才创设新的罪名，坚持刑法谦抑性并保持附属刑法规范的适度规模。

（二）刑法不需要修改的地方

刑法学界关于危害食品安全犯罪的修改建议很多，对于部分具有普遍性的建议，本书虽不赞同但仍有必要予以回应。

1. 关于危害食品安全犯罪的归属问题

许多论文都探讨了危害食品安全犯罪的罪名归属问题。有的观点认为，食品安全现已属于社会安全范畴，造成严重危害后果的食品安全犯罪更是引发社会危机的重要诱因。刑法若仍依据20世纪的社会形态，对当下的社会法益延续旧有的分类，显得有些过时。① 还有的观点认为，危害食品安全犯罪侵犯的是复杂客体，其罪名归属主要取决于该罪所侵犯的主要客体的性质。国民的生命、健康权利显然是刑法优先保护的法益，而非市场秩序及相关管理制度。因此，将危害食品安全犯罪划入"危害公共安全罪"之列，为理所应当之事。② 另外，从域外法的角度来看，刑法上有类似设置的国家包括俄罗斯、泰国、挪威、西班牙、意大利、新加坡等。据此，有的观点认为调整罪名归属有利于国家间展开刑事司法协作，加强国际合作，保护食品安全。③

本书认为，关于将危害食品安全犯罪调整至我国刑法分则第二章"危害公共安全罪"项下的建议并无必要。首先，从侵害法益的内容来看，危害食品安全犯罪虽然对国民的生命、健康权利有所侵害，但是其对市场秩序和管理制度的危害也不容忽视。当下食品掺杂掺假情况仍比较普遍，适用生产、销售伪劣产品罪处罚的许多危害食品安全的行为不一定都达到了侵害人体健康的程度，但是其扰乱市场秩序造成"劣币驱逐良币"是显而易见的。而且，规制危害食品安全犯罪在罪刑配置上也强调罚金刑的作用，与"破坏社会主义市场经济秩序罪"这一类犯罪的处罚共性相同。其次，危害食品安全犯罪侵犯包括公共安全在内的复杂客体，并非此类犯罪所独有。如同一章节中的假药、劣药等药品类犯罪及假农药、假兽药、假化肥等伪劣商品犯罪都对公共安全构成危害。另外，分则其他章节里的罪名也与公共安全有紧密的联系，例如，第六章"妨害社会管理秩序罪"中针对计算机信息系统的犯罪，也对社会公共安全存在巨大威胁。这种情况在刑法中并不少见，若都认为侵害了公共安全就需要调整罪名归属的话，刑法分则现有的章节划分就失去意义了，"危害公共安全罪"这一章会迅速膨胀至失衡。再次，这种刑法分则篇章结构上的大变化，只能通过修订刑法典的方式进行，而调整罪名归属并非实质改变犯罪圈的大小、刑事处罚力度，从成本收益的角度来看，这种修改的必要性不大。最后，调整危害食品安全犯罪在刑法上的类型罪归属

---

① 蓝艳："危害食品安全犯罪刑法规制的反思与重构"，载《行政与法》2010年第3期。

② 刘良、刘鹏："论食品安全犯罪刑法规制的完善"，见朱孝清、莫洪宪、黄金平主编：《社会管理创新与刑法变革（下卷）》，中国人民公安大学出版社2011年版，第1428页。

③ 杜菊、刘红：《食品安全刑事保护研究》，法律出版社2012年版，第69页。

以加强国际合作，理由并不充分。因为没有将危害食品安全犯罪罪名置于公共安全类罪之下的国家也不少，有的国家刑法典中甚至没有专门规定危害食品安全犯罪罪名（如德国），但是并未发现这些国家在规制危害食品安全犯罪的国际合作上受到不利影响。

2. 关于违法行为类型的增设问题

许多立法建议都指出，要实现食品安全从农田到餐桌的全方位覆盖，就不能在刑法上仅规定生产和销售两个环节，而应该包含如种植、养殖、生产、加工、包装、运输、储藏、销售等不同环节，与《食品安全法》相协调。本书认为，在当下修改《刑法》第143和144条的罪状表述，增设违法行为类型，并不合适。主要理由如下：一是《最高人民法院、最高人民检察院关于办理危害食品安全刑事案件适用法律若干问题的解释》第8、9条，已经扩大解释为涵盖了"种植、养殖、加工、运输、贮存"等行为方式，这种解释没有超出国民预测可能性，不会损害刑法条文的明确性，因此再对刑法条文本身进行修改没有必要；二是上述司法解释的第14条还明确了四种共犯形式，① 足以对危害食品安全犯罪的帮助犯进行惩处。如果增设违法行为类型，意味着将某些帮助犯正犯化，会大大扩大犯罪圈，甚至超出了《食品安全法》处罚的行政违法行为，如对于单纯持有不符合安全标准的食品的行为就不予行政处罚。事实上，如果只查明行为人的持有行为，无法证明其目的是用于生产、销售食品，是难以进行处罚的，而如果能够证明其目的必然需要查明正犯的行为，从而以帮助犯进行处理就不存在障碍了，所以设立持有型危害食品安全犯罪并不必要。三是"生产、销售"的罪状表述是"生产、销售伪劣商品罪"一节的统一格式。多数观点所提出的将《刑法》第143和144条罪状中的"生产、销售"修改为"生产、经营"以涵盖食品产业链全部行为的观点，其实是曾经针对"生产、销售伪劣商品罪"所作出的共通的修改建议，并没有体现出

---

① 《最高人民法院、最高人民检察院关于办理危害食品安全刑事案件适用法律若干问题的解释》第14条规定："明知他人生产、销售不符合食品安全标准的食品，有毒、有害食品，具有下列情形之一的，以生产、销售不符合安全标准的食品罪或者生产、销售有毒、有害食品罪的共犯论处：（一）提供资金、贷款、账号、发票、证明、许可证件的；（二）提供生产、经营场所或者运输、贮存、保管、邮寄、网络销售渠道等便利条件的；（三）提供生产技术或者食品原料、食品添加剂、食品相关产品的；（四）提供广告等宣传的。"

食品行业的特殊性。在司法实践中，对于危害食品安全犯罪的其他行为类型，通过共犯理论已经较好地解决了，因此修法的必要性并不突出。

二、食品安全相关配套法律的完善建议

危害食品安全犯罪的行政犯属性表明，刑法作用的发挥离不开行政前置规范的完善。在司法实践中，由于食品安全标准和鉴定机构的问题影响刑事处罚的有效性，并不少见。因此，结合刑事规制危害食品安全犯罪的需要，有必要进一步完善食品安全标准，解决食品检验机构的资质问题。

（一）完善食品安全标准

食品安全标准作为认定危害食品安全犯罪的前置性规定，具有极其重要的作用。虽然《食品安全法》规定了食品安全标准属于强制性标准，由卫计委负责制定，但是从法律渊源来看，其只是国务院的组成部门制定的规范性文件，并非正式的法律渊源，以此作为设定公民、法人和其他组织的义务，不符合现代法治原理。因为食品安全标准的法律位阶不明确，自然也就不需要遵守严格的立法程序，这样难以保证其制定的科学性和民主性。另外，当食品安全标准与法律法规和规章的规定相冲突时，也没有相应的规则和程序予以解决。例如，现行《食品安全法》第 67 条对预包装食品包装上的标签作了规定，要求标明保质期等事项，而《预包装食品标签通则》（GB7718—2011）的相关规定则与之矛盾。① 另外，质检总局颁布的《食品标识管理规定》与《预包装食品标签通则》关于食品包装上标签的规定也有不一致的地方，使得食品生产经营者很是困惑。因此，本书建议，在已经列入国务院立法工作计划的《标准化法》修订时，将强制性标准列为技术性法规或者规章，遵守法规规章的制定程序，实行规章的备案审查制度等法律监督实施制度，确保其科学性和民主性。同时，建议将推荐性食品标准继续称为食品标准，实行自愿性标准体系，发挥市场在资源配置中的基础性作用，激发市场活力，注重发挥社会力量在食品安全保护中的作用。

---

① 该标准规定酒精度大于等于 10% 的饮料酒、食醋、食用盐、固态食糖类、味精等可以免除标示保质期，当预包装食品包装物或包装容器的最大表面面积为 10 ㎝²，可以只标示产品名称、净含量、生产者（或经销商）的名称和地址。

（二）解决食品安全检验机构的问题

关于生产、销售伪劣商品罪适用问题的司法解释规定，对"足以造成严重食物中毒事故或者其他严重食源性疾病的"，需要省级以上卫生行政部门确定的机构鉴定才符合要求。在实践中，较多地出现基层食品安全检验机构不符合司法解释要求的情况。虽然由符合资格的检验机构再次进行鉴定在理论上可行，但是由于食品容易变质难以保存甚至需要及时做无害化处理等特性，往往无法再次进行鉴定，即使有抽样检测物，也有可能随着时间的变化而导致鉴定条件丧失。另外，前述可知，我国食品安全检验机构的总体情况并不乐观，检验机构的数量和质量都有待提高，需要进一步整合，提高覆盖率。在现有条件下，一律否定基层食品安全检验机构的鉴定会导致刑事规制能力大大减弱，为解决迫在眉睫的刑事鉴定的困难，建议在《食品安全法》第84条第3款后增加："符合本法规定的食品检验机构，却尚未经过省级以上卫生行政部门确定的，其作出的鉴定结论效力，由人民法院认定。"其理由为：一来符合《食品安全法》规定的检验机构、检验能力应当是具有一定水平的。二来可以最大限度地包容检测机构的适格性，将企业自检、行业协会协助企业监测等多种监测方式包括进来，最大可能地发现问题食品，而不局限于"省级以上部门的指定"，以免贻误惩治犯罪的时机。①

第二节　食品安全刑事司法的完善

在司法实践中，片面强调从严打击危害食品安全犯罪，无助于解决食品安全问题，反而容易造成罪刑失衡，甚至导致冤假错案，损害刑事司法正义。坚持刑法的基本原则，正确理解和适用从严打击危害食品安全犯罪的刑事政策，应当在食品证据的多次检测、空白罪状的司法对策和量刑情节的理性认定等方面深入辨析、统一认识。

---

① 此建议及其理由参见黄星：《食品安全的刑事规制》，法律出版社2013年版，第214页。

一、食品证据的认定

能否证明涉案食品不符合安全标准或者有毒、有害，是实践中规制危害食品安全犯罪面临的重大难题。由于食品检验机构水平参差不齐、检验方法存在差异等原因，有的涉案食品性质检测不准确，不同检验机构对同一样品的检测结果不一致，这给案件处理造成巨大困扰。如何认定食品证据成为一个无法绕开的难题，在当前普遍对检验结果存有怀疑的情形下，面临三种可能的选择。

一是通过多次检验得出权威检验结论。鉴于法官缺乏食品安全方面的专业知识，无法通过单纯的法庭调查、知识检索等常规手段来辨明涉案食品性质，需要依赖专业机构的检验结论，所以当某一涉案食品的检验结论出现争议时，应当慎重对待，最佳选择是由更权威的专业机构再次对涉案食品进行检验。尤其是当检验结果完全相左时，无论是同时检验的还是先后检验的，法院都有必要要求重新检验，以排除合理怀疑。这就需要前期司法取证工作扎实可靠，特别是对易腐烂、变质的涉案食品要采取必要措施，留取高质量的抽样样本以备复查。食品证据保存是否得当直接关系着再次检验的可信性，取证过硬才能在当前的大环境下得到可靠的证据结论，从而精准打击危害食品安全犯罪，不枉不纵。

二是通过检验证明延续行为的违法性来帮助认定前行为的性质。实践中，相关检验结论不一致甚至完全对立，而涉案食品证据已灭失的情形比较常见，在此情形下，通过复检来辨明哪个检验结论更科学已经不可能了。退而求其次，可以选择通过检验延续的生产或销售的食品的性质，并结合在案的其他证据判断先前的检验报告哪一个更具可信性，进而判断涉案食品性质。例如，行为人生产的奶粉在先前送不同部门检验时，检验结论分别为没有发现三聚氰胺和三聚氰胺超标两种截然相反的结果。在行为人没有改变生产原料、生产工艺等生产条件的情况下，从其延续的生产行为中截获奶粉样品，通过权威检验发现该批奶粉含有三聚氰胺，此时就倾向于排除先前认定奶粉合格的检验结论，从而认定先前的涉案奶粉三聚氰胺超标。不过，在认定涉案食品数额时，还需要结合其他证据进行判断，否则也无法准确认定犯罪金额。

三是在无法判定检验结论的唯一性时，坚持疑罪从无，控制惩罚冲动。当涉案食品证据存疑，检验结论存在不一致而又无法通过前两种方式排除合理怀疑证明食品性质时，毫无疑问应当坚持疑罪从无，而非罪疑惟轻，如涉案食品检验样本灭失且行为终止无法提取延续的涉案食品进行检验的情况。疑罪从无是刑事司法应当坚持的底线。刑事政策的从严立场，不能作为降低刑事证明标准的理由。如果在相关证据无法确切证明食品性质的情况下，以刑事政策为借口予以定罪，造成冤假错案的概率大增。

综上，为应对实践中涉案食品性质检验结论不一的问题，应当在侦查阶段尽力做好证据抽样保存，以便再次进行检验去疑解惑。当穷尽其他证明手段无法确实证明涉案食品性质时，就要坚持疑罪从无，不能为了从严打击危害食品安全犯罪而在原则性问题上打折扣。

二、空白罪状的司法对策

关于危害食品安全犯罪，刑法条文的罪状描述多为简单罪状、空白罪状，需要结合前置行政法规范来认定和适用。关于生产、销售问题食品犯罪的空白罪状问题，上文已提出可以通过充分发挥附属刑法作用的方式来解决。关于食品监管渎职罪的空白罪状问题，主要是要结合食品安全监管部门的监管职责予以认定行为是否具备义务违反性，同时需要进一步明确入罪标准，统一执法尺度。

食品监管渎职罪包括滥用职权型和玩忽职守型两种行为模式，前文已探讨过滥用职权型食品监管渎职罪较为容易认定，主要争议存在于玩忽职守型食品监管渎职罪的认定，法官在司法实践中经常面临作为义务内容界定不明确的问题，导致对被告人是否负有监管职责产生截然相反的认识。如果不能确证被告人负有明确而具体的监管职责，而仅以笼统的监管职责为前提作出有罪判决是欠缺说服力的。而且，这样也并不利于惩治食品监管渎职行为，在缺乏明确的监管职责分工的前提下，难以期待食品安全监管人员能够尽职履责，反而使食品安全监管人员容易由此产生因运气不好而被追责的认知倾向，甚至认为自己是为平民愤的"替罪羊"。尽管食品药品监督管理总局自2013 年新组建以来，一直致力于改变过去食品安全多头分段管理的"九龙治水"局面，但是客观地看，全国范围内的食品监管体制还远未理顺，监管职责不清的问题仍然存在。因此，在监管职责归属存疑的情形下，认定玩忽职守型食品监管渎职罪时就需要更加审慎。即使是从严格规范食品安全监管人员执法行为的立场出发，也无法期待执法人员作出超越其职责认知范围的行为。对于那些"应当作为而不作为"的食品安全监管人员，认定其是否负有监管义务应重点考虑以下因素：

一是重点参考政府内部关于食品安全监管职责分工的规范性文件，包括一系列通知、意见等行政文书。尽管《食品安全法》和相关行政规章关于食品安全监管职责的规定比较宽泛，并没有对具体的监管部门的职责作细致的规定，但是各级政府为解决食品安全的突出问题都出台了不少规范性文件，甚至不少地方每年都出台地方食品安全委员会各成员单位食品安全工作目标责任书，其中对食品安全监管职责作了较为明晰的分工，部分还注明了该项职责的牵头部门和协办部门。这类规范性文件虽然效力不高，甚至有的仅是简单的通知、意见，但是本书认为这对于准确认定相关食品安全监管部门是否负有监管义务具有重要作用，不能因为其仅是内部规定而否定其效力。内部规定不能产生对外部事务和相对人的必然效力，但是对于认定内部职责应当具有当然效力。这对于监督行政机关依规履职也大有裨益。如果出现内部规定相冲突的情形，应当参照法律规范冲突的适用规则进行判断，考察规定的位阶、出台的时间、区分特殊规定和一般规定来确定内部规定的效力。另外，对于无法确定相关部门是否具有该项食品安全监管职责时，法院可以征求对应的省、市、县食品安全委员会的意见作为参考。相应的食品安全委员会有责任予以说明，如此才能督促相关部门把食品安全监管职责一一落实。

二是是否符合食品安全监管职责的细化执法要求。在日常工作中，各食品安全监管部门都有一些相应的细化执法要求，例如，某工商所规定食品安全巡查的主要内容有六项，即查经营资格、查进货票证、查经销食品、查包装标识、查商标广告、查市场开办者责任，并且罗列了基本的查验要求。这些细化的执法要求理所应当属于相关食品安全监管机构的监管职责，对于没有按照这些执法要求开展日常监管工作且无正当理由的，就应当认定为没有履行监管义务。实践中容易引起争议的情形是，在食品安全监管人员的辖区内发生了食品安全事故，查处该违法行为也确属监管人员的职责范围，如何认定是监管人员玩忽职守导致未能发现该违法行为是关键问题。尽管食品安全监管要求全覆盖，但是客观地看，基层食品安全监管力量比较薄弱，在人少事多的大背景下，法律不应强人所难，不能一旦发生食品安全事故就以玩忽职守为由追究监管人员的刑事责任，尤其是对于违法生产、销售问题食品较为隐蔽并且采取了反侦查措施的情形。在认定监管人员是否构成玩忽职守型食品监管渎职罪时，应当综合违法行为的隐蔽性、违法行为持续的时间、发现违法行为的可能性、监管人员日常工作情况等因素综合认定，不能简单地以查处该违法行为属于监管人员的职责且发生了该违法行为为由，径直认定监管人员应负刑事责任。而且，对于监管人员不以食品监管渎职罪追究刑事责任，也还可以追究其行政责任，并非一概放任。

三是是否超越通常采取的食品安全监管措施。由于食品掺杂掺假行为层出不穷，花样技术不断翻新，客观上对食品安全监管工作造成了诸多困难。在此背景下，当新型危害食品安全犯罪行为发生造成严重后果时，判断相应的食品安全监管人员是否应负刑事责任就要慎重理性。本书认为，其关键在于食品安全监管人员采取通常的监管措施能否发现新型犯罪行为，如果无法发现就不能将此归咎于监管人员，这实质上超出了监管人员的能力范围。但是，如果监管人员发现了新型危害食品安全犯罪行为的线索，如有受害人举报，而怠于调查或者从轻处罚放纵犯罪以致造成严重后果，监管人员就要面临被追究刑事责任的境况。

关于食品监管渎职罪入罪标准的问题，如前所述，并非如许多论文中认为的入罪门槛太高，根据搜集的司法判决来看反而是标准模糊，有的甚至过于宽松，而且与其他渎职犯罪相比显得轻重失衡。根据"两高"关于渎职罪的司法解释（法释〔2012〕18 号）的规定，对行为造成的危害结果要求达到"造成死亡1人以上，或者重伤3人以上，或者轻伤9人以上，或者重伤2人、轻伤3人以上，或者重伤1人、轻伤6人以上"或者"造成经济损失30万元以上"。但是，食品监管渎职罪的既有判决中采用的入罪标准远远低于上述标准，有的甚至仅是较少数量的问题食品流入市场，并未造成任何实质损害。本书并非认为这种行政监管失职行为不应该受到处罚，而是认为不应当受到刑事追究。食品安全形势固然严峻，但是违背刑法规定的一贯的入罪标准，既会损害刑事法治的正当性，而且也很难想象要通过大范围地适用刑罚来促进行政机关履职尽责。要解决当前食品安全监管存在的问题，最重要的是要靠监管体制机制的改革完善，而非刑罚的适用。因此，本书建议通过司法解释的方式进一步明确食品监管渎职罪的入罪标准，解释何为"导致发生重大食品安全事故或者造成其他严重后果"，并保持与其他渎职犯罪的规定相协调，同时突出食品安全案件的特点，如规定造成严重食物中毒事故或者严重食源性疾病达到一定数量即可入罪。

第三节　食品安全行政执法与刑事司法的衔接完善

当前，关于完善食品安全行政执法与刑事司法衔接的对策大多立足于现行的衔接机制，提出了加强行政执法机关与公安机关的配合和协作、完善证据转换、强化检察机关对行政执法活动的监督等建议。这些建议都基于一个相同的前提，即行政执法权与刑事侦查权分属于不同机关行使。在这个前提下，国家层面出台了不少加强行政执法与刑事司法衔接的规范性文件，效果并不显著。2015 年 12 月 22 日，国家食品药品监管总局、公安部、最高法、最高检、国务院食品安全办联合印发了《食品药品行政执法与刑事司法衔接工作办法》，针对当前食品安全行刑衔接的突出问题提出了完善措施，具体效果还有待进一步观察。然而，跳出这个既定前提，可以看到还有其他解决食品安全行刑衔接问题的路径，即打破现有的行政执法权与刑事侦查权分属于不同主体行使的"分体制"模式，采用由同一主体行使行政执法权与刑事侦查权的"一体制"模式。

一、采用"一体制"模式的必要性

在我国，基于行政违法行为与犯罪行为之间存在明确的法律界限，行政执法主体与刑事侦查主体的职权也作了严格区分。以行使行政执法权的机关和行使刑事侦查权的机关的所属关系为标准，可以分为"一体制"和"分体制", 前者指由同一机关统一行使行政执法权与刑事司法权, 后者指由不同机关行使行政执法权与刑事侦查权。① 目前, 我国基本采用"分体制"执法模式, 采用"一体制"模式最为典型的部门是海关。关于采用"一体制"还是"分体制"模式, 难以一概而论, 要根据具体的违法犯罪类型进行讨论, 涉及刑事侦查权的统一和违法犯罪查处的效率之间的平衡。在现有条件下, 进行统一的行政执法模式改革, 牵涉面太广, 改革难度较大, 不具有可操作性。之所以在食品安全案件中建议采用"一体制"模式, 是为了解决当前行刑衔接中的突出问题。

(一) 食品安全案件的特殊性

行政执法与刑事司法的衔接是一个"老大难"问题, 之所以在规制危害食品安全犯罪中表现得如此突出, 主要在于食品的特殊性。食品难于保存, 容易变质, 尤其是问题食品还伴有异味, 有的甚至可能危害环境需要作无害化处理, 无法长时间保存。因此, 及时扣押食品, 及时检测食品, 对于认定食品性质具有至关重要的作用。行刑衔接不畅导致这个关键步骤常常出现问题, 有时是行政执法机关把涉案食品先行销毁了, 有时是因为客观条件限制食品已经不具备鉴定条件。由此造成认定危害食品安全犯罪的关键证据容易灭失。正因为如此, 食品安全的行刑衔接如果运转不畅, 效率低下, 对查办危害食品安全犯罪的影响相当大, 有时这种负面影响是不可逆的, 无法事后弥补。这也是食品安全行刑衔接不同于其他类型案件的行刑衔接的特点所在。

另外, 没有日常监管作为基础, 由公安机关单独侦查危害食品安全犯罪倾向于采取"运动式执法", 并不利于全面保护食品安全。观察近年来公安部部署开展的打击危害食品安全犯罪的专项行动, 依然采取的是公安机关驾轻就熟的"运动式执法"。作出这种选择不能苛责公安机关, 因为在警力紧张, 又不具备食品安全的专门知识和专门人才的条件下, 集中力量打击具有代表性的危害食品安全犯罪, 是更为经济的选择。虽然"运动式执法"在特定时期能够有力震慑犯罪, 但是长远来看无法实现全面有效地控制犯罪, 行

---

① 童德华:"行政执法与刑事司法主体'一体制'之思考", 见刘远、王大海主编:《行政执法与刑事执法衔接机制论要》, 中国检察出版社 2006 年版, 第 139 页。

为人常常采取游击式犯罪来逃避处罚，等风头一过又故态复萌。要实现对危害食品安全犯罪的有力控制，离不开日常的监管，在此基础上进行甄别和侦查更高效也更有针对性，使得那些抱有侥幸心理的行为人避无可避。而且，如此还有利于发现新的犯罪类型，并及时作出应对。

因此，采用"一体制"模式，由同一主体行使行政执法权和刑事侦查权可以有效解决上述问题，避免"分体制"模式造成的监管与侦查的脱节和两个机关的配合不畅。

（二）借鉴类似成功经验

"一体制"的执法模式既有国内的成功经验也有对于外国做法的借鉴。过去，我国走私泛滥，管理职能分散在海关、公安、工商等多个部门。由于部门利益的影响，其他行政执法机关查获的走私案件很少移送给公安机关。为改变这种多头管理的局面，1998 年国家专门组建缉私警察队伍，下设在海关总署，受海关和公安双重领导，以海关领导为主，负责打击走私违法犯罪活动，扭转了过去政出多门、查处不力、打击不严的局面，有效解决了行刑衔接不畅的问题，查获的走私犯罪案件数和案值金额有了明显的提升。在西方国家，具有独立地位的监管机构通常都兼具行政执法权力和刑事执法权力，不同于一般的行政部门，以保证执法的快速高效。如美国食品药品监督管理局（Food and Drug Administration）内设犯罪侦查办公室（Office of Criminal Investigation），其下设两个处，一个是调查工作处（Investigative Operations Division），另一个是行政管理工作处（Administrative Operations Division），其就具有刑事侦查和处罚权，可以对相对人采取人身强制措施、处以刑事罚金。

另外，根据相关新闻报道，早在 2014 年 3 月，国家食品药品监督管理总局和公安部举行联合发布会，就传出要专设食品药品违法侦查局的消息，建立一支覆盖全国、从中央到地方、打击食品药品违法犯罪行为的专业执法队伍，[①] 但是不知为何原因迟迟没有实质动作。虽然现在尚未建立此机构，但是官方的态度亦表明建立专业执法队伍的必要性。

---

① 魏铭言："中国将设'食药警察'"，载《新京报》2014 年 3 月 29 日，http：//www. bjnews. com. cn/news/2014/03/29/311082. html，2015 年 12 月 28 日访问。

综上，针对上一章分析的当前食品安全行刑衔接存在的问题，仅在现有机制上进行小修小补很难彻底解决，需要整合行政执法与刑事执法力量，构建新的食品安全违法犯罪案件的查处机制。本书建议设立食品违法犯罪侦查局，将具有行政执法权的食品安全监管部门的人员与具有刑事侦查权的公安机关的人员整合到一起，采用"一体制"执法模式，有效消除行刑衔接不畅的问题。

二、设立食品违法犯罪侦查局的具体建议

具体如何设置食品违法犯罪侦查局，存在三种可能选择的模式：第一种是将机构直接设在公安部门内，其优点是便于各警种之间配合协作，而且改革相对容易推行；第二种是合署办公，将原有的食品药品监管稽查部门与公安机关的部分机构整合到一起，加强综合协调；第三种是将机构设置在食品药品监管部门，改组现有的稽查局，赋予有专业知识的食品安全稽查人员以刑事侦查权。这三种模式各有优势，从实践来看，已有不少地方采取第一种模式进行试点。2009 年 6 月，湖南省长沙市公安局治安管理支队成立全国首支食品安全执法大队，自此以后不少地方的公安机关内部都相继成立专门打击食品（包括药品）犯罪的侦查机构。据报道，截至 2014 年 9 月，全国已有 17 个省区市、105 个地市和 380 余个县区公安机关成立了专门的食品药品犯罪侦查机构，专业从事食药打假的警力 3000 多人。[1] 在具体形式上，采用第一种模式即在公安机关内部成立专门机构的较多，尤其是省级公安机关都采用这种模式，也有部分地方采用合署办公的方式，由公安机关派驻专门人员到食品药品监管部门办公，直接加强食品安全监管力量，如武汉市、潜江市公安局。从效果来看，第一种模式实质上是在公安机关内部重新整合警力资源配置，保障有足够的人力物力资源投入危害食品安全犯罪侦查，对于从根本上缓解食品安全行刑衔接问题助益有限。第二种模式具有一定的过渡特征，即建立在不改变现有的工作机构职能、人员配置、权责分工的基础上，是一

---

① 唐晓勇：《公安部治安管理局召开深化"打四黑除四害"工作推进会暨案件侦办工作调度会》，载中国警察网，http：//sydj. cpd. com. cn/n23501296/c25201706/content. html，2015 年 12 月 28 日访问。

种比较好的选择，能够促进行刑衔接问题的解决。第三种模式虽然改革起来难度更大，牵涉面更广，但是能够更为彻底地消除行政执法与刑事侦查之间的缝隙，将打击危害食品安全犯罪与日常监管结合起来，更全面地规制危害食品安全违法犯罪行为。因此，本书建议采用第三种模式，在食品药品监管部门内部设立食品违法犯罪侦查局，赋予行政执法机关食品安全案件的刑事侦查权，从根本上解决有案不移、有案难移、以罚代刑等问题。

参考文献

一、中文文献

(一) 图书著作类

1. 高铭暄. 刑法学研究精品集锦 [C]. 北京：法律出版社，2000.

2. 高铭暄，赵秉志. 21世纪刑法学新问题探讨 [C]. 北京：中国人民公安大学出版社，2001.

3. 高铭暄. 刑法专论 [C]. 北京：高等教育出版社，2006.

4. 高铭暄，赵秉志. 刑罚总论比较研究 [C]. 北京：北京大学出版社，2008.

5. 高铭暄. 中华人民共和国刑法的孕育诞生和发展完善 [M]. 北京：北京大学出版社，2012.

6. 王作富. 刑事实体法学 [C]. 北京：群众出版社，2000.

7. 马克昌. 犯罪通论 [C]. 武汉：武汉大学出版社，1999.

8. 马克昌. 刑罚通论 [C]. 武汉：武汉大学出版社，1999.

9. 马克昌. 比较刑法原理——外国刑法学总论 [M]. 武汉：武汉大学出版社，2002.

10. 陈兴良.刑法哲学 ［M］.北京：中国政法大学出版社，1997.

11. 陈兴良.本体刑法学 ［M］.北京：商务印书馆，2001.

12. 陈兴良.刑法适用总论 ［M］.北京：中国人民大学出版社，2006.

13. 张明楷.刑法的基本立场 ［M］.北京：中国法制出版社，2002.

14. 张明楷.刑法分则的解释原理 ［M］.北京：中国人民大学出版社，2004.

15. 赵秉志.外国刑法原理（大陆法系） ［C］.北京：中国人民大学出版社，2000.

16. 刘明祥.假冒伪劣商品犯罪研究 ［C］.武汉：武汉大学出版社，2000.

17. 冯军.刑事责任论 ［M］.北京：法律出版社，1996.

18. 冯军，肖中华.刑法总论 ［C］.北京：中国人民大学出版社，2008.

19. 冯军.刑法问题的规范理解 ［M］.北京：北京大学出版社，2009.

20. 黎宏.不作为犯研究 ［M］.武汉：武汉大学出版社，1997.

21. 黎宏.刑法总论问题思考 ［M］.北京：中国人民大学出版社，2007.

22. 周光权.刑法各论讲义 ［M］.北京：清华大学出版社，2003.

23. 王世洲.德国经济犯罪与经济刑法研究 ［M］.北京：北京大学出版社，1999.

24. 顾肖荣.经济刑法总论比较研究 ［M］上海：上海社会科学院出版社，2008.

25. 林亚刚.犯罪过失研究 ［M］.武汉：武汉大学出版社，2000.

26. 张绍谦.刑法因果关系研究 ［M］.北京：中国检察出版社，2004.

27. 侯国云.刑法因果新论 ［M］.南宁：广西人民出版社，2000.

28. 董春华.中美产品缺陷法律制度研究 ［M］.北京：法律出版社，2010.

29. 陈璐.产品责任 ［M］.北京：中国法制出版社，2010.

30. 邱兴隆，许章润.刑罚学 ［M］.北京：中国政法大学出版社，1999.

31. 储槐植.美国刑法 ［M］.北京：北京大学出版社，2006.

32. 李海东.刑法原理入门（犯罪论基础） ［M］.北京：法律出版社，1998.

33. 邵维国.罚金刑论 ［M］.长春：吉林人民出版社，2004.

34. 张小虎. 刑法的基本观念 [M]. 北京：北京大学出版社，2004.

35. 肖中华. 犯罪构成及其关系论 [M]. 北京：中国人民大学出版社，2000.

36. 唐世月. 数额犯论 [M]. 北京：法律出版社，2005.

37. 许玉秀. 当代刑法思潮 [M]. 北京：中国民主法制出版社，2005.

38. 林山田. 刑法通论 [M]. 台北：台湾大学法学院，2006.

39. 黄荣坚. 刑法问题与利益思考 [M]. 台北：台湾月旦出版社，1995.

40. 林钰雄. 新刑法总则 [M]. 台北：台湾元照出版公司，2006.

41. 柯耀程. 变动中的刑法思想 [M]. 北京：中国政法大学出版社，2003.

42. 信春鹰. 中华人民共和国食品安全法解读 [C]. 北京：中国法制出版社，2009.

43. 劳东燕. 风险社会中的刑法：社会转型与刑法理论的变迁 [M]. 北京：北京大学出版社，2015.

44. 杜菊，刘红. 食品安全刑事保护研究 [M]. 北京：法律出版社，2012.

45. 冉翚. 食品安全刑事规制研究 [M]. 北京：法律出版社，2013.

46. 黄星. 食品安全的刑事规制 [M]. 北京：法律出版社，2013.

47. 田永胜. 风险社会视角下的中国食品安全——以动物性食品为例 [M]. 北京：社会科学文献出版社，2014.

48. 杨世杰. 药理学 [C]. 北京：人民卫生出版社，2001.

49. 彭文伟. 传染病学（第五版）[C]. 北京：人民卫生出版社，2001.

50. 李立明. 流行病学（第五版）[C]. 北京：人民卫生出版社，2004.

51. 中国工程院. 中国及全球食品安全现状、未来发展趋势及应对策略 [C]. 北京：高等教育出版社，2016.

52. ［德］格吕恩特·雅科布斯. 行为·责任·刑法 [M]. 冯军，译. 北京：中国政法大学出版社，1997.

53. ［德］弗兰茨·冯·李斯特. 德国刑法教科书 [M]. 徐久生，译. 北京：法律出版社，2000.

54. ［德］京特·雅科布斯. 规范·人格体·社会——法哲学前思［M］. 冯军，译. 北京：法律出版社，2001.

55. ［德］汉斯·海因里希·耶赛克，托马斯·魏根特. 德国刑法教科书［M］. 徐久生，译. 北京：中国民主与法制出版社，2001.

56. ［德］克劳斯·罗克辛. 德国刑法学——总论（第 1 卷）［M］. 王世洲，译. 北京：法律出版社，2005.

57. ［德］施特拉腾韦特，库伦. 刑法总论 1——犯罪论［M］. 杨萌，译. 北京：法律出版社，2006.

58. ［德］韦塞尔斯. 德国刑法总论［M］. 李昌珂，译. 北京：法律出版社，2008.

59. ［德］乌尔里希·贝克. 世界风险社会. 吴英姿，孙淑敏，译. 南京：南京大学出版社，2004.

60. ［德］乌尔里希·贝克. 风险社会［M］. 何博闻，译. 南京：译林出版社，2004.

61. ［日］木村龟二. 刑法学词典［C］. 顾肖荣等，译. 上海：上海翻译出版公司，1991.

62. ［日］大塚仁. 犯罪论的基本问题［M］. 冯军，译. 北京：中国政法大学出版社，1991.

63. ［日］大塚仁. 刑法概说（总论）（第三版）［M］. 冯军，译. 北京：中国人民大学出版社，2003.

64. ［日］川端博. 刑法总论二十五讲［M］. 余振华，译. 北京：中国政法大学出版社，2003.

65. ［日］西原春夫. 刑法的根基与哲学［M］. 顾肖荣等，译. 北京：法律出版社，2004.

66. ［日］曾根威彦. 刑法学基础［M］. 黎宏，译. 北京：法律出版社，2005.

67. ［日］西田典之. 日本刑法总论［M］. 刘明祥，王昭武，译. 北京：中国人民大学出版社，2007.

68. ［日］大谷实. 刑法讲义总论［M］. 黎宏，译. 北京：中国人民大学出版社，2008.

69.［意］杜里奥·帕多瓦尼．意大利刑法学原理［M］．陈忠林，译．北京：法律出版社，1998.

70.［英］J·C·史密斯、B·霍根．英国刑法［M］．李贵方等．译．北京：法律出版社，2000.

71.［英］安东尼·吉登斯．失控的世界——全球化如何重塑我们的生活［M］．周红云，译，南昌：江西人民出版社，2001.

72.［英］安东尼·吉登斯．社会学（第四版）［M］．赵旭东等，译．北京：北京大学出版社，2003.

73.［英］安东尼·吉登斯．现代性：吉登斯访谈录［M］．尹宏毅，译．北京：新华出版社，2001.

74.［法］卡斯东·斯特法尼等．法国刑法总论精义［M］．罗结珍，译．北京：中国政法大学出版社，1998.

（二）期刊论文类

1. 高铭暄，孙晓．宽严相济刑事政策与罚金刑改革［J］．法学论坛，2009（2）.

2. 高铭暄．风险社会中刑事立法正当性理论研究［J］．法学论坛，2011（4）.

3. 高铭暄，赵秉志，袁彬．关于《刑法修正案（八）》罪名问题的意见［J］．人民检察，2011（6）.

4. 高铭暄，陈冉．生产、销售伪劣商品可否构成"以危险方法危害公共安全罪"［J］．法学，2012（10）.

5. 高铭暄，张慧．"地沟油"犯罪的刑法规制及问题探析［J］．法治研究，2014（2）.

6. 马克昌．论刑罚的本质［J］．法学评论，1995（5）.

7. 杨敦先，陈兴良．社会主义商品经济与经济犯罪［J］．中国法学，1990（2）.

8. 陈兴良．"风险刑法"与刑法风险：双重视角的考察［J］．法商研究，2011（4）.

9. 陈兴良．风险刑法理论的法教义学批判［J］．中外法学，2014（1）.

10. 张明楷. 商品经济与经济犯罪 [J]. 中南政法学院学报，1991 (4).

11. 张明楷. 刑法解释理念 [J]. 国家检察官学院学报，2008 (6).

12. 张明楷. "风险社会" 若干刑法理论问题反思 [J]. 法商研究，2011 (5).

13. 刘明祥. 选择性罪名初探 [J]. 河北法学，1992 (4).

14. 刘明祥. 论解决罚金刑执行难题的立法途径 [J]. 法学家，2009 (2).

15. 刘明祥. "风险刑法" 的风险及其控制 [J]. 法商研究，2011 (4).

16. 谢望原. 论生产、销售伪劣产品罪中的销售金额 [J]. 中国刑事法杂志，1999 (3).

17. 赵秉志. 论制售假冒伪劣商品犯罪的刑法抗制 [J]. 河南省政法管理干部学院学报，2002 (2).

18. 赵秉志，陈志军. 论越权刑法解释 [J]. 法学家，2004 (2).

19. 黎宏. 过失犯若干问题探讨 [J]. 法学论坛，2010 (3).

20. 黎宏. 对风险刑法观的反思 [J]. 人民检察，2011 (3).

21. 卢建平，方翊. 完善食品安全的刑法保护 [J]. 昆明理工大学学报：社会科学版，2009 (1).

22. 卢建平. 风险社会的刑事政策与刑法 [J]. 法学论坛，2011 (4).

23. 舒洪水，李亚梅. 食品安全犯罪的刑事立法问题——以我国《刑法》与《食品安全法》的对接为视角 [J]. 法学杂志，2014 (5).

24. 舒洪水. 生产、销售有毒、有害食品罪中 "明知" 的认定 [J]. 法学，2013 (8).

25. 曲新久. 生产、销售伪劣产品罪的既遂、未遂与预备形态 [J]. 人民检察，1998 (10).

26. 李希慧. 生产、销售伪劣产品罪的几个疑难问题 [J]. 人民检察，2008 (18).

27. 刘仁文. 中国食品安全的刑法规制 [J]. 吉林大学社会科学学报，2012 (4).

28. 曾粤兴. 尊重与保障——刑法如何介入行政法领域 [J]. 北方法学，2013 (6).

29. 劳东燕. 风险分配与刑法归责：因果关系理论的反思 [J]. 政法论坛，2010（6）.

30. 刘伟. 风险社会语境下我国危害食品安全犯罪刑事立法的转型 [J]. 中国刑事法杂志，2011（11）.

31. 程岩. 风险社会中刑法规制对象的考察 [A] ∥陈兴良. 刑事法评论：第 29 卷. 北京：北京大学出版社，2011.

32. 李涛. 风险社会视阈下食品安全犯罪的刑法规制 [A] ∥赵秉志. 刑法论丛：2012 年第 1 卷. 北京：法律出版社，2012.

33. 姜敏. 法益保护前置：刑法对食品安全保护的路径选择 [J]. 北京师范大学学报：社会科学版，2013（5）.

34. 徐久生，曹震南. 风险社会下食品安全的体系刑法观——以修正案（八）对食品安全犯罪的修改为线索 [J]. 东南大学学报：哲学社会科学版，2013（5）.

35. 李海良. 风险社会下的刑法沉思——兼评食品安全刑法保护的严刑峻法 [J]. 重庆理工大学学报：社会科学，2013（12）.

36. 杨雪冬. 风险社会理论述评 [J]. 国家行政学院学报，2005（1）.

37. 贝克，邓正来，沈国麟. 风险社会与中国——与德国社会学家乌尔里希·贝克的对话 [J]. 社会学研究，2010（5）.

38. 王传干. 从“危害治理”到“风险预防”——由预防原则的嬗变检视我国食品安全管理 [J]. 华中科技大学学报：社会科学版，2012（4）.

39. 戚建刚. 我国食品安全风险规制模式之转型 [J]. 法学研究，2011（1）.

40. 何荣功. “社会治理过度刑法化”的法哲学批判 [J]. 中外法学，2015（2）.

41. 何柏松. 论危害食品安全犯罪的刑法适用理念 [J]. 中国刑事法杂志，2012（6）.

42. 李森，陈烨. 食品安全领域泛犯罪化思考 [J]. 政治与法律，2013（7）.

43. 于志刚. 犯罪故意中的认识理论新探 [J]. 法学研究，2008（4）.

44. 陈瑞华. 论刑事法中的推定 [J]. 法学, 2015 (5).

45. 邹兵建. "明知"未必是"故犯": 论刑法"明知"的罪过形式 [J]. 中外法学, 2015 (5).

46. 熊劲松, 苏惠渔. 生产、销售伪劣产品罪争议问题探讨 [J]. 云南大学学报: 法学版, 2006 (5).

47. 刘宪章. 食品安全犯罪的刑法规制 [J]. 人民检察, 2009 (7).

48. 周光权. 《刑法修正案(八)》的深度解读 [J]. 中国司法, 2011 (5).

49. 冯亚东. 试论刑法中的持有型犯罪 [J]. 中国刑事法杂志, 2000 (1).

50. 吴喆, 任文松. 论食品安全的刑法保护——以食品安全犯罪本罪的立法完善为视角 [J]. 中国刑事法杂志, 2011 (10).

51. 田禾. 论中国刑事法中的食品安全犯罪及其制裁 [J]. 江海学刊, 2009 (6).

52. 于改之, 包雯. 生产、销售伪劣商品犯罪若干问题研究 [J]. 河北法学, 2005 (11).

53. 狄世深. 生产、销售伪劣产品罪新探 [J]. 广西大学学报: 哲学社会科学版, 2003 (2).

54. 庄劲. 论传染病犯罪因果关系的认定——疫学因果关系理论的倡导 [J]. 政法论丛, 2003 (6).

55. 臧冬斌. 试析以疫学方法认定食品卫生犯罪因果关系 [J]. 中国检察官, 2007 (4).

56. 臧冬斌. 医疗事故罪中疫学因果关系适用之探讨 [J]. 中州学刊, 2008 (5).

57. 吴情树. 《食品安全法》中刑事责任条款的设定——以附属刑法为研究视角 [J]. 重庆工商大学学报: 社会科学版, 2008 (6).

58. 唐世月. 略论生产、销售伪劣商品犯罪 [J]. 法学家, 1999 (3).

59. 郭立新. 论生产、销售伪劣产品罪的几个争议问题 [J]. 法学评论, 2001 (1).

60. 李柱源, 黄梅珍. 略论生产、销售有毒、有害食品罪的几个问题 [J]. 东南大学学报: 哲学社会科学版, 2009 (2).

61. 储槐植，李莎莎. 论我国食品安全犯罪刑事政策 ［J］. 湖南师范大学社会科学学报，2012（2）.

62. 王志祥，何恒攀. 论我国食品安全犯罪的刑事政策 ［J］. 法治研究，2012（12）.

63. 李兰英，周微. 论惩治危害食品安全犯罪的刑事政策 ［J］. 中国刑事法杂志，2013（3）.

64. 张云. 生产、销售伪劣产品罪及若干问题研究 ［J］. 政治与法律，2003（1）.

65. 左袖阳. 中美食品安全刑事立法特征比较分析 ［J］. 中国刑事法杂志，2012（1）.

66. 左袖阳. 关于当前食品安全刑事立法政策的反思 ［J］. 中国人民公安大学学报：社会科学版，2015（3）.

67. 梅传强，秦宗川. 海峡两岸危害食品安全犯罪刑法规制比较研究 ［J］. 海峡法学，2014（2）.

68. 黄星. 食品安全的风险刑法观之反思 ［J］. 法学杂志，2011（9）.

69. 郎胜. 《刑法修正案（八）》解读 ［J］. 国家检察官学院学报，2011（2）.

70. 肖元. 对食品安全刑法保护的思考 ［J］. 西南民族大学学报，2006（2）.

71. 于杨曜. 非法添加类食品安全犯罪刑事规制体系及完善——以“两高”《关于办理危害食品安全刑事案件适用法律若干问题的解释》为切入点 ［J］. 政治与法律，2013（10）.

72. 徐少芬，朱梓明. 非法添加和滥用食品添加剂刑事案件分析 ［J］. 上海政法学院学报，2014（3）.

73. 孟庆华. 附属刑法的立法模式问题探讨 ［J］. 法学论坛，2010（3）.

74. 陈霞明. 越权司法解释刍议 ［J］. 当代法学，2002（8）.

75. 张金勇. 无限额罚金制：非正义及修正——以《刑法修正案（八）》生产、销售假药罪修改为视角 ［J］. 河南警察学院学报，2011（4）.

76. 张远煌，徐苗. 危害食品安全犯罪防控对策探析 ［J］. 法治研究，2014（2）.

77. 董进才，黄玮．企业社会责任理论研究综述与展望［J］．经济论丛，2011（1）．

78. 刘录，侯军歧，景为．食品安全概念的理论分析［J］．西安电子科技大学学报，2008（4）．

79. 王世忠等．三聚氰胺的毒性研究概况［J］．国外医学卫生学分册，2009，36（1）．

80. 宋鹏．"地沟油"犯罪案件相关疑难问题研究［J］．法治论坛，2012（3）．

81. 陈国庆，韩耀元，吴峤滨．《关于依法严惩"地沟油"犯罪活动的通知》理解与适用［J］．人民检察，2012（10）．

82. 曹文明，薛斌，杨波涛，丁丹华，孙禧华．地沟油检测技术的发展与研究［J］．粮食科技与经济，2011（1）．

83. 曹文明，孙禧华等．地沟油鉴别技术研究展望［J］．中国油脂，2012，37（5）．

84. 唐骁爽等．三聚氰胺致泌尿系统结石患儿尿肾功测定的意义［J］．西安交通大学学报：医学版，2011（4）．

85. 李旭，庞鸿雁，赵巍．我国食药监系统餐饮安全监管人员配置现况［J］．公共卫生与预防医学，2014（5）．

（三）学位论文

1. 罗华标．浙江省食品检验机构现状调查及分析［D］．浙江大学硕士学位论文，2012.

2. 刘亚娜．持有型犯罪的系统研究［D］．吉林大学博士学位论文，2005.

3. 赵威．数额犯研究［D］．吉林大学博士学位论文，2005.

4. 周国文．刑罚的界限［D］．西南政法大学博士学位论文，2006.

5. 张珊珊．资格刑设置研究［D］．吉林大学博士学位论文，2009.

6. 陈晓华．食品安全的刑法保护［D］．武汉大学博士学位论文，2012.

7. 毛乃纯．缺陷产品的刑法规制问题研究［D］．中国人民大学博士学位论文，2012.

8. 黄宇. 关系刑法视角下的食品安全犯罪刑事立法研究［D］. 吉林大学博士学位论文，2014.

9. 蔡若夫. 生产、销售伪劣商品罪研究［D］. 华南理工大学博士学位论文，2015.

二、外文文献

1. A. P. Simester & G R Sullivan. Criminal law Theory and Doctrine ［M］. Portland：Hart Publishing，2000.

2. Barbara Adam，Ulrich Beck & Joost van Loon. The Risk Society and Beyond：Critical Issues for Social Theory ［M］. London：Sage Publications，2000.

3. Becker，Gary S，Crime and Punishment：An Economic Approach，Journal of Political Economy，Vol. 76，No. 2，1968.

4. Douglas N. Husak. Philosophy of Criminal Law ［M］. Totowa，NJ：Rowman & Littlefield Publishers，1987.

5. David Garland. The Culture of Control ［M］. Chicago：University of Chicago Press，2001.

6. George Fletcher. Basic Concepts of Criminal law ［M］. New York：Oxford University Press，1983.

7. Marcelo Ferrante. Causation in Criminal Responsibility ［J］. New Criminal Law Review，2008（11）.

8. Maree Gallagher & Ian Thomas. Food Fraud：The deliberate Adulteration and Misdescription of Foodstuffs ［J］. European Food and Feed Law Review，2010（6）.

9. Peter Barton Hutt. Criminal Prosecution for of Food at Common ［J］. Food Drug Cosmetic Law Journal，1960（15）.

10. Peter Barton Hutt & Peter Barton Hutt Ⅱ. A History of Government Regulation of Adulteration and Misbranding of Food ［J］. Food Drug Cosmetic

Law Journal, 1984 (39).

11. Richard W. Wright. Causation in Tort Law [J]. California Law Review, 1985 (73).

12. Sanford H. Kadish. Fifty Years of Criminal law [J]. California Law Review, 1999 (87).

13. Jillian London. Tragedy, Transformation, and Triumph: Comparing the Factors and Forces that Ledto the Adoption of the 1860 Adulteration Act in England and the 1906 Pure Food and Drug Act in the United States [J]. Food and Drug Law Journal, 2014 (69).